MIX
Papier aus verantwortungsvollen Quellen
Paper from responsible sources
FSC® C105338

Haftungsausschluss:

Die Ratschläge im Buch sind sorgfältig erwogen und geprüft. Alle Angaben in diesem Buch erfolgen ohne jegliche Gewährleistung oder Garantie seitens des Autors und des Verlags. Die Umsetzung erfolgt ausdrücklich auf eigenes Risiko. Eine Haftung des Autors bzw. des Verlags und seiner Beauftragten für Personen-, Sach- und Vermögensschäden oder sonstige Schäden, die durch die Nutzung oder Nichtnutzung der Informationen bzw. durch die Nutzung fehlerhafter und/oder unvollständiger Informationen verursacht wurden, ist ausgeschlossen. Verlag und Autor übernehmen keine Haftung für die Aktualität, Richtigkeit und Vollständigkeit der Inhalte und ebenso nicht für Druckfehler. Es kann keine juristische Verantwortung und keine Haftung in irgendeiner Form für fehlerhafte Angaben und daraus entstehende Folgen vom Verlag bzw. Autor übernommen werden.

Sollte diese Publikation Links auf Webseiten Dritter enthalten, so übernehmen wir für deren Inhalte keine Haftung, da wir uns diese nicht zu eigen machen, sondern lediglich auf deren Stand zum Zeitpunkt der Erstveröffentlichung verweisen.

Bibliografische Informationen der Deutschen Nationalbibliothek

Die Deutsche Nationalbibliothek verzeichnet diese Publikation in der Deutschen Nationalbibliografie; detaillierte bibliografische Daten sind im Internet über http://dnb.dnb.de abrufbar.

1. Auflage 2024
© 2024 by Remote Verlag, ein Imprint der Remote Life LLC, Oakland Park, US
Alle Rechte vorbehalten. Vervielfältigung, auch auszugsweise, nur mit schriftlicher Genehmigung des Verlages.

Projektmanagement: Melanie Krauß
Lektorat und Korrektorat: Annika Gutermuth, Luise Hartung, Markus Czeslik
Umschlaggestaltung: Zarka Bandeira
Umschlagbild Illustration: www.freepik.com
Satz und Layout: Zarka Bandeira
Abbildungen im Innenteil: © Eveline Brandhofer mit Ausnahme von Seite 120 (istockphoto.com)
Illustrationen im Innenteil: Zarka Bandeira / KI generiert

ISBN Print: 978-1-960004-13-0
ISBN E-Book: 978-1-960004-14-7

www.remote-verlag.de

EVELINE BRANDHOFER

MISSION: Glücklich SEIN

Wie du dich jeden Tag für
Lebensfreude entscheidest und negativen
Stress hinter dir lässt

INHALTSVERZEICHNIS

Vorwort 12

Was dieses Buch dir mitgeben möchte 12

Warum dieses Buch geschrieben werden wollte 19

Alles ist möglich 20

KAPITEL 1: KLOPF, KLOPF ... 27

Ist da jemand? 27

Das Glück fällt nicht vom Himmel 34

Mehr vom Selben 38

Der gemeinsame Nenner 42

KAPITEL 2:
DEINE REISEKOORDINATEN 45

Boardcheck 1 – Take-off 46

Unsere außergewöhnliche Reise 50

KAPITEL 3:
WARUM FÄLLT VERÄNDERUNG OFT SO SCHWER? 57

Wie entwickeln sich Gewohnheiten? 62

Das Programm der Natur 66

Ein neuer Abschnitt 70

Positive Gewohnheiten entwickeln	73
Wissen öffnet die Pforte	77
Boardcheck 2 – Deine Gedanken	80
Deinen Gewohnheiten auf der Spur	81

Kapitel 4:
Was bedeutet Positive Psychologie?   87

Was die Positive Psychologie nicht ist	89
Blickwinkel der Positiven Psychologie	95
Wie ich zur Positiven Psychologie gekommen bin	97
Wo steckt das Glück?	103
Das Wissenschaftsglück	106
Boardcheck 3 – Dein Glück	110

Kapitel 5:
Die faszinierende Welt des Gehirns   115

Das Trio spielt die Musik	119
Flexible Gehirnmuskeln	123
Boardcheck 4 – Merkhilfe	127
Gehirn und Geist	129
Wo der Stress wohnt	133
Was soll der ganze Stress?	138
Die passende Chemie an Bord	144
Boardcheck 5 – Anti-Stress Shortcut	146

Kapitel 6:
Routenplaner zur Lebensfreude — 153

   PERMA-V: Wohlbefinden im Überblick — 156

   Navigation – Dein persönliches Projekt — 158

Kapitel 7: Positive Emotionen — 163

   Die Mischung machts — 167

   Zehn positive Emotionen — 170

   Der Schmetterlingseffekt — 177

   Boardcheck 6 – Mehr vom Guten sehen — 180

   Der positive Tagesrückblick — 181

   Negative Emotionen reduzieren — 184

   Positive Emotionen: Studienergebnisse — 188

   Die Aufwärtsspirale in der Praxis — 191

   Boardcheck 7 – Check dein Projekt! — 196

Kapitel 8: Meditation — 199

   Was ist Meditation? — 200

   Vorteile der Meditation — 202

   Beliebte Meditationstechniken — 203

   Achtsamkeitsmeditation — 204

   Boardcheck 8 – Achtsamkeitsmeditation — 205

Mantrameditation	207
Arten von Mantras	209
Liebende-Güte-Meditation	214

Kapitel 9: Engagement — 219

Was machen Charakterstärken?	224
Unsere Schubkraft	226
Die 24 Charakterstärken in Kürze	228
Boardcheck 9 – Deine Stärken	232
Stärken und Flow	234
In den Flow schweben	236

Kapitel 10: Positive Beziehungen — 241

Beziehungen für Gesundheit & Wohlbefinden	244
Der scheinbare Widerspruch	246
Wege zu gelingenden Beziehungen	249
Boardcheck 10 – Dein Team	261
Short Cuts für trostlose Beziehungen	265

Kapitel 11: Sinn — 271

Arten von Sinn nach Frankl	274
Dein WARUM	275
Boardcheck 11 – Deine Werte	277

Kapitel 12: Ziele & Erfolg	**283**
Der Weg ist das Ziel	286
Synchronizitäten – Zufällige Ereignisse	294
Gute Nahrung für dein Ziel	298
Everest-Ziel	298
Top Facts: Ziele und Erfolg	301
Boardcheck 12 - Dein Ziel	304
	305
Kapitel 13: Lebenskraft	**307**
Vitalität im PERMA-V	310
Short Cuts für Vitalität	313
Kapitel 14	**317**
Morgen ist ein neuer Tag!	317
Schlussinformationen	323
Danke	324
Über die Autorin	326
Quellenverzeichnis	328

BUCHBESCHREIBUNG:

Achtung, es gibt Nebenwirkungen, die über dieses Buch bekannt sind: Du könntest vermehrt spontane Lebensfreude empfinden, auf dem Weg zu deinen Zielen eine bessere Performance aufs Parkett legen und dazu noch eine gesunde Belastbarkeit für die Widrigkeiten des Lebens entwickeln. Solltest du eine dieser Nebenwirkungen an dir feststellen, so bleibe bitte unbedingt weiter dran und stecke deine Liebsten und uns alle mit deiner kraftvollen Energie an.

Dieses Buch soll dir als ein praktischer, humorvoller Begleiter dienen, wenn dein Leben wieder mal leise nörgelnd oder laut krachend nach Veränderung ruft und du gerade auf der Suche nach mehr Lebensfreude bist. Es zeigt dir, wie du wieder mit mehr Energie und Kraft durch deinen Alltag gehst und deinen negativen Stress loslässt.

Eingepackt in Geschichten aus der Praxis, liefert es dir leicht verständliche Hintergrundinformationen aus der Wissenschaft und praktische Tools, die du sofort anwenden kannst. Alles zusammen soll dich dabei unterstützen, deinen persönlichen Veränderungsweg kraftvoll zu gehen. Vor allem aber soll es dir Mut machen, den Weg der Lebendigkeit weiter zu verfolgen und die Reise mehr und mehr zu genießen! Denn genau dann wird deine Mission: Glücklich sein so richtig erfolgreich! Ready? Dann gehts los! Viel Freude beim Lesen und Gestalten!

»Glück ist kein Geschenk der Götter, sondern die Frucht innerer Einstellung.«

Erich Fromm

VORWORT
Was dieses Buch dir mitgeben möchte

Glück ist die Summe von täglichen Entscheidungen, nicht dein Schicksal.

Wie bitte? »Das klingt aber ganz schön unromantisch für eine positive Psychologin.« Und vielleicht magst du noch sagen: »Was bitte ist das denn für ein Statement?! Ich suche mir doch mein Leben und meinen Stress nicht aus?!« Okay, dann versuch ichs noch mal anders: Kennst du das, du sitzt in einem Seminar oder in einer Runde zusammen und philosophierst über verschiedene Ansätze zu einem Thema. Dann hörst du dein Gegenüber sagen: »Ja, ja, weiß ich schon, das Konzept kenne ich. Das Buch von xy zu diesem Thema habe ich schon gelesen.« Oft folgt darauf: »Ja, ich fand den Ansatz ziemlich interessant, sollte ich vielleicht mal wieder lesen«, oder: »Kenne ich, aber da hat sich bei mir gar nichts verändert.« Das wars dann aber schon.

Der deutsche Leadership Trainer Boris Grundl bringt diese Episode für mich auf den Punkt, wenn er provokant fragt: »Kennst du es oder kannst du es?«, was so viel bedeutet wie: Kennst du nur das Buch oder kannst du das, was dort erarbeitet wird, anwenden? Hast du Erfahrungen damit gemacht? Hast du etwas Neues ausprobiert? Genau das liegt mir mit/bei diesem Buch am Herzen.

Ich wünsche mir für dich, dass sich im Laufe unserer gemeinsamen Reise ein klares Bild für dich und deine Visionen, Ziele und Wünsche zeichnet. Dass du möglichst viele der für dich plausibel klingenden Denkanstöße und Übungen mit jedem Tag mehr in deinen Alltag

einbaust und am Ende wirklich neue Erfahrungen gemacht hast. Denn dann weiß alles in dir, von Kopf bis Fuß, innen wie außen, wie es sich anfühlt, sein tägliches Leben mit mehr Lebensfreude, Kraft und Energie und weniger Stress zu erfahren. Und genau dorthin möchte ich dich führen: In eine Art »persönliches Glücksprojekt«, das du täglich in deinem Alltag anwenden kannst. Wenn mir gelingt, dich für diese Reise zu begeistern, dann wirst du dein Projekt am Ende schwarz auf weiß, bunt auf bunt, wie auch immer es für dich konkret aussieht, auf den Weg bringen und erleben. Und zwar genau so, wie es jetzt in deine momentane Lebensphase passt. Ich hoffe, dass damit schon viele Punkte der berühmten Frage beantwortet sind: »Was unterscheidet dieses Buch von all den anderen Ratgebern?«

Und ja, über das Glück sind seit Menschengedenken schon jede Menge Geschichten geschrieben und sicherlich noch weit mehr erzählt worden. Das Leben an sich und wie wir es uns so erfreulich wie möglich gestalten können, scheint für viele von uns seit jeher eines unserer gefragtesten Themen zu sein. So sorgt das Glück meiner Meinung nach für mindestens so viel Gesprächsstoff wie die Liebe. Für mich kann beides gar nicht oft genug durchleuchtet werden. Ich bin für diese Gespräche immer wieder Feuer und Flamme, haben sie mir doch im Laufe der Jahre einige unglaublich interessante Erkenntnisse, vor allem aber wunderbare Abende, manchmal sogar unter einem fantastischen Sternenhimmel, beschert. Viele davon mit leckerem Essen und feinem Wein und am allerwichtigsten, mit meinen liebsten Lieblingsmenschen.

Das Streben nach Liebe und Glück ist uns ein grundlegendes Bedürfnis. Nur allein die Tatsache, dass viele von uns schon jede Menge über Fortunas Welten gelesen, gehört und darüber gesprochen haben, macht uns in den meisten Fällen zu theoretischen Experten und sehnsüchtig Suchenden, aber oft nicht nachhaltig glücklicher im Alltag.

Das ist es doch aber, was wir wirklich wollen, oder? Wir streben nach einem Leben, in dem wir den Eindruck haben, am richtigen Platz zu sein. Das uns ein Gefühl von Lebendigkeit und Freude vermittelt und in dem wir in den Aufgaben, die uns begegnen, zufrieden und erfolgreich aufgehen können. Kurzum: ein Leben, das sich reich und fruchtbar anfühlt und individuell sinnvoll erscheint. Und da schließe ich mich definitiv mit ein. So oder so ähnlich lautet meist der echte Wunsch, der hinter dem Interesse an all den Ratgebern und Geschichten steckt, die wir lesen. Wir suchen den einen Tipp, das eine Rezept, die eine Methode, die eine Geschichte eines Idols, die sich individuell stimmig anfühlt und die wir jetzt in unser Leben integrieren können, damit sich Träume, Ziele und Wünsche erfüllen. Und das immer am Startpunkt in der Lebensphase, in der wir jetzt gerade stecken.

Daher mögen dich heute die Yoga-Sprache, morgen der Money-Coach und übermorgen die Tipps zum Thema Beziehung ansprechen. Und ob dus glaubst oder nicht: Du wirst in diesem Buch, genau wie in vielen anderen, unter Umständen auch Konzepte, Geschichten, Tipps und Methoden finden, die du vielleicht schon einmal woanders gehört oder gelesen hast. Schnell könnte dir dann über die Lippen kommen: »Ach ja, das hab' ich ja schon tausendmal gelesen.«. Mag sein, dass du davon bereits vorher gehört hast, denn die Themen scheinen oft so unterschiedlich und doch haben sie alle einen gemeinsamen Nenner: DICH. Sollte dich der »kenne ich schon«-Satz triggern, dann tut oft doch noch mal die »Grundl«-Frage gut: »Kennst dus oder kannst dus?«

Für die Mission, die wir mit diesem Buch verfolgen, zählt daher nicht so sehr, wie viele von den zahlreichen »Glücksratgebern« sich gleicher Beispiele bedienen oder was den einen vom anderen außerordentlich unterscheidet. Vielmehr interessiert mich, ob wir beide jetzt an diesem Punkt über dein Thema sprechen und ob ich

dich mit dem, was ich dir schreibe, unterstützen kann. Wann immer ein Buch diese Sprache mit dem Leser findet, hat es aus meiner Sicht seinen ersten Job, nämlich Gefühle zu wecken und im Ratgeberfall, Wissen zu transportieren, erfüllt.

Während wir gerade bei unserer gemeinsamen Sprache sind, möchte ich an dieser Stelle noch eine wichtige Sache erwähnen: In meiner Community gilt das Prinzip Freiheit, Offenheit und Wertschätzung. Wir sagen uns gegenseitig, was uns wichtig ist. Dazu gehört selbstverständlich auch, wie du angesprochen werden möchtest. Das ist hier, während meines Schreibprozesses, leider nicht möglich. Deshalb werde ich dich für unsere gemeinsame Reise, so oft wie möglich, persönlich mit *Du* ansprechen oder ein *Wir* wählen. Wenn dies nicht geht, werde ich aus Gründen des Leseflusses die männliche Form nutzen. Ich bitte dich, das nicht als Wertung für dein Geschlecht zu verstehen. Lieben Dank für dein Verständnis.

Dann lass uns weitergehen. Denn für dieses Buch gibt es noch eine zweite Aufgabe zu erfüllen: Hast du schon mal einen Kapitän gesehen, der mit dir spannende und faszinierende Erlebnisse von seinen Reisen teilt, und das ausschließlich aus dem Wissen heraus, das er sich über Landkarten und Reiseführer angelesen hat? Eben. Ich auch nicht. Dabei wissen wir beide, dass er ohne Technikkenntnisse und verschiedene andere Informationen mit seinem Schiff nicht mal aus dem Hafen kommt; schon klar! Trotzdem gilt: Wenn er erst gar nicht losfährt, raus aufs offene Meer, dann hilft ihm seine ganze Betriebsanleitung nichts. Er wird kein neues Land entdecken. Erlebnisse entstehen, bekanntermaßen, im wörtlichen Sinne aus dem Er-Leben. Also mit Haut und Haar körperlich dabei sein. Somit besteht die zweite Aufgabe auf den nächsten Seiten darin, dich zu kitzeln, über die erste Stufe des Informationensammelns hinauszuwachsen. Ich möchte dich dabei begleiten, wirklich ins Tun zu kommen. Rauf aufs Schiff und raus auf die offene See. Denn in der Erfahrung und der Übung liegt der Schlüssel.

Last but not least gibt es noch einen dritten Auftrag, den dieses Buch erfüllen möchte. Selbst für die abenteuerlichsten Entdeckungsreisen braucht dein Kompass annähernd ein Ziel oder eine Richtung, in die er diese Reise führen soll. Andernfalls plätscherst du mit deinem Boot nur orientierungslos dahin. Daher möchte ich mit dir im Laufe der Kapitel eine Vorstellung davon entwickeln, was genau deine Mission für diese Reise sein soll. Ein Ziel, das du erreichen möchtest, ein Projekt, das dich schon lange ruft, eine Vision, die nach Konkretisierung oder den nächsten Schritten verlangt. Vielleicht hast du an diesem Punkt längst eine Vorstellung, wovon ich spreche? Umso besser! Dann stell schon mal den Kompass ein!

Für den Moment genügt mir, dass du Folgendes weißt: Wenn du dieses Buch gern lesen möchtest, einfach so zur Inspiration, weil für dich gerade Wissen aufnehmen angesagt ist, dann passt das wunderbar und ich wünsche dir unglaublich viel Freude damit! Vielleicht kommst du ja später auf die ein oder andere praktische Übung zurück, wenn die Zeit reif ist.

Falls du allerdings gerade an einem Punkt stehst, an dem dein Leben dich ernsthaft auffordert, eine neue Phase einzuläuten und du wirklich richtig Lust darauf hast, ins Tun zu kommen, dann möchte ich dich jetzt anstiften: Lass uns gemeinsam auf diese Erlebnisreise gehen und zu Entdeckern und Abenteurern werden im Land der Lebendigkeit, im Land deiner Ziele und Wünsche! Machen wir uns auf

den Weg in deine Schatzkammer, um den hauseigenen Wachstumskräften zu begegnen! Finden wir gemeinsam heraus, wo deine gesunde Widerstandskraft steckt, die dich dabei unterstützt, auch den Widrigkeiten des Lebens gelassen zu begegnen! Entwickeln wir Möglichkeiten, deinen negativen Stress hinter dir zu lassen. Auch wenn du und ich wissen, dass er natürlich immer wieder in unserem Alltagsleben auftaucht. Ja klar, auch in meinem! Aber lass uns gemeinsam die vorhandenen Fähigkeiten erkennen und nutzen, die es dir möglich machen werden, immer öfter die Wahl zu haben, ob du jedes Mal auf das Stress-Spiel reinfallen und mitspielen möchtest oder dich zunehmend für etwas anderes entscheidest: Lebensfreude.

Das ist mein wirklicher Anspruch. Mögen meine Zeilen dich praktisch unterstützen und begleiten auf deiner Gestaltungsreise zu einem Leben, das sich für dich immer mehr lebendig anfühlt, das ordentlich Potenzial hat, Erfolge feiert und eine kraftvolle Energie ausstrahlt. In meiner Sprache: »Ein Leben, das Bums hat und rockt und in das du dich immer wieder neu verlieben magst. In den lauten und den leisen Tönen.« Das ist es, was ich Glück nenne. Womit meine Definition von Glück hiermit in der Kurzform auch geklärt wäre.

Am Ende unserer gemeinsamen Zeit wirst du nicht nur leicht verständlich Einblicke und Impulse aus der Positiven Psychologie gewonnen haben, sondern mit viel Zusatzmaterial, einfach umsetzbaren Übungen und Downloads dein eigenes »Everyday Glücksprojekt« gestartet haben. Du wirst deinen Wünschen ein ganzes Stück nähergekommen sein und sehr viel weniger Energie in negativen Stress investiert haben. Dafür werden dich die Freudemomente umso bewusster anspringen. All das wird dich dabei unterstützen, dich täglich immer wieder aufs Neue für deine glückliche und kraftvolle Reise zu entscheiden und auf Kurs zu bleiben, auch in den Momenten, wenn es in deiner Welt gerade mal stürmt und schneit. Und ich lege die Messlatte hoch: Spätestens dann wirst du dich, vielleicht mit einem Schmunzeln auf den Lippen, daran erinnern, wie diese Reise begann. Mit einem Satz: »Glück ist die Summe von täglichen Entscheidungen und kein Schicksal.«

Das sind unsere drei Handlungsschritte für die *Mission: Glücklich sein*:

Phase 1: Wir eignen uns das nötige Wissen an, um uns über die eigenen Funktionsweisen bewusst zu werden. Unser Gehirn wird uns später dafür freudig die Pforte öffnen, um unsere Veränderungen in die Tat umzusetzen.

Phase 2: Wir setzen uns Ziele, damit wir nicht nur planlos auf offener See herumplätschern, sondern das Steuer in die passende Richtung lenken.

Phase 3: Wir schaffen Rituale und kommen fokussiert ins Tun. Die Entdeckung neuer »Kontinente« ist eine Folge daraus.

Die drei Bausteine **Wissen**, **Ziel** und **Tun** werden dich auf jedem Schritt deiner persönlichen *Mission: Glücklich sein* begleiten. Wissen, das deine Neugier weckt und dich antreibt, was auszuprobieren und möglichst dranzubleiben. Begleitet von Tools und Übungen, die dir helfen, dein Reiseziel zu bestimmen, oder dich dabei unterstützen, einem bereits vorhandenen Ziel näherzukommen.

Ready? Na dann, rauf aufs Boot und Leinen los! *Mission: Glücklich sein* ist gestartet.

Warum dieses Buch geschrieben werden wollte

Es ist der Tag, an dem ich gerade meine letzten Sachen packe, um in unser zweites Zuhause nach Italien aufzubrechen und dort ganz in Ruhe endlich mit dem Buch zu beginnen, das du gerade in den Händen hältst. Die Wahrheit ist, dass ich zu diesem Zeitpunkt im Stillen noch kräftig am Zweifeln bin, ob ich das überhaupt kann: ein Buch schreiben. Doch kurz bevor ich losfahre, bekomme ich ganz »zufällig« ein riesengroßes Hinweisschild geliefert, das mir unmissverständlich signalisiert, dass jetzt definitiv der richtige Zeitpunkt ist. Einen Wink mit dem Zaunpfahl, der mich wieder einmal an eine wichtige Lehre erinnert: »Immer dann, wenn du glaubst zu wissen, was möglich ist oder nicht, zu was du angeblich fähig bist oder nicht, dann gibt es in dieser Welt noch unendlich viel mehr Optionen und diese existieren weit außerhalb deiner Vorstellungskraft.« Denn, mit Verlaub, unser kleiner Erbsenverstand (das gilt natürlich nicht für dich!) ist überhaupt nicht dazu in der Lage, das gesamte Ausmaß an Alternativen zu ermessen.

Dazu später mehr. Zurück zur Geschichte: Meine Welt zum Thema »Was möglich ist und was nicht möglich ist« wurde an diesem Tag rechtzeitig auf eine Art und Weise auf den Kopf gestellt, die mich wahrlich berührt hat. Und nun sitze ich hier und schreibe dieses Buch. Ob ich glaube, dass ich das kann oder nicht, spielt dabei jetzt keine Rolle mehr, denn ich weiß, dass es möglich ist. Was mich in diesem Glauben bestärkt, das möchte ich dir jetzt mit dieser sehr privaten Geschichte unbedingt kurz zum Einstieg erzählen.

Alles ist möglich

Anfang des Jahres hatte mein achtzigjähriger Vater bei einer Herzuntersuchung eine schwere Verletzung an der Speiseröhre erlitten, die ihn in eine absolut lebensbedrohliche Situation brachte. Er musste mehrmals wiederbelebt werden und wurde zur Regeneration über einen langen Zeitraum in ein künstliches Koma versetzt. Mein Dad war sein Leben lang ein Lebemann in allen Extremen gewesen. Sein Körper war daher durch viele Vorerkrankungen schon vor dem Unfall sehr angeschlagen. Somit gaben ihm die Ärzte wenig Chancen, dass er es schaffen würde. Mir blieb als Hoffnungsschimmer ein einziger Satz, den er einige Tage vor dem Unfall gesagt hatte. Wir hatten noch auf unsere Art Witze darüber gemacht: »Also eins sag ich dir, ich mag noch nicht sterben«, hatte er bestimmend von sich gegeben. Worauf ich antwortete: »Ich weiß gar nicht, was du in letzter Zeit immer mit dieser Sterberei hast. Da gibt es andere, die haben sehr viel gesünder gelebt als du und die sind nicht mehr da. Du hingegen schon. Folglich wirst du hier unten wohl noch eine Aufgabe haben.« Er überlegte kurz und grinste mich an: »Stimmt.« Wir haben beide herzlich gelacht. Dann wurde er zu besagter Untersuchung gefahren, in der der Unfall passierte, und mir war erst mal überhaupt nicht mehr zum Lachen zumute.

Nach dem misslungenen Herzultraschall war mein Vater ins künstliche Koma versetzt worden und es verging Woche um Woche, während er tief schlief. Tatsächlich begann die Verletzung an der Speiseröhre zu heilen. Zwar im Zeitlupentempo, aber wenigstens machte er Fortschritte. Jedes Mal, wenn die Ärzte allerdings dachten, sie könnten ihn in kleinen Schritten wieder aufwachen lassen, kam wieder eine Komplikation dazwischen. So verbrachte er noch viele weitere Wochen im künstlichen Tiefschlaf.

Irgendwann, gute zwei Monate nach dem Unfall, während einer weiteren bedrohlichen Lungenentzündung hatte ich ein liebevoll geführtes, aber sehr deutliches und wenig hoffnungsvolles Gespräch mit einem Oberarzt. Was dazu führte, dass ich meinen Vater schon fast aufgegeben und angefangen hatte mich zu informieren, wie man die letzten Dinge regelt. Doch da belehrte er uns plötzlich alle eines Besseren! Von einem Moment auf den anderen fing er an, sich zu erholen und jeden Tag ein klein wenig mehr in diese Welt zurückzukehren. Und zwar mit dem ganzen Sportsgeist, der ihn sein gesamtes Leben begleitet hatte.

In psychisch wie körperlich mühevollen Schritten kämpft er sich seit dem Aufwachen jeden Tag ein bisschen mehr zurück ins Leben. Sein Körper war während der künstlichen Schlafenszeit ziemlich degeneriert. Viele Muskeln hatten ihre Dienste eingestellt (atmen, schlucken, sprechen), weil sie so lange nichts zu tun gehabt hatten. Was der Körper nicht benutzt, das bildet er zurück. Ich bin keine Medizinerin, doch dieses System kenne ich ebenso aus meiner Coachingpraxis. Eigentlich ein extrem nützlicher und zugleich intelligenter Energiesparmodus, den unser Körper da nutzt. Doch nach einem Koma bedeutet das immens harte Arbeit für die Patienten. Besonders für einen alten Menschen.

Einige Wochen später war es meinem Vater wieder möglich, sich zumindest langsam irgendwie wieder verständlich zu machen. Sprechen funktionierte zwar noch nicht, aber zumindest übten wir uns mit viel Geduld und Kreativität im Lippenlesen und Zeichensprache. Während der ersten Besuche im Wachzustand war demnach die Kommunikation sehr eingeschränkt. Mein Vater rekonstruierte langsam seine Welt. Als ihm bewusst wurde, wie er überhaupt in diese missliche Lage gekommen war, konnte man ihm ansehen, dass er einen Blitzeinfall hatte. Er warf mir einen eindringlichen Blick zu und erhob ganz langsam den Zeigefinger. Zugegeben ein ziemlich schräger Anblick. Sah eher aus wie in dem 80er-Jahre-Film *E.T. – Der Außerirdische*: »E.T. will nach Hause telefonieren«[1]. *(Wenn du die Szene gerade nicht vor Augen hast: kurze Lesepause. Du findest sie ganz schnell auf YouTube.)*

Okay, jetzt hast du eine Vorstellung: Da saß ein alter, ehemals stämmiger Mann, immer noch mit einem Gewicht von knapp hundert Kilo und war kaum in der Lage, sich selbst aufrecht zu halten. Aber seine, für ihn typisch dirigierende Gestik bahnte sich bereits wieder ihren Weg zurück ins Leben. Er öffnete seine Augen weit und schaute mich eindringlich an. Dann hob er vorsichtig seinen Zeigefinger und weißt du, was sein erster Satz war? »Ich habe dir doch gesagt, ich mag noch nicht sterben.« Und dann lachte er. Ohne Ton, total erschöpft, aber aus vollem Herzen. Ich stand da, schüttelte den Kopf und musste direkt mitlachen: »Wenigstens hast du deinen Humor nicht verloren«, sagte ich. Er lächelte mich mit seiner Zahnlücke zwischen den Vorderzähnen an, streckte wieder den Zeigefinger, zuckte sogar noch etwas mit den Schultern und auf seinen Lippen stand: »Den Humor darf man nie verlieren.« Für ihn war dieser Satz wie selbstverständlich. Weil Humor immer eine seiner größten Stärken gewesen war. Und genau diese hatte ihm über seine schlimmsten Stunden hinweggeholfen. Gleichzeitig unterstütze sie ihn auch dabei, sich weiter ans Werk zu machen, das scheinbar Unmögliche zustande zu bringen.

Meinem Vater haben wir zu dem Zeitpunkt nie erzählt, dass die Ärzte ihn schon fast aufgegeben und mit uns mehrmals ernste Gespräche geführt hatten, um unsere Familie auf das Schlimmste vorzubereiten. Er hätte es auch nicht wissen wollen, denn für ihn zählte

nur eins: Jeden Tag aufs Neue entschied er sich, trotz aller Strapazen auf zwei Beinen aus seinem Krankenzimmer zu spazieren und zu leben. Dabei war er sich zu hundert Prozent sicher, dass er in Bild und Ton zurückkommen würde. Und – am allerwichtigsten – mit seinem unfehlbaren Profi-Fußballverstand! Er war sein Leben lang immer leidenschaftlich an Fußball und überhaupt Sport aller Art interessiert und selbst lange Sportler gewesen. Stell dir vor, nach dem Koma konnte er sich anfangs nicht an sein Zuhause erinnern, wohl aber daran, dass der FC Bayern einen neuen Trainer hatte! Diese überlebenswichtige Information hatte sein Gehirn irgendwo in den Gesprächen an seinem Bett in der Intensivstation herausgefiltert. So tragisch die Situation auch war, in solchen Momenten hatten wir alle viel zu lachen. Der Humor und die Hoffnung tragen uns bis heute durch so manche schwere Phasen.

So wollte seine Stimme beispielsweise über lange Zeit nicht zurückkehren, weil sein Schluckmechanismus den Dienst quittiert hatte. Also mussten wir uns weiter mit Lippenlesen behelfen. Ich weiß nicht, ob du irgendeine Vorstellung davon hast, wie es ist, mit einem Ur-Bayern zu kommunizieren, der in Dialekt nuschelt, wahnsinnig schnell redet, aber keinen Ton rausbringt und sich zudem stur weigert, die Zeichentabelle zu lernen. Okay, ich hoffe, diese Beschreibung hat dir annähernd ein Bild davon liefern können: Es war echt richtig nervig!

Exakt inmitten dieser herausfordernden Zeit kamen die Buchverträge mit dem Verlag zustande. Es war schon eine Weile in Planung gewesen. Nur jetzt gabs keine Ausreden mehr, denn ich hatte unversehens einen Abgabetermin. Anfangs war ich noch unschlüssig gewesen. Doch dann sah ich, dass mein Vater Fortschritte machte und ohnehin weit weg auf Reha kommen sollte. Also entschloss ich mich dazu, in unsere Wohnung am Gardasee zu fahren, um dir dort von meinem Balkon mit traumhaftem Blick auf den See in aller Ruhe diese Zeilen zu schreiben, die du gerade in den Händen hältst.

Genau an dem Tag, an dem ich losfahren will, klingelt morgens das Telefon und eine tiefe, feste Stimme spricht aus der Leitung. So, als ob es das Normalste der Welt wäre: »Griasdi Eveline, i bins.« *Hier die Übersetzung für die nicht-bayerisch sprechende Welt: »Hallo Eveline, ich bins.«* Ich war wie versteinert. Dann lehnte ich mich erst mal an die Küchenzeile, schluckte und überlegte, ob ich vielleicht noch nicht ganz wach war oder irgendwelche Halluzinationen hatte. Aber es war tatsächlich mein Vater am Telefon! Live und in voller Lautstärke, wie ich ihn kenne. Dann stammelte ich etwas wie: »Ja äh, Papa, du kannst ja sprechen.« Und wieder, in aller Selbstverständlichkeit, bekam ich zur Antwort: »Ja, freilich.« Logisch! Was für eine blöde Frage! Zweifelsfrei kann er reden. Für ihn war immer klar, dass der Ton da ist! Keine Zweifel. Und nun hatte er seine Stimme wiedergefunden und wollte lediglich sichergehen, dass ich all seine wichtigen Sachen für ihn in die Reha gefahren hatte. Was mir zudem bescheinigte, dass er »ganz« der Alte war. Denn er konnte sogar schon wieder dirigieren. Ich nahms mit einem breiten Grinsen und stieg an jenem Tag beruhigt und bestätigt in mein Auto, um an den Gardasee zu fahren und dieses Buch zu schreiben.

Die Moral von der Geschicht: Alles ist möglich. Du bist, wer du denkst, dass du bist. Du kannst, was du denkst, was du kannst. Und dein Glück ist die Summe deiner täglichen Entscheidungen.

Auch wenn das gerade etwas provokativ klingen mag: Das allermeiste von dem, was dir im Leben begegnet, hängt von deinen Gedanken, Gefühlen, Handlungen und Wünschen ab. Du bringst bereits ein ganzes Paket an genialer Grundausstattung mit, um mit allen möglichen Widrigkeiten klarzukommen. Die kannst du dir meistens nicht aussuchen. Aber du hast immer die Fähigkeit, dich weiterzuentwickeln! Genau dieses einzigartige Set unterstützt dich dabei, täglich dein Leben zu wählen. Nicht der Stress, der Job, das Koma, die Beziehung oder sonst etwas sind für dein Glück oder Unglück verantwortlich. Entscheidungen und Gewohnheiten. Genau darum geht es in diesem Buch. Ich will dich anstiften, ein Leben in Freude, Kraft und Energie zu wählen. In deinem Bausatz sind alle Fähigkeiten angelegt, dein Glück mit all den Stärken und Potenzialen in die Hand zu nehmen. Was nicht heißt, dass du damit automatisch auf alle schwierigen Aufgaben Einfluss hast, die dir auf der Reise begegnen. Dafür ist das Leben zu unvorhersehbar und komplex. Doch wenn du dich auf Lebensfreude ausrichtest, wird sich selbst dein Umgang mit Herausforderungen verändern. Du stellst dich ihnen kraftvoller und kannst in Stürmen flexibler schwingen.

Für mich wurde spätestens nach jenem Anruf meines Vaters klar: Ich kann, und ob ich kann. Ich schreibe dieses Buch für dich, für mich und alle anderen lebensfreudigen Verrückten, die uns mit ihrer Energie anstecken wollen. Für alle, die wie du und ich wissen, dass uns negativer Stress im Alltag natürlich auch weiterhin immer wieder begegnen wird. Dass es Ereignisse gibt, die uns manchmal sogar aus den Latschen hauen. Dass das alles aber kein Grund ist, uns vom Glücklichsein abhalten zu lassen. Genauso wenig wie der Baum sich im Sturm daran hindern lässt, am nächsten Morgen weiter zu wachsen. Du hast es in der Hand. Jeden Tag aufs Neue. Go for it!

KAPITEL 1

Klopf, klopf …
Ist da jemand?

Wenn jetzt jemand behauptete, du könntest dein Glück gleich in die Hand nehmen und mehr Lebensfreude erfahren, was wäre dann? On top stünde die Aussicht, dass es definitiv möglich ist, negativen Stress loszulassen und deine Zeit kraftvoller und lebendiger zu gestalten. Dabei würdest du dich sogar noch gesünder fühlen und hättest glücklichere Beziehungen. Ganz nebenbei könnte dein Leben für dich noch mehr Sinn ergeben. Plus: Es wäre sehr gut möglich, dass du auf dem Weg zu deinen Zielen eine bessere Performance aufs Parkett legst. Würdest du diese Person für einen Spinner halten oder lieber sofort erfahren wollen, was du dafür tun müsstest? Zumindest würde so ein klein wenig Neugier aufblitzen. Stimmts?

Woher ich das weiß? Naja, du hältst dieses Buch in den Händen. Die Spinnerin, die diese Behauptung aufstellt, bin in dem Fall ich. Und ich kenne diese Phase, in der der Ruf nach mehr Lebensfreude und Glück immer lauter wird, aber so was von gut! Von mir selbst und meinen Klienten. Wenn die letzten Zeilen bisher irgendwie mit dir in Resonanz gegangen sind, könnte ich mir vorstellen, dass du dich auch im nächsten Absatz in der ein oder anderen Szene wiederfindest.

Der Wunsch nach Veränderung klingelt meist genau dann Sturm, wenn sich scheinbar alles auf diesem Planeten dazu verschworen hat, um dein Zeit- und Kräfte-Budget zu rangeln. Entweder knallt es dann eines Tages gewaltig. Vielleicht bekommst du auch das Management nicht mehr auf die Reihe. Oder du bist es einfach leid, weiter im berühmten Hamsterrad zu laufen. Während du noch fieberhaft daran arbeitest, deine kostbaren Ressourcen taktisch klug, mit allerlei Hilfsmitteln immer noch effizienter zu organisieren, scheint dein Tag sie schon wieder rücksichtslos und verschwenderisch aufgebraucht

zu haben. Oft hast du den Eindruck, wie fremdbestimmt und ferngesteuert durch dein Leben zu laufen. Ganz nebenbei läuft der Job oder die eigene Firma vielleicht gerade nicht so, wie ursprünglich erhofft, oder nimmt so viel Raum ein, dass kaum Zeit für etwas anderes bleibt. Das erste Eigentum ist bei vielen schon gekauft. Neben dem Partner bzw. der Partnerin fürs Leben sollten möglichst die Wunschkinder oder Hund, Katze, Maus die kleine Welt bereichern. Puh, doppelt Mitgefühl, wenn zurzeit auch noch Trotzphase oder Pubertät angesagt sind! Aber selbstverständlich willst du den Bedürfnissen sämtlicher Familienmitglieder gerecht werden und dabei unbedingt alles richtig machen! Schließlich haben wir uns doch geschworen, die unsäglichen Fehler der Eltern niemals zu wiederholen! Jetzt, wo wir, die verantwortungsvollen Väter und Mütter des 21. Jahrhunderts, auf allen Kanälen so ausgiebig über perfekte Kindererziehung informiert werden. Kurzum: Jede Menge Wünsche sind erfüllt. Trotzdem nörgelt da immer wieder eine Stimme in dir: »Und wo bin ich? Das ganze Drumherum in meinem Leben war in meinen Träumen nicht so aufwendig eingeplant. Es braucht weit mehr zeitliches und seelisches Engagement, als ich es mir je hätte ausmalen können.«

Mag sein, dass du sogar in der glücklichen Lage bist, keine großen finanziellen Sorgen zu haben. Doch bleibt eine Menge an Verantwortung zu tragen und die Ansprüche haben zugenommen.

Wie sieht es aus mit deiner Beziehung? Haltet ihr durch, steckt aber schon eine Weile in der Krise oder ist die erste Ehe bereits zerbrochen? Du könntest aber auch zu jenen gehören, die langsam ungeduldig werden und jetzt wirklich keine Zeit mehr zu verlieren haben mit Partnersuche und Familiengründung. Aber was tun, wenn der passende Deckel einfach nicht auftauchen will? Beziehungsweise wenn sich die vermeintlich große Liebe schon nach kurzer Erprobung wieder mal als Fehlgriff herausstellt? Die Qual der Wahl. Die kleinen und großen Hürden des Alltags: Alles kommt zusammen und will von morgens bis abends organisiert werden – und zwar, indem du, möglichst ohne Abstriche, allem und allen gerecht wirst. Oft meldet sich dann auch noch der Körper und/ oder die Psyche mit den ersten Ausfallerscheinungen. Immer wieder gern genommen: Rücken, Verspannungen aller Art, Magen, Blutdruck, Depression oder Ängste. Einzeln oder in Gemeinschaft. Die Aufzählung ließe sich beliebig erweitern. Spätestens ein Blick in den Spiegel verrät dir, dass der einst sehnsüchtig angestrebte Lebensstil in der Realität nicht immer das erhoffte Strahlen im Gesicht hinterlassen hat. Freundlicherweise stellen uns die Social-Media-Plattformen für diesen Fall mittlerweile jede Menge Filterangebote zur Verfügung. Dann sieht deine Story, in der du übrigens heute unbedingt noch aktuellen Inhalt posten musst (!), wenigstens leuchtender aus, als du dich in Wirklichkeit häufig fühlst. Nämlich müde und schlapp. Apropos Social Media: Hast du schon deine WhatsApps abgearbeitet und alle Sprachnachrichten beantwortet? Vielleicht hilft dir ja wenigstens der Tipp, den ich von unserer Teenagerin bekommen habe: Hör die Nachrichten einfach mindestens in 1,5-facher Geschwindigkeit ab! Dann bist du sehr viel schneller durch. Ich habs versucht, konnte damit aber leider nichts anfangen. Mir wird dabei schwindelig. Dafür genügen für die Gruppenchats oftmals schon ein paar Herzchen und Smileys, um zu zeigen, dass du noch dabei bist.

Mal ganz ehrlich, gehts dir nicht zwischendurch sogar mit diesem Text so, dass sich das nach wahnsinnig viel Geschwindigkeit und Druck anhört? Soziologen nennen diese Phase, in der wir uns von unserer eigens geschaffenen Welt immer mal wieder überlastet fühlen,

übrigens gern die »Rushhour des Lebens«. Ich finde, das passt! Und inmitten dieser Ära meldet sich meistens diese Stimme in dir. Sanft hörst du sie rufen: »Hallo …? Klopf, klopf … Hört mich jemand? Ist jemand zu Hause? Wir hatten doch mal Träume. Wo sind die geblieben? Wir wollten doch was erleben! Hallo …? Das hatten wir uns doch ganz anders ausgemalt. Hallo …?«

Hand aufs Herz: Kommt dir diese Stimme bekannt vor? Also ich kenne sie nur zu gut! Bei mir hat sie irgendwann nicht mehr nur noch leise geflüstert, sondern mich laut angebrüllt: »Jetzt ist Schluss!« An der Ansage gabs keine Zweifel mehr. Ich war so was von unzufrieden mit meinem Leben. Aber als der Ruf kam, konnte ich mit dem nörgelnden Stimmchen leider kein klärendes Gespräch mehr führen. Ich musste die Welle reiten, denn die Wende war längst eingeläutet. Es hatte bereits richtig laut geknallt. Innerhalb von drei Monaten wurde ich in meiner Welt einmal um 180 Grad gedreht. Gesundheitlich war ich ordentlich angeschlagen. Der einst so faszinierende Medienjob gekündigt und der Partner kurz darauf auch gleich ausgezogen. Das Haus konnte ich mit kurzfristiger Unterstützung von Freunden gerade noch halten. Ob ich das wollte oder nicht, danach hatte mich das Leben nicht gefragt. Der Tornado zog einfach durch.

Obwohl mir, wenn ich ehrlich bin, das Großereignis lange vorher angekündigt worden war, denn das zarte Flüstern in mir hatte ich zu dem Zeitpunkt bereits viele Male vernommen und gekonnt ignoriert. Mein Enkel und ich nennen diese Stimme übrigens liebevoll »die kleine Seele«. Nach einem Kinderbuch von Neale Donald Walsch[2], das wir gern zum Einschlafen lesen. Er ist sieben und heute bin ich der Meinung, dass es niemals zu früh ist, diese Stimme zu kennen und ihr regelmäßig Gehör zu schenken. Wie das für dich praktisch aussehen kann, darüber sprechen wir in den späteren Kapiteln noch.

Was ich dir mit diesem kurzen Auszug aus meiner »Rushhour« sagen will: Alles, was ich dir auf den letzten Seiten superdramatisch und für dich hoffentlich extrem überspitzt vor den Latz geknallt habe, kenne ich aus meinem eigenen Leben und unzähligen Geschichten von Klienten.

Weil ich dieses Buch aber nicht schreibe, um dich völlig zu demoralisieren, und du es auch bestimmt nicht aus diesem Grund gekauft hast, teile ich mit dir jetzt endlich die erste positive Nachricht: Wenn von dem, was ich dir aufgezählt habe, auch nur ansatzweise etwas auf dich zutrifft, dann bist du damit in bester Gesellschaft! Jetzt könntest du zumindest schon mal eine Leidensgemeinschaft mit Gleichgesinnten gründen! Entschuldige, ich bin manchmal etwas zynisch. Okay, ich lege noch einen drauf:

Die zweite hoffnungsvolle Meldung: Wenn es andere gibt, die ähnliche Erfahrungen gemacht haben, sind die Chancen groß, dass jemand schon ein Gegengift gefunden hat. Ich bin sicher, damit kommen wir deinem Anliegen schon näher. In unserer Mission soll es doch um Glück und Lebensfreude gehen und eben genau darum, wie wir den ganzen Stress endlich loswerden! Dann lass uns mal sehen, ob uns die Forschung noch was Brauchbares liefert.

Für den World-Happiness-Report[3] *(deutsch Glücksatlas[4])* haben Wissenschaftler herausgefunden, dass es in unserem Leben eine Art Glückskurve *(mit Glück ist Wohlbefinden gemeint)* gibt. Diese lässt sich in einer Grafik als u-förmig beschreiben. Die Skala zeigt, dass das empfundene Glück mit Anfang zwanzig zunächst abwärts wandert und nach fünfzig gehts dann wieder bergauf. Den Tiefpunkt erleben wir typischerweise zwischen dreißig und fünfzig Jahren, so der Bericht.

Damit wissen wir schon mal: Die gefühlte Down-Phase ist also völlig normal, wenn du etwa zwischen Anfang dreißig und Ende vierzig Jahre alt bist. »Ah, eine Midlife-Crisis!«, schießt dir als erster Gedanke durch den Kopf. Dann hättest du wenigstens eine Diagnose bzw. einen anerkannten Namen für den teilweise schier unerklärlichen Zustand. Diese Erkenntnis lässt dir weitere Optionen: Erstens, du beschließt, diesen Abschnitt wie die Windpocken einfach auszusitzen. Geht wieder vorbei. Alternativ-Szenario: »Wieso soll ich bitte schön eine Midlife-Crisis haben? Ich bin okay. Stattdessen habe ich nur Stress, der von außen verursacht wird. Ohne den wäre mein Leben perfekt!« Kannst du so sehen, dann bleibst du allerdings auch weiterhin bei der Problem-Lösungs-Maschinerie und schraubst an den Außenumständen. Wenn das so erfolgreich gewesen wäre, würden wir uns jetzt hier wahrscheinlich nicht unterhalten. Dritte Möglichkeit, du gibst dich mit dem Ergebnis des Berichts nicht zufrieden, weil du der Meinung bist, dass Tiefpunkt, wie der Name schon sagt, einen Zeitpunkt markiert. Diesen hast du aber sicher nicht als Option für einen längeren Zeitraum deines Lebens, geschweige denn als Diagnose eingeplant. Woraufhin du dich entscheidest, nach neuen Wegen zu suchen, die versprechen, mehr Spaß zu machen. Wenn du dieses Buch noch immer in der Hand hältst, gehe ich davon aus, dass du dich für Letzteres entschieden und du demnach keine Lust hast, die nächsten zehn bis zwanzig Jahre nur auf bessere Zeiten zu hoffen, je nachdem wo du dich gerade auf der Skala befindest. Das halte ich für eine sehr weise Entscheidung! Ab jetzt nimmst du dein Glück selbst in die Hand, statt sehnsüchtig auf den prognostizierten Altersaufschwung zu warten. Oder davon abhängig zu sein, dass sich im Außen irgendwas verändert. Das kannst du, mal unter uns besprochen, im Zweifel ohnehin nicht beeinflussen.

Das Glück fällt nicht vom Himmel

Ich bin mir absolut sicher, dass es nicht so ist, dass du bisher überhaupt nichts gemacht hast, um den Alltagsstress in den Griff zu bekommen! Höchstwahrscheinlich hast du sogar jede Menge Zeit aufgewandt und genau ausgekundschaftet, was dich alles so müde macht und stresst. Und auch damit bist du nicht allein. Sobald der Wunsch nach Veränderung laut wird, beginnen die meisten von uns sehr viel Energie zu investieren, um ausgiebig zu analysieren, was ihnen alles fehlt. Wenn aufgedeckt ist, was schiefläuft und vor allem *(ganz wichtig!)*, wer daran schuld ist, versuchen wir mit Gegenmaßnahmen in den Kampf zu ziehen. Davon erhoffen wir uns im ersten Schritt, unser Leid zu mindern. Damit es nachher endlich in eine viel rosigere Zukunft geht.

»Wer bitte hat gesagt, dass Veränderung leicht ist?! Da muss man schon was für tun.« So lautet eine weitverbreitete Überzeugung. Am Lebensglück muss man arbeiten. Schließlich willst du doch das nächste Level erreichen. Das ist übrigens ein Satz, den ich seit etwa fünf Jahren immer häufiger, vor allem von Coaches in der Persönlichkeitsentwicklung, höre. Mir stellt sich dabei immer wieder die Frage: »Was genau ist denn eigentlich das *Next Level* meiner Persönlichkeit?« Bisher erkenne ich darin hauptsächlich einen eher ungesunden Trend zur Selbstoptimierung: mehr Investition in Fehlersuche, mehr tun, um schlechte Gefühle zu kompensieren oder gar »wegzumachen«, mehr Termine beim Paartherapeuten, mehr ackern, planen und organisieren, um Ziele zu erreichen, mehr Coaching, um noch perfekter zu »funktionieren«, mehr mehr mehr ... Also noch weniger Zeit. Noch weniger Lebensfreude. Noch weniger Energie. Da läuft doch was schief. Früher bei »Nintendo Super Mario« *(es wird*

mittlerweile immer deutlicher, ich bin ein Kind der 80er) wurde man mit jedem Level wenigstens immer stärker. Gleichzeitig erinnere ich mich gern noch an eine von Pippi Langstrumpfs Aussagen. Ebendiese halte ich übrigens für einen der besten Lebensfreude und Empowerment Coaches, den es jemals auf diesem Planeten gab!

> »Und dann muss man doch auch noch Zeit haben, einfach dazusitzen und nichts zu tun.«
>
> Astrid Lindgren

Oh yes, ganz sicher! Allerdings scheint in unserem Next-Level-Nintendo des 21. Jahrhunderts die Gunst des Lebens für die meisten Menschen unmittelbar davon abzuhängen, wie hart sie dafür arbeiten. »Das Glück fällt ja schließlich nicht vom Himmel«, lautet eine weitere Überzeugung, die eine große Mehrheit verinnerlicht hat. Also wollen sie herausfinden, was fehlt, damit sie sich das Fehlende hinzuarbeiten können. Stets mit dem Rotstift in der Hand, um ihre Welt zu korrigieren und zu optimieren.

Ursache lautet Stress, Gegenmittel: Medikament für Magenschmerzen schnell einwerfen. *Next.* Probleme in der Partnerschaft identifizieren, Paartherapie, Familientherapie, Sexualtherapie einleiten. Gleich sollte alles wieder im Lot sein. *Next.* Neue Aufgabenstellung: Wie viel Prozent sind wohl zum Erreichen der völlig überzogenen Verkaufsziele notwendig? Dafür analysieren wir tage- und nächtelang Fehlerketten. *Wow, sehr sexy ...* Unser Kunde wird von diesem Konzept begeistert sein!

An irgendeinem Punkt bekommt das Problem dann ein Etikett oder eine Diagnose und die Behandlungsmaßnahmen werden endlich eingeleitet. Mit dem Ergebnis, dass du während dieser ganzen Zeit unzählige gruselige Antworten von Google über deine vielleicht vorhandene »Krankheit« gelesen hast. Noch mehr Stunden beim Therapeuten verbracht hast. Für deinen Mann *(das ist eher eine Lieblingsbeschäftigung von uns Frauen)* schon mal sämtliche Psychoanalysen oder Horoskope erstellt hast. Mittlerweile ist dir natürlich sonnenklar, warum eure Beziehung so schwierig ist: Er ist ein komplizierter Fall. Für deinen Arbeitsplatz bist du unter Umständen bei Buchtiteln wie »Mein Chef, der Narzisst« gelandet. Womit auch die völlig überzogenen Ziele geklärt wären. Sie will dich einfach nur klein halten! Jetzt kannst du die Zeichen zumindest genau erkennen! Wie deine Vorgesetzte ihre Erniedrigungen und Misserfolge absichtlich so einfädelt: Genau so, wie in dem Buch beschrieben. Kein Wunder, dass hier alle so gestresst sind! Dein Job wird dadurch zwar kein bisschen befriedigender, aber du bist jetzt wenigstens auf der Hut.

Selbstverständlich sind Weiterentwicklung und ein strategisches und analytisches Vorgehen bei vielen Vorhaben unabdinglich, wenn du deine Ziele erreichen möchtest. Dem einen fällt das Analytische leichter, dem anderen das Kreative. Ich gehöre definitiv zur zweiten Gruppe! Mein Partner zur ersten. Er macht mich oft wahnsinnig, wenn ich total begeistert bin von einer Idee, die er hundertmal durchanalysiert. Letztes Jahr gabs für dieses Szenario unendlich viele Beispiele. Wir sind umgezogen, also mussten unsere Möbel in den neuen Räumlichkeiten wieder ihren Platz finden. Ich hatte jede Menge kreativer Ideen. Stundenlang habe ich gezeichnet und geplant und wusste genau, wie der Chinaschrank an der von mir gewählten Wohnzimmerwand aussehen würde. Es würde einfach toll werden! Sobald ich das in meinem Geiste

so liebevoll gestaltete Wohnzimmer mit meinem Partner geteilt hatte, war es vorbei mit dem Spaß. Es folgten seine Killerfragen: »Hast du das schon ausgemessen? Wo soll dann das Sofa hin? Wie hast du dir das mit dem Kamin vorgestellt? Das ist aber ganz schön eng.« Oh, da könnte ich ausflippen! Wenn es noch nicht erforscht wurde, dann werden Wissenschaftler eines Tages herausfinden, dass es ein Fehler-such-Gen gibt! Und mein Mann ist einer der sichersten Kandidaten für diese Forschung! Ich vermute ja, er ist bei seiner Geburt in den Miraculix-Fehler-Such-Topf gefallen. Während ich so eine Freude an meiner bunten Gestaltungswelt habe und meine Kreativität Purzelbäume schlägt, analysiert er feinsäuberlich die Fehlerketten. Gut so! Denn sonst hätte der Kamin mit großer Sicherheit gar nicht mehr ins Wohnzimmer gepasst. Aber das behalten wir bitte erst mal für uns.

Nebenbei bemerkt, er arbeitet mit Autos. Da macht das Fehlersuch-Gen für unsere Sicherheit ja vielleicht doch Sinn.

Aber diese Geschichte soll dir nicht erzählen, warum beispielsweise Buchhalterin für mich kein Job gewesen wäre. Sondern ich möchte dir damit sagen, dass eben beide Ansätze so wichtig sind, wenn es darum geht, erst mal möglichst gut zu funktionieren. Selbstverständlich findest du auf diesem Weg für die meisten Probleme Lösungen. Für den Alltagsstress werden folgende gern genommen: Organizer Programme, um deine Mails endlich besser zu strukturieren, Yoga gegen Rückenschmerzen, Meditation, wenns richtig turbulente Tage waren, Paartherapie oder Scheidung, um dem Beziehungsproblem beizukommen, Antidepressiva gegen die Verstimmungen, Job kündigen und was Neues suchen. Alles im Grundsatz wichtig und richtig! Aber bist du mit deinen »Heilmitteln« wirklich zu nachhaltigem Glück und Lebensfreude gekommen? Denn das ist es doch, was wir hier suchen. Ich bezweifle es.

Mehr vom Selben

Meist führt das ewige Kramen im Unglück und sich vor Augen halten, was einem alles fehlt und wer dafür verantwortlich ist, zu noch mehr Frust und Unzufriedenheit. Das wiederum beschert weitere Probleme, bis du sprichwörtlich »hinter jedem Busch einen sitzen siehst.« Bereits 1983 schrieb der renommierte österreichische Psychologe und Kommunikationswissenschaftler Paul Watzlawick in seiner bekannten »Anleitung zum Unglücklichsein«: »*Das verstärkte Augenmerk auf verdächtige Anzeichen führt mit der Zeit dazu, dass die Prophezeiung sich erfüllt.*«[5] Bedeutet: Wohin du deine Aufmerksamkeit lenkst, finden sich deine Erfüllungen. In der Fachsprache bezeichnen wir das als »*selbsterfüllende Prophezeiungen*«.

Ich nenne es gern »das rote VW-Bus Phänomen«. Sicherlich kennst du diese Episode so oder ähnlich aus deinem Leben: Du möchtest dir ein Auto kaufen, sagen wir einen roten VW-Bus. Bisher hast du nie rote VW-Busse auf der Straße gesehen, aber du hast so einen irgendwo entdeckt und findest ihn toll. Also willst du mehr wissen und fängst an, dich damit zu beschäftigen. Welche Ausstattung soll er haben? Welches Modell würde dir gefallen? Wie viel darf er kosten? Du steckst eben ein wenig mehr Energie rein. Googelst und recherchierst alles, was dir in den Sinn kommt. Und jetzt kommts! Du fährst nach Hause und was siehst du? Einen roten VW-Bus. An der nächsten Ampel: Schon wieder ein roter VW-Bus! Gehst abends zum Essen und an der Kreuzung ein – du ahnst es – yep, ganz genau! – roter VW-Bus. Du glaubst, das Universum spielt dir einen Streich und hat alle roten VW-Busse auf einmal auf die Straße geschickt. Doch in Wahrheit unterstützt dich dein geniales Gehirn, deine Wünsche zu erfüllen. Du schenkst dem roten Bus jede Menge Beachtung. Dein Gehirn hilft

dir, noch mehr davon zu entdecken. Du hast deine Aufmerksamkeit darauf gelenkt, also scheint es überlebenswichtig zu sein und die Filter werden auf »roter VW-Bus« gestellt. So wie bei meinem Vater der Fußball lebenswichtig war. Du erinnerst dich? Sogar im Schlaf ist ihm der Trainerwechsel nicht entgangen. Filter eingestellt, Aufmerksamkeitsantenne ausgefahren. Den Rest erledigt dein System.

Quizfrage: Die viele Zeit, die du beispielsweise in das Buch mit dem Titel: »Mein Chef, der Narzisst« steckst: Wie viele Möglichkeiten bleiben ihm oder ihr deiner Meinung nach, für dich kein Narzisst zu sein? Und wie viel glücklicher macht dich die Annahme, dass du jeden Tag mit einem Narzissten zusammenarbeitest und sein »Opfer« bist? Wie viel Aufwand wirst du betreiben müssen, um den Stress »wegzubekommen«, den der Fokus auf dieses Problem verursacht? Natürlich kannst du die Fehleranalyse weiter vorantreiben und einen Spezialisten nach dem anderen konsultieren, der mit dir an der Aufgabe arbeitet. Du kannst dich auch mit Freunden, Familie und vielen weiteren über die stressigen Zeiten unterhalten, die dir mit Sicherheit alle beipflichten und ihre von Herzen gut gemeinten Ratschläge und Empfehlungen geben. Worauf lenkst du damit vorrangig deine Aufmerksamkeit? Eben. Immer und immer wieder auf das Problem. Ein Hindernis folgt auf das andere. Filter eingestellt. Der Film läuft.

Natürlich kannst du weiterhin viele mühsame Jahre damit verbringen, dich über den Stress zu beklagen, den du schon auf alle Arten versucht hast zu bekämpfen. Du findest sogar heraus, was an deiner Kindheit falsch war. Irgendwann weißt du auch, was dazu führte, dass du dich jetzt nicht glücklich genug fühlst oder nicht in der liebevollen Beziehung bist, die du dir wünschst. Ganz sicher entdeckst du im Gestern und Vorgestern auch Gründe, warum du nicht das Gehalt bekommst, das du verdienst, oder warum du dich im Kampf mit deiner Arbeitssucht oder deiner Figur befindest. Die Filter der Vergangenheit, aus denen du in deine heutige Welt blickst, werden dir endlose Bestätigungen liefern, warum dein Leben so ist, wie es ist. Und warum es gar nicht anders sein kann. Weil deine viele Energie, die du investierst, bereits prophezeit, wie der Film weitergeht.

Und nur, damit wir uns richtig verstehen, ich spreche hier von unseren »täglichen Neurosen« (wie ich sie für dich und mich nenne), nicht davon, dass ich grundsätzlich gegen Therapie bin! Wo als helfende Maßnahme angezeigt, hat sie in meinen Augen eine äußerst wichtige Funktion. Ich selbst bin meinem Psychologen unendlich dankbar dafür, dass er mich damals nach der für mich erdbebenartigen Krise in der Therapie begleitet und dass er mit mir ein paar Steine aus der Vergangenheit angehoben hat. Ich war zu diesem Zeitpunkt überhaupt nicht in der Lage, meine seelischen Wunden zu heilen, weil ich meine Kräfte bereits lange vor dem Knall über die Maßen ausgereizt hatte.

Aber von den Überlebenslösungen für die Ereignisse, die uns manchmal im Leben im wörtlichen Sinne aus den Latschen kippen lassen, spreche ich hier nicht. Wenn das alltägliche »Überleben« und »Funktionieren« nicht mehr gesichert ist, ist therapeutische und/oder medizinische Hilfe notwendig. Damit schwere Wunden auseitern und heilen können. Im Übrigen ebenso während bereits laufender Coachings oder Trainings. Denn die meisten Coaches, das gilt auch für mich, sind oftmals keine Mediziner beziehungsweise Therapeuten. Sie dürfen weder medizinische noch therapeutische Unterstützung leisten. Und das wird auch dieses Buch nicht tun. Wenn du also akut das Gefühl hast, die Welt bricht über dir zusammen und du fühlst dich völlig überfordert, dann ist dein Arzt oder Therapeut die erste Anlaufstelle. Darauf möchte ich an dieser Stelle unbedingt noch

mal hinweisen. Aber genau hier erkennen wir den radikalen Unterschied der Denkweisen. Es gibt rettende Maßnahmen und nachhaltiges Glück. Auf unserer Reise geht es nicht ums Überleben. Was wir wollen, ist neue Kontinente entdecken!

Wovon ich hier spreche, bezieht sich auf unsere Mission zum Glücklichsein. Und dabei gehts ums Leben. Auf diesem Weg auch die Ursachen der Vergangenheit kurz mal anzusehen, um nicht völlig blind und unreflektiert durch die Welt zu laufen, halte ich für wichtig und richtig. Nicht jedoch die oft jahrelang anhaltende Analyse der Probleme aus der Vergangenheit oder die krampfhaften Versuche, widrige Umstände im Außen zu verändern. Beides ist meiner Meinung nach erstens furchtbar anstrengend, weil der Löffel immer und immer wieder im zähen Brei des Problems rührt, und zweitens sind mir die aus dieser Perspektive mühsam erarbeiteten Lösungen nicht nachhaltig genug für unsere Lebensfreude.

Der gemeinsame Nenner

An diesem Punkt magst du dich fragen: »Na, was denn dann?«

Bei all den Szenarien, die ich im letzten Abschnitt aufgezählt habe, kannst du da einen gemeinsamen Nenner erkennen? Ganz genau! Du bist der gemeinsame Nenner. Deine ganze Welt hängt irgendwie mit dir zusammen. Du bist Teil der Gleichung. Deine Lebensfreude, dein Wohlbefinden, dein Aufblühen, deine Widerstandskraft und dein negativer Stress haben eine Schnittmenge: DICH.

Ich war in Mathe wahrlich alles andere als ein Genie, aber eine für mich sinnvolle Schlussfolgerung habe ich doch daraus ziehen können: Wenn Zusammenhänge kompliziert erscheinen, dann beginne die Reise mit dem kleinsten gemeinsamen Nenner. Das lichtet die Sicht und verschafft dir eine solide Startposition. Zudem ist es der einzige Ort, von dem aus du die Kompassnadel im Blick und das Steuer in der Hand hast. Von dort lässt sich deine Fahrt ins Glück ausrichten.

Während du gerade noch dabei warst, im schleimigen Brei der Probleme ewig nach Lösungen zu suchen, ist dir unter Umständen klar geworden, dass der Brei immer noch an dir klebt. Die Sichtweise, die das Licht erst einmal ausschließlich auf dich richtet, hilft dir, völlig neue Wege zu finden, denn die klebrige Masse veränderst du sicher nicht. Maximal schaffst du es irgendwie, nicht darin unterzugehen. Damit wären wir wieder beim alten Muster.

»Wenn du immer wieder das tust, was Du immer schon getan hast, dann wirst Du immer wieder das bekommen, was du schon immer bekommen hast.

Wenn du etwas anderes haben willst, musst du etwas anderes tun.

Und wenn das, was du tust, dich nicht weiterbringt, Dann tu etwas völlig anderes, statt mehr vom gleichen Falschen.«

Paul Watzlawick

Diese Mission hat einen anderen Plan. Woran ich mit dir in diesem Buch arbeiten möchte, sind nicht eine weitere Analyse und ein weiterer Aktionsplan zu: »Wie werde ich den ganzen Stress los, damit ich wieder glücklich sein kann?« Sondern wir legen den Fokus mal ganz anders: »Was macht mein Leben jeden Tag glücklich, lebenswert und erfüllt?« Dann wird der Stress zur Nebenbaustelle.

KAPITEL 2

Deine Reise-koordinaten

Boardcheck 1 – Take-off

Bevor wir loslegen, brauchen wir noch einen kurzen Boardcheck. Und zwar gleich hier und jetzt im Starthafen. Eine Inspektion, die den Zustand deines Schiffs und der Ausrüstung prüft und checkt, ob alle Navigationsinstrumente genau ausgerichtet sind. Da wir eine Reise antreten, in der es ausschließlich um dich geht, können die einzelnen Koordinaten für jeden, der diese Worte liest, völlig unterschiedlich aussehen. Also lass uns den Check ganz auf dich ausrichten. Ich habe dir ja versprochen, es wird persönlich! Und weil du der Pilot auf dieser Reise bist, lade ich dich ein, den Check ernst zu nehmen. Dann hast du am meisten davon. Plane etwas Zeit und Ruhe dafür ein. Damit dir das leichter gelingt, **legst du das Buch am besten kurz beiseite und triffst ein paar Vorbereitungen.**

Im Laufe unserer Reise wird es immer wieder Übungen geben, in denen du für ein paar Minuten in deine Welt eintauchst. Hierfür hat es sich als sinnvoll erwiesen, dir einen festen Rückzugsort zu schaffen. Muss gar nichts Großartiges sein. Ein Platz, der dir für die nächsten Wochen immer wieder die Möglichkeit bietet, einige Augenblicke ungestört zu sein, und an dem du dich so richtig wohlfühlst. Ich nenne ihn hier »Glücksplatz«. Meiner ist zum Beispiel ein kleines Fell auf dem Wohnzimmerboden. Also sogar mitten in unserem Gemeinschaftsraum. Ich sitze dort meist, wenn entweder noch alle schlafen oder bereits außer Haus sind. Da liegt alles, was ich für den täglichen Boardcheck in meiner Welt brauche: Notizbücher, Stifte, Meditationskissen, aktuelle Bücher. Der Ort hat eine besondere Anziehungskraft entwickelt. So, dass dort zwischendurch der Hund gern mal Platz nimmt, mein Enkel und die Kinder meiner Schwester spielen oder einfach nur jemand sitzt und liest. Doch jeder weiß, dieser

Platz ist mir heilig und alle halten ihn in Ehren. Andere haben sich eine Ecke in ihrem Schlafzimmer eingerichtet oder sitzen in einem gemütlichen Relax-Sessel. Probier einfach aus, was für dich gut passt.

Weiter empfehle ich dir, für den Zeitraum der Mission ein eigenes Notizbuch anzuschaffen. Sicher willst du vieles, was dir auf der Reise begegnet, festhalten und zwischendurch immer mal wieder deine Koordinaten prüfen. Auch hier gilt: Nutze, was dir gefällt und gut zu dir passt. Ich verwende beispielsweise einen Tageskalender mit inspirierenden Zitaten. Manchmal nehme ich auch mein iPad mit Pencil. Ich liebe die Vorzüge der Technik, doch in manchen Dingen bin ich ein wenig altmodisch. Diese Kombination ermöglicht mir, an meinem heiligen Platz zu sitzen und dabei echte handschriftliche Notizen zu machen. Zeitgleich sind mir diese auch auf Reisen überall in der Cloud zugänglich. Ich finde das genial! Falls du besser mit Arbeitsblättern klarkommst, kannst du die Übungen auch ausdrucken. Du findest sie auf dem Online-Portal, das ich extra für unsere Reise erstellt habe und das dich mit jeder Menge Bonus-Material begleitet. An den passenden Stellen gibt es hierzu immer wieder einen QR-Code, den du ganz einfach mit deinem Handy scannen kannst. Oder du gehst direkt auf *gluecklichsein.ebrandhofer.de*.

Wie gesagt: Nimm, was für dich gut passt, und probiere dich ein bisschen aus. Ich passe die Tools für meinen Boardcheck immer wieder mal an, wenn mir was Neues begegnet oder ich das Gefühl habe, dass es irgendwo hakt.

Gluecklichsein.ebrandhofer.de

Hast du alles beisammen? Perfekt, dann starten wir! Trau dich, groß und frei zu denken! Lass es laufen. Es gibt kein Wenn und Aber. Kein Richtig und kein Falsch. Nur dich und dein Papier. Im ersten Schritt geht es nur darum, dass du dir erlaubst, vor dir selbst auszudrücken, wo du gerade stehst und worauf du die Navigation ausrichten willst.

Nimm dir bitte jetzt etwas zum Schreiben und lasse dir die folgenden Fragen durch dein System laufen. Mit System meine ich: Denken, Fühlen und dann die Hand aufs Papier oder Tablet. Damit setzt du alles ein, was dir zur Verfügung steht, und hast beste Voraussetzungen, um in See zu stechen!

Noch ein Tipp: Schreibe in ganzen Sätzen. Diese lassen sich später besser reflektieren und spiegeln deine Gefühlswelt deutlicher wider als nur Stichworte. Lasse deine Hand ohne viel Nachdenken einfach frei übers Papier laufen. Oft helfen auch Bilder bei der Beschreibung deiner Situation. Ich verwende gern die Bilddatenbank *pixabay.com*. Du gibst ein Schlagwort ein und findest Millionen von Inspirationen, die du kostenfrei downloaden kannst.

1. AN WELCHEM PUNKT STEHST DU JETZT GERADE?

Fragen zur Anregung: Wie fühlst du dich die meiste Zeit? Warum hat dieses Buch deine Aufmerksamkeit geweckt? Wie sieht deine Welt gerade aus?

2. WO MÖCHTEST DU HEUTE IN ZWÖLF MONATEN STEHEN?

Fragen zur Anregung: Stell dir dein Leben heute in einem Jahr vor. Du wachst an diesem Morgen auf und alles ist genau so, wie du es dir wünschst. Wie sieht deine Welt aus? Wer bist du? Wo bist du? Wie fühlst du dich? Wer begleitet dich? Wie siehst du aus?

3. WAS HAT SICH DANN VERÄNDERT?

Fragen zur Anregung: Woran wirst du selbst erkennen, dass sich deine Welt verändert hat? Wer wird deine Veränderung als Erstes bemerken? Was wird dein Umfeld dazu sagen?

4. WAS PASSIERT, WENN DU NICHTS ÄNDERST?

Frage zur Anregung: Wie sieht deine Welt aus, wenn du weiter machst wie bisher?

5. WAS BRÄUCHTEST DU ZUR UMSETZUNG?

Fragen zur Anregung: Wenn du bereits wüsstest, was du bräuchtest, was wäre es? Gibt es Fähigkeiten, die du brauchst? Wer oder was kann dich unterstützen? Was kannst du einsetzen? Gibt es sonst noch etwas, das du tun kannst?

Unsere außergewöhnliche Reise

Wenn du dir die Zeit genommen hast, um die Fragen zu beantworten, dann war das wieder eine Entscheidung. Eine von denen, die es dir möglich macht, dein Glück in die Hand zu nehmen. Lasse die Antworten sich einfach mal setzen, ohne sie großartig zu bewerten. Im Laufe der Reise wirst du ganz sicher den Impuls verspüren, zu diesen Antworten zurückzukehren. Beobachte, was es mit dir macht. Stück für Stück wird sich dein Navi ganz intuitiv nach der Richtung ausrichten, in der du deine einzigartige Aussicht von Lebensfreude findest. Damit gehst du weit über die Korrektur von Fehlern hinaus. Im weiteren Verlauf stellen wir dann den Kompass noch genauer ein. Dafür holen wir uns wissenschaftliche Unterstützung durch die Positive Psychologie. Sie hilft dir, neue Sichtweisen auf die Frage zu bekommen: »Was ist es, was das Leben für mich so richtig lebenswert macht?«

Damit für dich gleich zu Beginn verständlich wird, in welche Richtung es geht, habe ich dir eine Abbildung beigefügt.

← **BLICKRICHTUNG** →

THEMA	Fehler → negative Abweichung	Durchschnitt → normal/ zufrieden	Außergewöhnlich → positive Abweichung/ aufblühen
Gesundheit	Krankheit	Gesundheit	Vitalität
Business-Gewinn	Verlust	Gewinn	High Performance
Beziehungen	Streit	Verständnis	erfüllendes Miteinander
Leben	überleben	Lebenszufriedenheit	nach Fülle orientieren

	Probleme lösen	Leben meistern	High Performance/ nach Fülle orientieren
ORIENTIERUNG	KLASSISCHE ANSÄTZE	POSITIVE PSYCHOLOGIE	

Sie zeigt dir auf der einen Seite verschiedene traditionelle Sichtweisen, nach denen du und ich und die meisten unter uns gelernt haben, Probleme zu lösen. Auf der anderen Seite werden die klassischen Ansätze durch die Logik der Positiven Psychologie ergänzt. Und nach dieser richten wir diese Mission vorrangig aus. Hierbei geht es nicht darum, einen Ansatz als richtig und einen anderen als falsch zu betrachten. Sondern für uns ist wichtig zu verstehen, was unsere Sichtweise von der anderen unterscheidet. Es ist die Blickrichtung.

Auf der linken Seite sind typische Lebensthemen genannt, für die in meiner Coaching-Praxis regelmäßig Entwicklungsbedarf besteht. Die beiden Spalten daneben stellen den Fokus dar, aus dem heraus die Lösungen entwickelt werden. Also in welche Richtung du blickst, während du an der Veränderung »arbeitest.« Hier mal ein praktisches Beispiel: Du hast Fieber und fühlst dich daher ziemlich sicher nicht gut und liegst flach. Jetzt möchtest du, dass das Fieber und alle Begleiterscheinungen bitte schön schnell verschwinden, damit du wieder auf die Beine kommst und »funktionsfähig« bist. Aus dem Blickwinkel der Krankheit möchtest du dich also in die nächste Spalte zur »Gesundheit« entwickeln. Daher suchst du aus dem Fokus der Krankheit die Lösung für Gesundheit. Vermutlich gehst du zum Arzt, der verordnet Bettruhe, vielleicht als Hausmittel ein paar Wadenwickel und/oder Medikamente. Irgendwie so würdest du das Problem wahrscheinlich lösen und hoffentlich schnell gesund werden. Eine klassische Maßnahme: Du richtest deine Aufmerksamkeit auf das, was nicht passt, also die negative Abweichung vom Normalzustand, und erarbeitest Lösungen, sprich Heilmittel, dagegen. Das ist die Sichtweise, die viele von uns am besten kennen. Übrigens eine überlebenswichtige Anschauung, die beispielsweise die Notfallmedizin auszeichnet. Angenommen du hast eine Allergie gegen Wespen und wirst gestochen. Bei einem anaphylaktischen Schock, der lebensbedrohlich sein kann, brauchen wir uns nicht lange zu überlegen, wie wir das Außergewöhnliche erreichen. Notfallmedikamente marsch! Kürzesten Weg zur Gesundheit eingeschlagen.

Szenenwechsel: Nehmen wir jetzt an, du bist schon in der zweiten Spalte. Es ist Februar und nasskaltes Wetter. Du bist gesund und fit, hast aber stressige Zeiten und beobachtest, dass um dich herum alle schniefen und husten. Außerdem hast du zwei kleine Kinder, die jeden Tag eine neue vermeintliche Seuche aus dem Kindergarten mit nach Hause bringen. Du legst den Fokus auf Gesundheit und willst vorsorgen, damit du gegen die Bazillenschleudern gut gerüstet bist. Also suchst du nach probaten Mitteln, um das Maß der Gesundheit zu halten. Vermutlich tankst du dich gut mit Vitaminen auf/voll, versuchst, nicht direkt neben den Schniefern im Meeting zu sitzen, und entscheidest dich, falls möglich, lieber für Homeoffice. Und so weiter. Du probierst deinen Zustand zu halten und achtest in deinem Alltag darauf, den Kranken aus dem Weg zu gehen und möglichst gesund zu bleiben.

Ein gutes Beispiel hierfür ist eine meiner Klientinnen. Sandra *(Name geändert)* läuft leidenschaftlich gern Marathon und hat sich die *World Major Six* vorgenommen, die absoluten Highlights im Marathon! Boston, London, Berlin, Chicago, New York, Tokio. Der Lauf in der jeweiligen Stadt findet nur einmal im Jahr statt. Du kannst dir sicher vorstellen, wie groß die Vorfreude auf so ein Event ist! Die Vorbereitung der Läufe nimmt viel Zeit in Anspruch und bedeutet unermüdliches Training. Ganz zu schweigen vom Planungsaufwand für die Reisen. Am Tag X geht es dann nur noch um den Lauf.

Alles ist bereit. Ihr Geist ist aufs Ziel ausgerichtet, der Körper so gut wie möglich in Form. Hammer Gänsehautfeeling! Das Letzte, was sie für dieses Event nun bräuchte, wären die Rotznase und der Husten des Kollegen. Also gehts in der Vorbereitung erst mal darum, die Gesundheit zu erhalten und Krankheit zu vermeiden. Und das zeigt die mittlere Spalte unserer Grafik: den Normalzustand zu halten und das Leben gut zu managen. Dort ist für die Marathonläuferin selbstverständlich noch lange nicht Schluss! Sie äugt bereits in die rechte Seite unseres Diagramms.

Die leitet uns nahtlos weiter zum aufregenden dritten Teil. Der Abschnitt, der für unsere Mission die größte Bedeutung hat! Du hast schließlich beschlossen, das ganze Paket zu buchen! Nicht nur einfach nicht krank oder nur normal gesund sein und gut durch den Winter kommen. Nein, du hast dich entschieden, vor Lebenskraft gerade nur so zu strotzen! Nicht gefiltert mit Photoshop! Du willst echte Vitalität. Strahlendes Aussehen, leuchtende Augen, Kraft, Freude, Fitness und Entspanntheit weit über das normale Geplätscher hinaus. Das ganze Paket. Dann wirds in der dritten Spalte spannend! Denn dort können dir die Maßnahmen der Positiven Psychologie besonders nützlich sein und dich darin unterstützen, aufzublühen. Sie helfen dir, vom Durchschnitt zum Außergewöhnlichen zu wachsen. Das heißt für all die Lebensverrückten unter uns, die dieses Buch in den Händen halten und sich für Lebensfreude, Kraft und Energie entschieden haben: anschnallen! Denn hier steigen wir ein! Dort wohnt das Außergewöhnliche. Es tanzt die High-Performance auf dem Parkett. Der Flow umschmeichelt deine Projekte. Beziehungen wachsen in reiche Gemeinschaften und das Leben blüht in seinen schönsten Farben! Baby, das ist genau der Ort, der unser neues Zuhause wird!

Ich bin sicher, dass du jetzt nach den ganzen Erklärungen unbedingt erfahren willst, wie du schnellstmöglich an diesen außergewöhnlichen Ort kommst. Am liebsten würdest du wahrscheinlich gleich in das Kapitel springen, wo du mitten in deinem Glücksprojekt landest! Wenn du wie die meisten meiner Klienten tickst, dann suchst du an der Stelle sicher schon die Abkürzungen. Erwischt? Dachte ichs mir doch. Keine Sorge, du wirst auch ein paar Shortcuts bekommen. Versprochen! Für den Moment bitte ich dich jedoch noch um ein bisschen Geduld. Das theoretische Verständnis und das Wissen um die Hintergründe bereiten dir den Weg, um im weiteren Verlauf auch wirklich ins aktive Tun zu kommen. Damit dir später klar ist, warum du tust, was du tust, benötigen wir hier noch einen Schuss von Neugier und ein klein wenig Disziplin. Denn die Abkürzungen machen überhaupt erst Sinn, wenn du die bewährten Wege kennst.

KAPITEL 3

Warum fällt Veränderung oft so schwer?

Wieso nehmen wir uns vor, etwas zu verändern, und halten den Weg dann oft nicht durch? Jeder von uns kennt diese Situationen. Sei es, sich das Rauchen abzugewöhnen, mehr Sport zu treiben, eine besondere Ausbildung zu machen. Oder einer der Klassiker: Die Nach-Weihnachtsdiät am ersten Januar. Die dann für die meisten am siebten Januar schon wieder Geschichte ist. Naja, wahrscheinlich mangelt es uns einfach nur an Disziplin! Glaub mir, wenn du bei meinen Coaching-Sitzungen Mäuschen spielen könntest, würdest du dich wundern! Die meisten Menschen besitzen sehr viel mehr Selbstbeherrschung, als tatsächlich für sie gesund ist. Sie nehmen sie nur nicht immer als solche wahr. Solltest du bis hierhin gelesen haben, bin ich mir ziemlich sicher, dass du einer von ihnen bist. Denn all der Stress, den ich in den vorangegangenen Kapiteln beschrieben habe, baut sich für gewöhnlich nicht bei denen auf, die ihr Leben auf der Couch verbringen und darauf warten, dass ihnen die sprichwörtlich *gebratenen Hähnchen* in den Mund fliegen. Es gibt andere Gründe als die Disziplin, warum uns Veränderungen nicht immer gleich leicht fallen.

Von Natur aus sind wir Menschen gewohnheitsorientiert. Bekannte Routinen verschaffen uns Sicherheit. Wer möchte schon vom legendären Säbelzahntiger verspeist werden, nur weil er heute mal der Ansicht ist, es sei eine tolle Idee, auf dem Weg nach Hause eine neue Strecke auszuprobieren? »Nein, nein bist du lebensmüde?! Lass uns lieber den bekannten Weg nehmen! Der ist gut einstudiert, TÜV geprüft und mit dem Prädikat wertvoll ausgezeichnet«, ertönt sogleich das Warnsignal in dir. Das sichere Terrain, auf dem wir uns die meiste Zeit bewegen, nennt sich *Komfortzone*.

Beim Betreten neuer Pfade hingegen wandeln wir auf ungewohnten Wegen. Veränderungen bedeuten am Anfang immer den Schritt

ins Unbekannte. Das Überlebenssystem schreit erst mal: »Achtung, Achtung! Bist du verrückt?! Hier ist es gerade so schön gemütlich und dort drüben könnte es sogar riskant werden! Wer weiß, vielleicht wirds auch noch anstrengend oder wir scheitern am Ende gar. Lass mal lieber. Couch ist gut. Bekannt. Sicher. Geprüft. Kuschelig«, was zur Folge hat, dass wir häufig lieber im bekannten Alten verweilen, statt uns aufzumachen ins unbekannte Neue.

Wir fühlen uns in den Gewohnheiten nicht nur sicher, sondern unser System, vor allem das Gehirn, spart auf diese Art jede Menge Energie. Obwohl es nur etwa zwei Prozent des Körpergewichts ausmacht, verbraucht das Gehirn rund zwanzig Prozent der Leistung, die der Körper benötigt. Das Hauptorgan des Nervensystems sendet pro Sekunde Millionen von Signalen in unser komplettes System. Diese steuern nicht nur das Denken, Sehen, Fühlen und vieles mehr, sie kontrollieren auch Herzschlag, Atmung, Verdauung, Zellerneuerung und andere lebenswichtige Funktionen. Milliarden komplexer und dynamischer Prozesse, die gleichzeitig im gesamten Körper ablaufen und miteinander interagieren. So betrachtet, wohnt unser Geist in einem hoch entwickelten und extrem leistungsfähigen Haus, das Tag und Nacht, ohne unser bewusstes Zutun für uns arbeitet und uns am Leben erhält.

Unter diesem Aspekt macht es also durchaus Sinn, seine Kräfte effizient einzusetzen. Genau deshalb hat die Natur dafür gesorgt, dass wir einmal eintrainierte Gewohnheiten so schnell nicht wieder vergessen. Wer das Radfahren einmal beherrscht, kann immer Rad fahren. Vorausgesetzt, die Stelle im Gehirn wird nicht beschädigt, wie zum Beispiel bei einem Schlaganfall. Dieser geniale Mechanismus führt eben auch dazu, dass wir die meiste Zeit das Gleiche tun und somit in der Regel nicht viel über unser Handeln nachdenken müssen.

Wie fantastisch, wenn alles in gewohnten Bahnen läuft! Wir stehen möglichst jeden Tag zur selben Zeit auf. Sobald wir aus dem Bett steigen, bewegen wir uns in der immer gleichen Körperhaltung ins Bad, um dort das täglich gleiche Zahnputzritual auszuüben. Am Esstisch sitzen wir fortwährend am selben Platz und wehe, jemand anderer setzt sich dort hin! Dazu gibts, wie jeden Tag, den morgendlichen Kaffee oder Tee. Für den Weg zur Arbeit nehmen wir immer die gleiche Route. Und während wir Auto fahren, können wir jetzt sogar schon unseren kompletten Terminkalender durchgehen. Nebenbei wird noch ein Telefonat geführt oder kurz eine WhatsApp gelesen *(nein, das tun wir natürlich nicht!)*, weil wir uns auf das eigentliche Fahren gar nicht mehr konzentrieren müssen. Blinken, in den Spiegel schauen, kuppeln, schalten, Schulterblick rechts hinten und, und, und … All dies, einst mühsam viele Stunden einstudiert, ist heute ein eingespieltes System, das jeder Autofahrer im Schlaf abspielen kann. Über nichts davon müssen wir mehr bewusst nachdenken. Unser Körper fährt quasi von allein Auto. Das Routineprogramm läuft selbstständig und zuverlässig. Gewissermaßen ein Autopilot für alle Lebenslagen. Dieser Mechanismus führt dazu, dass das Gehirn seine Ressourcen energiesparend einsetzen kann.

Eigentlich ein megaintelligentes System! Stell dir nur mal vor, du müsstest jeden Morgen an der Bettkante wieder neu darüber nachdenken, für was die Dinger gedacht sind, die da an dir runterbaumeln und die sich »Beine« mit »Füßen« nennen! Immer wieder neu anfangen, Autofahren zu lernen. Wir wären maßlos überfordert. Wie ich dir eingangs erzählt habe, hat mein Vater dieses Jahr sehr lange im Koma gelegen. Seit Monaten bekomme ich live eine Vorstellung davon, wie unglaublich energiezehrend es ist, über sämtliche eingespielte Funktionen, bis hin zum Schlucken, wieder bewusst nachdenken

und diese üben zu müssen. Für all diese Aufgaben hatte der Körper auf seiner Nervenautobahn einen Ausführungsbefehl in unser Unterbewusstsein geschrieben. Der Befehl des Autopiloten sorgt bestens dafür, dass wir gut durchs Leben kommen. Um beim Beispiel Autofahren zu bleiben: Es ist das Unbewusste, das bei einem drohenden Auffahrunfall den Fuß in Blitzgeschwindigkeit auf der Bremse hat. Die Reaktionszeit unseres bewussten Verstandes wäre dafür viel zu langsam. Bis er die Gefahr erst mal erkannt hätte, die Information verarbeitet und schließlich die Entscheidung getroffen hätte, ob wir jetzt bremsen oder nicht. *Gähn* ... Bis dahin würden wir schon längst beim Vordermann im Kofferraum sitzen.

Kurzum: Unsere im Unterbewusstsein gespeicherten Abläufe und Programme sorgen für einen geregelten Energiehaushalt in unserem System. Daher brauchst du dich nicht zu wundern, wenn nicht gleich alles »Juhu« ruft, wenn du dich auf den Weg ins Unbekannte machst.

> **ERKENNTNIS 1:**
>
> Wir brauchen Rituale und Gewohnheiten, damit wir uns sicher fühlen. Diese unterstützen einen ausgeglichenen Energiehaushalt in unserem System.

Wie entwickeln sich Gewohnheiten?

Teile unserer Programmierung entwickeln sich bereits ganz natürlich im Mutterleib. Genetisch bedingt werden manche Programme bereits bei der Empfängnis durch unsere DNA bestimmt. Im Bauch der Mutter sind wir aber auch schon Teil ihres Lebens in dieser Welt. Ihre Umwelt wird zu unserer. Verschiedene Forschungen auf dem Gebiet der Epigenetik bestätigen, dass wir bereits in dieser frühen Phase stark geprägt werden. Faktoren wie Lebensstil der Eltern, Ernährung, Stress, Musik, der Klang von Stimmen und vieles mehr nehmen längst Einfluss auf unsere späteren Programme und können wiederum sogar unsere Gene beeinflussen.

Bereits im Bauch der Mutter sind wir mit einem extrem faszinierenden System ausgestattet. Denk mal daran, wie aus einer menschlichen Vereinigung und ein »bisschen Flüssigkeit« *(ich weiß, das ist sehr flapsig ausgedrückt, aber es schafft ein deutliches Bild)* ein hoch entwickeltes Lebewesen entsteht. Ist das nicht genial? Sobald wir dann bereit sind, den Kopf in diese Welt zu strecken, legt der »Hochleistungsrechner« mit dem neuen Update noch mal eins drauf. Dafür hat uns die Natur ein wahres Meisterwerk zur Verfügung gestellt. In einer Art hypnotischem Zustand, der extrem schnelles Lernen möglich macht, saugt das kindliche Gehirn wie ein Schwamm unendlich viele Informationen aus seiner Umgebung auf. Tragende Netzwerkverknüpfungen werden gebildet. Um bei unserem Bild von der Autobahn zu bleiben: In dieser Phase werden im Gehirn das grundlegende Straßennetz der Nervenbahnen gebaut und elementare Wege freigegeben. Es werden die Grundsteine gelegt für spätere Verhaltensweisen, kulturelle Einstellungen, Überzeugungen und Denkmuster.

Ab Minute eins werden unendlich viele Arbeitsschritte studiert und eingespeichert. Am Anfang lebenswichtige körperliche Funktionen, wie atmen, verdauen, schlucken. Später dann Farben sehen, Laute sprechen, sitzen, gehen usw. Umgangsformen, die unser soziales Überleben sichern sollen, müssen erlernt werden. Unser Umfeld trainiert uns in einer ständigen Kombination aus Wiederholung und Belohnung. Im Laufe der Zeit wird das einstudierte Verhalten immer mehr zur Gewohnheit und speichert sich in das Unterbewusstsein ein. Kurzum, die Blaupause für das Überleben in dieser Welt ist geschaffen. Das ganze angelernte Set aus Denkmustern, Überzeugungen, kulturellen Einflüssen, Verhaltensmustern und Erfahrungen prägt unsere Persönlichkeit. Wer wir sind. Wer wir glauben zu sein. Wie wir heißen. Es gibt uns eine Identität. Eine Haut, in der wir uns sicher fühlen. Und daraus entwickelt sich unser Leben, bilden sich unsere Rituale, unsere Gewohnheiten.

Mit diesem verlässlichen Set fährt unsere Identität viele, viele Jahre auf einer immer gleichen, äußerst gut ausgebauten Autobahn spazieren. Dabei sind wir uns der Vorstellung, wer wir sind, so sicher, dass wir unser Renn-Geschoss *(so nenne ich unser Körper-Geist-Seele-System gern)* ganz locker im Autopilot laufen lassen können. Zwischendurch kommen auf dem Highway mal wieder ein paar Spuren dazu. Doch die meiste Zeit nehmen wir gar nicht bewusst wahr, dass unser Leben jeden Tag aufs Neue von dem bestimmt wird, was lange zuvor als Überlebensprinzip einstudiert wurde.

Deine Entwickler waren alle möglichen Bezugspersonen: Eltern, Erzieher, Lehrer, Großeltern usw. Wenn du also heute zwischen 35 und 50 Jahre alt bist, läuft deine Software mit einem System aus den Achtzigerjahren. Deine Programmierer verwendeten damals eine Technik aus der Nachkriegszeit bis zu den wilden 68ern. Sprich, deine Plattform läuft im Jahr 2023 noch immer auf der Basis von uralten Befehlszeilen. Das ging vielleicht eine ganze Weile gut, solange du nicht daran gedacht hast, etwas zu verändern.

Jetzt stell dir vor, du willst auf diesem alten Rechner heute für deine neuen Projekte eine brandneue Version von Word laufen lassen. Was glaubst du, wird passieren? Rien ne va plus! Ganz genau! Nichts geht mehr. Die alten Befehle hängen sich auf. Maximal bekommst du deinen Rechner wieder im früheren Zustand zum Laufen.

Wenn du diesen Vergleich nimmst, ist es dann verwunderlich, dass Veränderung in uns manchmal das große Chaos auslöst und wir lieber wieder zum alten Zustand zurückkehren? Nicht wirklich, oder? Wenn wir ewig weiter im gewohnten Trott wie im Achtziger-Jahre-Film mit Bill Murray »Und täglich grüßt das Murmeltier« durch unsere Tage wandern, wachen wir morgen wieder in genau diesem Trott auf, der abermals den Rhythmus für die nächsten 24 Stunden bestimmt.

Stattdessen nehmen wir uns ein Beispiel an den Rechnern der Neuzeit. Das würde bedeuten, wir fahren regelmäßig ein Update und installieren auf unserer Plattform bewusst immer wieder neue Versionen, die besser in die jeweils anstehende Zeit passen. Varianten unseres Lebens, die Vorfreude und Neugier auslösen und uns sicher fühlen lassen, immer wieder zu unbekannten Ländern aufzubrechen. Dafür brauchts aber nicht irgendein gefaktes Update, das sich regelmäßig doch nur als alte Version in neuen Gewändern herausstellt. Sondern ein frisches, das einzigartig kompatibel mit deinem System ist! Eines, das dich Lust, Vertrauen und Freude entwickeln lässt, Neues zu entdecken. Dann wird es möglich, dass alte Programme, die keinen Sinn mehr machen, einfach losgelassen werden. Was wir nicht mehr brauchen, bildet der Körper von allein zurück. Du erinnerst dich?

Wie das aussehen kann? Ganz kurz am Beispiel Rauchen: Ein gefaktes Update wäre ein Nikotinkaugummi. Etwas, das vermeintlich andere Befehle gibt, aber eigentlich kein Update ist. Lediglich ein billiger Hack.

Angenommen, du hast neuerdings eine unglaubliche Neugier und Freude am Bergsteigen entwickelt und brichst mit einer wunderbaren Gruppe regelmäßig in Richtung Gipfelkreuz auf. Ihr habt Freude an der Natur, genießt den Austausch, das stille miteinander Gehen, wenn die Anstiege kommen. Die Hütteneinkehr mit traditionellen Gerichten, die meines Erachtens auf dem Berg einfach immer besser schmecken als unten in der Gaststätte, ist ein Fest für den Gaumen. Schließlich erlebt ihr die gigantische Aussicht auf die Welt von oben und teilt das unglaubliche Gefühl, es wieder geschafft zu haben! Jedes Mal, wenn du wieder zu Hause bist, fühlst du dich körperlich ein wenig erschöpft, aber geistig kraftvoll betankt und zufrieden. Schon einen Tag später, wenn dein Körper geruht hat, sind alle deine Tanks mit Lebenskraft gefüllt und strahlen in eine frische Woche. Du wirst viel gute Luft brauchen für deine Bergzeit. Der alte Glimmstängel wird in dieser neuen Welt, wenn sie dir wirklich wertvoll erscheint, bald keinen Platz mehr finden. Mit ein paar weiteren Zutaten wird der Berg früher oder später siegen. Und die besorgen wir uns noch!

Das Programm der Natur

Unsere Erfahrungen und Prägungen bestimmen also zum Großteil unser Denken, Fühlen und Handeln. Damals als Kind wie heute als Erwachsener. Das Ergebnis daraus halten wir für unsere Persönlichkeit. Demnach haben wir uns im Laufe der Jahre Strategien angeeignet, die uns das Überleben in dieser Welt sichern. Und weil du diese Worte gerade liest, hat dieser Kunstgriff der Natur offensichtlich funktioniert. Mein Psychologe pflegte nach der Erklärung dieses Phänomens feierlich zu bestätigen: »Herzlichen Glückwunsch, auch Sie haben Ihre Kindheit überlebt!« Ich verwende diesen Satz heute gern selbst im Coaching. Denn das gibt dem ganzen Programmierungs- und Prägungs-Gedöns, in das sich viele von uns besonders in Phasen der Persönlichkeitsentwicklung so wunderbar hineinsteigern können, eine komisch-leichte Note. Ob dir das Programm deiner Kindheit gefällt oder nicht: Das war erst mal deine beste Grundausstattung. Punkt. Das gilt für uns alle auf diesem Planeten.

Und auch wenn ich mich für mein Leben gern mit »Spiri-Themen« befasse, lass uns einfach mal davon ausgehen, dass du dir nicht ausgesucht hast, wo und bei wem auf dieser Welt du herausschlüpfst. Du warst ein kleiner Mini-Wurm, der allein ewig lange Zeit nicht überlebensfähig und auf seine Bezugspersonen angewiesen war. Diese tragen für gewöhnlich Futter heran, bringen einem alles bei, damit man nicht gefressen wird, und wenns gut läuft, zeigen sie einem noch, wie man später sein Auskommen selbst sichern kann. That's it! Ganz einfach ausgedrückt. Du warst da, die Natur hat in dir angelegt, was zum Überleben dienlich ist. Dem bist du, ohne darüber nachzudenken, gefolgt. Du hast gelernt, was für Orientierung in deinem Lebens-Dschungel sorgt, damit du nicht verloren gehst. Hast dich deinem

Rudel angepasst, weil Gemeinschaft sicherer und wärmer ist. Ab und an hast du dich als einzigartiges Geschöpf mal wieder sichtbar gemacht, weil auch Vielfalt das Überleben sichert. Um schließlich, wann immer möglich, einfach nur freudig verspielt wie ein Baum oder ein Elefantenbaby zu wachsen. Kein Richtig. Kein Falsch. Das wars.

Je nachdem in welchen »Dschungel« du geboren wurdest, hast du auf dem Weg deine außergewöhnlichen Strategien entwickelt, um zurechtzukommen. In der einen Familie musste man sich bemerkbar machen, um gesehen zu werden. In der anderen war schon die Schwester der Rebell. Da war eher angesagt, der Brave zu sein, damit man nicht untergeht. Ein anderes Mal, gabs immer dann feine Kekse, wenn die Oma zu Besuch war, und es kehrte so eine liebevolle, kuschelige Stimmung im Rudel ein. Egal wie diese Entwicklung im Detail bei dir gelaufen ist, wir funktionieren alle nach demselben Mechanismus. Ganz banal erklärt. Diese Strategien stecken in dir als Finanzmanagerin, CEO, Mutter von zwei Kindern, Marketing-Guru, whatever. In uns allen.

Die gespeicherten Programmierungen beeinflussen in der Folge maßgeblich, wie du dein Leben wahrnimmst und lebst. Heißt, unsere Erfahrungen in der Vergangenheit haben jedem von uns eine Art Filterbrille aufgesetzt, durch die wir die Welt da »draußen« heute betrachten und fortwährend interpretieren. Das ist der maßgebliche Unterschied zwischen uns! Nicht, dass der eine die schönere und der andere eine weniger gute Kindheit hatte. Oder die eine als richtiger und die andere als falscher angesehen wird. Sondern, dass wir alle diese völlig verschiedenen Filter tragen. Ja, auch du und dein Partner! Auch wenn du noch immer fest davon überzeugt bist, er müsste nach all der Zeit doch wissen, was du jetzt brauchst. Nope. Anderer Filter. Andere Welt. Auch nach 25 Jahren noch.

In Beziehungen zu anderen Menschen mag es dabei mehr oder weniger viele Schnittmengen geben. Beispielsweise an einem Abend, an dem ich mit meiner liebsten Jugendfreundin telefoniere. Wir pflegen dann gern bei ein oder zwei Gläsern Rotwein unsere philosophischen Gespräche über die Welt auszuweiten. Oh, glaube mir, das funktioniert so gut, weil wir seit unserem fünfzehnten Lebensjahr das große Glück hatten, unsere Filter mit vielen Schnittmengen auszustatten. Und die werden an solchen Abenden mit jedem Glas Rotwein sogar noch größer!

Doch die Brille als Ganzes stimmt nicht einmal bei eineiigen Zwillingen überein. Es gibt zahlreiche Studien zu Zwillingen, die zeigen, dass diese trotz der gleichartigen genetischen Veranlagung unterschiedliche Persönlichkeiten entwickeln und sich in ihren Interessen und Lebenswegen unterscheiden können. Die Verschiedenheit wird darauf zurückgeführt, dass die Geschwister niemals komplett deckungsgleiche Erfahrungen in ihrer Umwelt machen. Wie sie auf die Einflüsse reagieren, führt zu unterschiedlichen Arten, mit der Welt zu interagieren.

Die Brille, durch die wir alle sehen, beeinflusst aber nicht nur unsere Gedanken und Gefühle, sondern auch alle Prozesse im Körper. Unser ganzes System. Alles, was »draußen« passiert, wird in dir in rasender Geschwindigkeit durch die Filter gejagt, sofort übersetzt und interpretiert. Was folgt, ist eine für dich charakteristische Reaktion. Ein typischer Blick, Wangen erröten oder du nimmst eine bestimmte Körperhaltung ein, zuckst zusammen. Die Palette, aus der sich dein Körper bedient, ist unendlich vielfältig und doch in der gewählten Kombination einzigartig. Du kannst dieses Phänomen besonders schön bei kleinen Kindern beobachten. Irgendein spaßiger Onkel bringt ihnen einen Blödsinn bei, den man eigentlich nicht sagen darf. Dein vierjähriger Sohn war allein bei deinem Bruder zu Besuch. Als er nach Hause kommt, erzählt er dir ganz aufgeregt, was

ihm der Onkel Thomas Lustiges gezeigt hat. Du hättest vorab gar nicht wissen müssen, wer ihm das neue Wort beigebracht hat. Denn ohne Zweifel erkennst du es am Ausdruck des kleinen Schauspielers. Er wird fast perfekt den typischen Blick und die Körperhaltung seines Onkels imitieren. Genauso ist es mit der Programmierung. Bis hin zur Körperhaltung schauen wir uns von unseren Bezugspersonen unbewusst ab, wie das Leben »funktioniert«. Wenn wirs drauf haben, was in Windeseile geschieht, dann bleibt uns dieser Mechanismus und wir reagieren auf ähnliche Ereignisse immer wieder gleich. Das gilt eben nicht nur für die Haltung des Körpers, sondern auch für die ganze Kette aus Gedanken, Gefühlen, Reaktionen und sogar die inneren Prozesse.

Das »Gequatsche« in unserem Geist läuft 24/7. Sogar nachts. Gedanken stoppen zu wollen, ist daher eine utopische Idee. Selbst das ständige Geplapper wiederholt sich. Auch wenn das aufgrund der Komplexität von verschiedenen Einflussfaktoren nicht konkret zu messen ist. So legen einige Forschungen nahe, dass sich sogar 95 Prozent unserer Gedanken laufend wiederholen. Davon jede Menge negative Denkmuster aus der Vergangenheit, gepaart mit Sorgen und Ängsten für die Zukunft. Wieder ein Filter für deine ganz individuelle Brille. Du bist der einzige Mensch auf diesem Planeten, der sich selbst sprechen hört. Du bist die einzige Person, die von innen durch deine Augen nach außen in deine Welt blicken kann. Das Einzige, was du dabei bisher meist nicht gesehen hast, weil du die Brille niemals absetzt, sind deine Filter. Doch eben diese gestalten seit jeher maßgeblich die Beziehungen zu dir und deinen Liebsten, deine Finanzen, Gesundheit, Karriere. Deine Sicht auf die Welt, dein Leben, deine Freude. Vor allem aber prägen sie einen Großteil deiner Gewohnheiten und deinen Stress.

Ein neuer Abschnitt

Soll das heißen, dass du unabänderlich ein Opfer deiner Vergangenheit bist? Eben genau das Gegenteil! Dein bisheriges Leben hat dich zu dem wundervollen und einzigartigen Menschen gemacht, der du heute bist. **Dich gibt es in dieser Ausführung nur ein einziges Mal auf dieser Welt.** Mit all den Möglichkeiten und Stärken, die du schon genutzt hast, und vor allem der Neugier, dein Leben weiter zu gestalten. Sonst wärst du wohl nicht mit uns gemeinsam auf dieser Mission. All das hat dich zu diesem Buch geführt. Denn du hast verstanden, dass du weit mehr bist als die Summe deiner vergangenen Prägungen. So, dass heute wieder ein neuer Abschnitt beginnt. Tag eins eines neuen Kapitels, in dem du das frische Wissen nutzen und was Neues ausprobieren kannst. Zudem versetzt es dich in die Lage, künftig bewusst wählen zu können, was von den alten Programmen du behalten und pflegen möchtest und was nicht. In diesem Fall kannst du dich aufmachen, immer wieder etwas Neues zu entdecken und die alte Software damit zu ersetzen oder ein Update zu fahren! Das ist es, was mich so begeistert an diesem Wissen über die Programmierungen, die sich im ersten Moment so anhören, als ob die Fremdbestimmung unser Schicksal wäre. Es lässt den Freigeist in mir tanzen! Es eröffnet dir alle Wege, endlich »der Herr/die Herrin« im eigenen Haus zu werden!

Falls du hier eine gediegenere Sprache vorziehst: Es gibt dir die Chance, in deine Mitte zu kommen und wirklich zu sein, wer du bist. Ein Satz, den ich übrigens lange einfach nur bewundert habe, weil er so toll klang: »Ich bin jetzt in meiner Mitte«. »Wow ...«, dachte ich im Stillen, »hört sich toll an! Wo genau ist dieser Ort?« Wenn du in deiner Kraft bist, mit all deinen in die Wiege gelegten, übertragenen

und frei weiterentwickelten Möglichkeiten! Das ist meine Übersetzung für deine Mitte. Statt den Großteil deines Potenzials wie die meisten Menschen durch alle möglichen Selbst- und Fremdbeschränkungen und Zweifel verkümmern zu lassen, eröffnet dir dieses Hintergrundwissen unendliche Chancen, jetzt dein Potenzial zu erkennen und dich zu entfalten.

Mit einigen Kenntnissen, wie wir gestrickt sind, plus einfachen Methoden, die ich dir noch zeigen werde, kann jeder von uns frei wählen: **Wer bin ich? Wer will ich sein? Wie will ich leben?** Das sind für mich die zentralen Fragen, um die es wirklich geht. Denn durch die regelmäßige Beantwortung dieser bewegt sich die Kompassnadel ganz automatisch immer mehr in die Richtung, in der deine Lebenskraft steckt! Allerdings finden sich die Antworten nicht nur beim geistigen Reflektieren, sondern indem du sie immer wieder ganz bewusst in jenem Dreiklang vollziehst: Denken. Fühlen. Handeln.

Schritt für Schritt wirst du so wieder zum Architekten deines Lebens! Dein Geist erwacht aus dem komatösen »Täglich-grüßt-das-Murmeltier-Zustand«, der dich im gedimmten Zustand durch die Tage trägt. Es ergibt sich die Chance, das Licht wieder anzuschalten und überhaupt wieder darüber zu fantasieren: Wer bin ich? Wer will ich sein? Wie will ich leben? Fast so wie in deinen Kindertagen, als noch Barbie-Häuser und die Lebensgeschichten ihrer Mitbewohner mit einer unfassbaren Fantasie ausgekleidet oder Lego-Fahrzeuge designt wurden, mit denen immer wieder neue Superhelden die Welt retteten.

ERKENNTNIS 2:

Du bist nicht, wie du bist und schon immer warst. Deine Persönlichkeit und Verhaltensweisen wurden durch die Erfahrungen geprägt, mit denen du konfrontiert warst. Daraus hast du Strategien entwickelt, die dich dabei unterstützt haben, in dem Umfeld, in dem du aufgewachsen bist, gut durchs Leben zu kommen.

Positive Gewohnheiten entwickeln

Heute erst unterhielt ich mich mit meiner Klientin Carmen, die selbstverständlich immer noch zu viel arbeitet *(ihr O-Ton)*. Aber jetzt hätte sie ihren Arbeitseifer schon viel besser im Griff. Seit einiger Zeit hatte sie für sich entschieden, dass es ihr immer wichtiger geworden war, das Leben zu genießen. Zeitgleich war sie zu dem Entschluss gekommen, ein paar ihrer Pfunde zu verlieren und ihrem Körper ein wenig mehr Aufmerksamkeit zu schenken. Dafür hatte sie ein ganzes Maßnahmenpaket eingeleitet und einen Personal Trainer engagiert, der sie in ihrem Vorhaben begleitete. Gesunde Ernährung, regelmäßiger Sport, weniger Wein und Süßigkeiten waren angesagt. Carmen arbeitet in der Finanzbranche. Entscheidungen bezüglich anstehender Veränderungen zu treffen, durchzuziehen und sich für die verschiedenen Meilensteine die passenden Berater zu holen, ist genau ihr Ding. Sie gehört eher in die Kategorie »bei der Geburt in den *Immer-Tun-Topf* gefallen«. Also lieber mehr Disziplin als zu wenig.

In unserem heutigen Termin erzählte sie mir stolz, sie lese gerade ein Buch, in dem es um Gewohnheiten ginge. Dabei sei sie auf eine wichtige Erkenntnis bezüglich ihrer Gesundheit gestoßen, die sie mir unbedingt erzählen wollte. Ich musste schmunzeln, denn genau heute war ich dabei, das Kapitel über Gewohnheiten zu schreiben. Die Geschichte kam mir also wie gerufen. »Weißt du«, sagte sie mit ihrem typischen Sieger-Erkenntnis-Blick in den Augen, »wenn ich heute die Kekse zum Kaffee weglasse und zum Sport gehe, passiert nichts. Wenn ich sie morgen nicht esse, auch nicht. Und auch übermorgen werde ich noch nichts merken. Aber wenn ich die Kekse 365 Tage weglasse und regelmäßig Sport mache, dann wird mein Körper sich deutlich verändert haben. Mir ist klar geworden, dass es die kleinen Schritte sind, die am Ende das große Ergebnis bringen.«

Oh yes Baby, genau so! Wir feierten diese Erkenntnis, denn das ist definitiv ein beträchtlicher Teil des Weges. Dann musste ich abermals schmunzeln. Ich fand es bemerkenswert, dass sie ausgerechnet von dieser Einsicht so beeindruckt war. Wie gesagt, sie arbeitet in der Finanzbranche und erarbeitet mit ihren Klienten Investment-Strategien. Wie oft habe ich sie sagen hören: »Wenn du heute einen Euro investierst, merkst du noch nichts, morgen auch nicht, aber in einem Jahr, Euro um Euro plus Zinseszins ...« Merkst du es? Gleiche Taktik. Ihre Finanzbrille kannte diesen Weg in- und auswendig. Ihr Filter Selbstfürsorge freute sich heute, als ob sie etwas völlig Neues gelernt hätte! Warum? Ihre Erfahrungen hatten ihre Persönlichkeit bisher nicht auf ganzheitliche Gesundheit geprägt, sondern auf »Überleben«, »ackern« und »Belohnung, wenn man es sich verdient hat«. Sie hat somit eine Prägung, mit der viele von uns aufgewachsen sind.

Mit dem Wissen aus dem letzten Kapitel hast du vielleicht eine Vorstellung davon, wie sehr sie sich mit ganzer Disziplin immer wieder überwinden muss: Erstens nicht so viel zu arbeiten, dann auch noch ihren Belohnungskeks wegzulassen und stattdessen *(was für eine Zeitverschwendung!)* zum Sport zu gehen und das Leben zu genießen! Ihr ganzes Überlebenssystem setzt regelmäßig die Alarmglocken in Gang: »Bist du verrückt geworden! Wir haben fünfzig Jahre lang prima damit gelebt und sind wunderbar durchs Leben gekommen, ohne dass uns der Säbelzahntiger erwischt hat! Willst du uns umbringen?« So schleicht sich typischerweise früher oder später der Keks wieder durch die Hintertür, der Sport schläft ein und die Arbeit übernimmt das Regiment, wie einstudiert, an sieben Tagen die Woche.

Doch diesmal ist es anders! Denn sie hat ja diese neue Erkenntnis! Sie weiß, dass sie am Ende, also in einem Jahr, in 52 Wochen, 365 Tagen ohne Keks und mit Sport ihr Leben verändert haben wird. Nur leider gibt es auch hier einen Haken. Dazu haben Forscher herausgefunden: Die Tatsache, dass wir bei klarem Verstand wissen, dass beispielsweise regelmäßiger Sport gesund ist und wir uns in Zukunft gesünder fühlen, ist für sich allein leider noch kein Garant für Durchhaltevermögen. Es braucht mehr.

Okay, dann sind wir diesmal einen Schritt weiter als das letzte Mal, denn wir wissen, dass etwas Altes weglassen für sich allein nicht genügt. Also wird der Keks durch etwas ersetzt, das weniger Kalorien hat. Diese wundervollen Reiskekse scheinen eine beliebte Alternative. Sobald ich die Packungen irgendwo sehe, muss ich unweigerlich grinsen. Gibt es wirklich jemanden, dem die Dinger schmecken? Immer und immer wieder wird erzählt, dass das eine gute Alternative zu Süßigkeiten wäre. Wenn du mich fragst: »Bäh!« Hast du den Menschen, die gerade von zart schmelzender Schokolade auf Reiskeks *(der Name allein schon ...)* umgestiegen sind, schon einmal zugesehen, während die da reinbeißen? Das Zeug zergeht nicht auf der Zunge und hat auch null Ähnlichkeit mit der Sinnlichkeit von Schokolade. Ich könnte mich jedes Mal kringeln vor Lachen! Das ist meines Erachtens keine Alternative, sondern eine Strafe. Für die Menschen, die den Keks unbewusst eigentlich als Belohnung nehmen, ist es sogar eine doppelte Strafe. Erst kommt der Keks weg und dann folgt auch noch dieses trockene Kaudingsbums.

Sorry an alle Reiskeksliebhaber. An dieser Stelle konnte ich meine persönliche Note nicht verbergen. Für diejenigen, die in Diäten stecken: Ich meine das nicht despektierlich. Wenn es dir schmeckt, fein, genieß es. Falls nicht, lass das Zeug weg und lies weiter, denn ich habe seit vielen Jahren nicht im Traum mehr an eine Diät gedacht und mein Gewicht ist total fein. Weißt du warum? Es ist der Rest dieses Buches! Mehr von Lebensfreude, mehr Kraft, mehr Energie, mehr von all der guten Nahrung! Der Stress muss sich dann nicht mehr ständig ersatzbefriedigen oder auf die Hüften klatschen, um für schlechtere Zeiten vorzusorgen. Das lediglich am Rande. Ich will dir an dieser Stelle nur sagen, wenn dein Körpergewicht zufällig auch gerade ein Thema ist, bleib dabei auf unserer Mission. Du wirst auch damit weiterkommen, auch wenn dieses Buch nicht ganz speziell diese Thematik behandelt.

Deine Entscheidung, etwas zu verändern, ist also Schritt eins und definitiv super! Schritt zwei, sich etwas zu überlegen, wies besser klappen kann, auch nichts dagegen einzuwenden. Eine Alternative zu finden, damit du alte Gewohnheiten leichter gehen lassen kannst. Wunderbar! Nur jetzt kommt der wirklich intelligente Teil: Lass deinen Körper und deinen Geist bitte nicht leiden und in einer ohnehin schon todesängstlichen Phase der Veränderung auch noch Hungersnot mit Reiskeksen durchleben!

Lass ihn erleben, dass ihr Freude habt auf dem Weg der Veränderung! Freude, Dankbarkeit! Das sind die Marker, die deinem System melden: »Wir sind safe! Wir können tanzen und springen, weit und breit kein Säbelzahntiger in Sicht!« Das macht das Blickfeld auf! Zudem tankst du inmitten der Reise Kraft und Motivation für Zeiten, in denen zwischendurch die Ärmel hochgekrempelt werden müssen. Nimm deine beste Freundin zum Joggen mit, zähle deine täglichen Erfolge, poste deine Fotos, kaufe dir dein Lieblingskleid, koche dich mit neuen Rezepten in eine andere Welt. Werde kreativ! Mehr Ideen gibts in den kommenden Kapiteln.

Wissen öffnet die Pforte

Wenn du erst einmal verstanden hast, wie Veränderung in dir funktioniert, hast du viel mehr Möglichkeiten, dich vorzubereiten. Du kannst dir überlegen, wohin du dein Schiff haben willst, wie es auf deiner Trauminsel aussieht, wie es sich anfühlt. Damit triffst du bessere Entscheidungen, die dein Vorhaben unterstützen. Wenn du die Dynamik von Veränderung verstehst, fällt es dir leichter, festgefahrene Muster aufzudecken und neue Lösungswege zu erkennen. Du kannst eine positive Strategie entwickeln. Nachdem du mittlerweile auch weißt, wie wichtig das Umfeld ist, kannst du mehr darauf achten, ob du dich damit umgibst. Du kannst ein passendes Umfeld schaffen. Die Freude wird dein emotionaler Kompass sein. Spürst du sie, bist du auf dem richtigen Weg. Mach da weiter! Wie beim Topfschlagen: warm, warm, heiß! Dann bist du richtig. Bei »kalt und grummelig« weißt du, es braucht eine andere Richtung, die deinem System Freude und Sicherheit suggeriert. Weil du den Mechanismus kennst, ist es leichter, auch die Durststrecken zu überwinden, die dir zwischendurch immer wieder mal begegnen können. Und Schritt für Schritt bist du auf dem besten Weg zu neuen Gewohnheiten!

Auf der Reise machst du neue Erfahrungen. Diese bauen in deinem Gehirn neue Nervenautobahnen und verbinden neue Straßen mit neuen Dörfern. Ehe du dich versiehst, baust du dir neue Teile in deine Persönlichkeit und prägst dein System neu! Ein richtig großes Update! Die gute Nachricht ist, dass dein alter Mechanismus nicht unumkehrbar ist. Du hast es in der Hand, ihn immer wieder zu erweitern. Ein ewiges Kunstwerk mit einer gigantischen »Rechnerleistung«.

Du drehst das Spiel um. Bisher hast du versucht, die Auswirkungen von Stress zu verändern. Die Frage »Wer bin ich?« konnte beantwortet werden mit: »die Summe meiner Geschichte.« »Wer will ich sein?« Darauf folgte für gewöhnlich so was wie: »Ich will nicht mehr gestresst sein.«

Ehrlich jetzt, hast du schon mal versucht, in dein Auto-Navi einzugeben: »Ich will nicht mehr an der jetzigen Adresse sein«? Bist du damit jemals an ein gewünschtes Ziel gekommen? Wenn du nach Rom willst, musst du schon sagen, dass du nach Rom willst. »Ich will hier nicht mehr sein ...«, sagt nicht mal einem Hellseher, dass du eigentlich nach Rom willst! Und die dritte Frage: »Wie will ich leben?« Die wurde bei den meisten schon aus Angst und Frust unter dem Tisch begraben. Weil wir oft so beschäftigt sind, krampfhaft im Außen etwas ändern zu wollen, das dort nicht zu ändern ist. Und irgendwann kommt man gar nicht mehr auf den Gedanken, sich diese Frage zu stellen. Wir sind ja schließlich nicht bei »wünsch dir was«, heißt die dafür gern eingesetzte Überzeugung. Wenn ich im Coaching frage, ist die erste Antwort auf die Frage »Wie will ich leben?« oft nur noch: »Ich weiß es nicht, so auf alle Fälle nicht mehr.« Good News! Das ist dein Startpunkt, denn genau am anderen Ende dieser Aussage steht, was du wirklich willst.

Und genau an diesem Punkt kannst du immer starten und deine Gewohnheiten positiv verändern. Statt dir im Außen schwammig und sinnlos einen abzurödeln, schaffst du neue Ursachen. Du veränderst den Blickwinkel.

Damit bist du nicht mehr die Summe deiner bisherigen Geschichte, sondern schreibst sie wieder neu. Mit Inhalten von gestern, die du behalten magst, Erlebnissen von heute, die dich beglücken. Visionen von morgen, mit denen du jetzt bereits ein neues Leben baust. Du erschaffst dir dein passendes Umfeld mit neuen Entscheidungen und anderen Gewohnheiten. Dein Denken, dein Fühlen und dein Handeln

verändern sich. Mehr und mehr geht es nicht mehr nur noch darum, irgendwie gut durch den Tag zu kommen, sondern du fängst an aufzublühen, ein Leben zu leben, das richtig bockt und Freude macht! Yes Baby, jetzt hast dus! Musst du dafür gleich deinen Job kündigen, deine Familie verlassen und den Rucksack für die Spiri-Reise packen? Nein. Du startest genau dort, wo du jetzt bist und immer sein wirst. In dir, mit dir. Und mit wachsender Klarheit dreht sich deine Welt. So oder so.

> »Menschen kommen dahin, wo sie hin wollen, weil sie wissen, wo sie hinwollen.
> Die wichtigste Frage, die du dir stellen kannst: WAS WILL ICH WIRKLICH?
> Sobald du darauf eine klare Antwort hast, bewegt sich alles in dir in Richtung deiner Vision.
> Genau dann erheben sich Kräfte des Lebens und kommen auf dich zu.
> Der Grund, warum so viele Menschen ein chaotisches Leben führen, ist, dass das Chaos in ihrem Kopf wohnt. Sobald du innerlich klar wirst, klärt sich im Außen alles auf.«

Oprah Winfrey

Boardcheck 2 – Deine Gedanken

Die letzten Kapitel waren für die Wissensabteilung in deinem Kopf richtig Arbeit. Lass uns daher jetzt anhalten und eine Pause machen. Hast du deinen »Glücksplatz« eingerichtet? Perfekt! Dann auf zum Finetuning! Diesmal gehts um deine Gedanken.

Was ist dein wiederholtes Geplapper im Kopf? Nimm dir ein wenig Zeit und reflektiere. Welche Gedanken fallen dir auf, die sich ständig wiederholen? Es geht nicht darum, zu bewerten, ob sie sinnvoll sind oder nicht, oder ob du sie für völligen Blödsinn hältst, den man nicht denken soll. Es gibt kein Richtig und kein Falsch. Es geht einfach nur darum, sich zu erlauben, sie zu beobachten.

Stell dir vor, deine Gedanken und Gewohnheiten wären Promis im Sommerurlaub auf ihrer Jacht vor Sardinien! Du bist einer der Paparazzi, die in geheimer Mission, gut getarnt, mit Flossen, Taucherbrille und Schnorchel (*toll siehst du übrigens aus!*) auf ihr In-flagranti-Foto warten! Statt die Bilder an ein Magazin zu verkaufen, hältst du die wertvollen Schnappschüsse in deinem persönlichen Büchlein fest. Was stellen deine inneren Geschichten mit dir an? Wie fühlst du dich? Was machst du daraus? Werde im Laufe der nächsten Tage aufmerksam und höre, was dir schon morgens, oft noch kurz bevor du die Augen aufmachst, in den Kopf schießt. Auch, was sich kurz vor dem Einschlafen noch regelmäßig meldet.

Deinen Gewohnheiten auf der Spur

Gluecklichsein.ebrandhofer.de

1. Welche Gedanken sind dir aufgefallen, die du immer wieder denkst?
2. Was willst du nicht mehr denken?
3. Was macht es mit dir oder was machst du, wenn du diese Gedanken hast?
4. Was möchtest du gern denken?
5. Wie fühlt sich dieser Gedanke an?

Wie siehts aus? Bist du so weit? Hast du deine Gedanken notiert? Für den Fall, dass du bisher keine Zeit dafür hattest, möchte ich dich an Folgendes erinnern: Du bist die einzige Person, die ihr Glück in den Händen hält. Deine Lebensfreude ist dein Leben. Dein Leben findet so oder so statt. Was sind ein paar Minuten Ausrichtung für einen guten Kompass, den du immer wieder neu kalibrieren kannst? Dagegen stehen, grob geschätzt mit einer durchschnittlichen Lebenserwartung von 73,6 Jahren, *(weltweite Daten der WHO)* 644.736 Stunden. Die Wahl liegt bei dir.

»Ich verstehe nicht, wenn Menschen sagen, sie haben keine Zeit für das Workout. Wenn ich sage, steh früher auf, entgegnen sie, ich brauche acht Stunden Schlaf. Na dann schlaf schneller!«

Arnold Schwarzenegger

Nimm das Zitat mit einem Augenzwinkern. Ich kann darüber immer wieder herzlich lachen und lege nochmal Boris Grundl nach: »Kennst du es oder kannst du es?« Du bist *dein* Fahrlehrer für *deine* neue Art, *dein* Geschoss zu fahren, und gleichzeitig der Schüler. Wie viele Stunden du dafür nimmst, ist nicht wichtig. Ob du zwischendurch Pause machst oder noch mal neu anfangen musst – so what?! Wichtig ist, dass du am Steuer bist.

Deine Gedanken sind das, was dein Gehirn spricht. Vieles davon ist in einer unendlichen Wiederholungsschleife gefangen. Das hat zur Folge, dass du aus der Reproduktion heraus immer wieder in die gleiche Schublade greifst in dem, was du aus deinen Gedanken machst. Wenn wir uns langsam der Form annähern, dass wir nicht nur einem Ziel hinterherhecheln und den anderen »Rotz« möglichst schnell loswerden wollen, dann macht es Sinn herauszufinden, was du alles denkst, damit du überhaupt eine Ahnung davon bekommst, was du stattdessen denken wollen würdest. Du kannst dir die Geschichte mit den Gedanken etwa so vorstellen, wie die 13. Fee bei Dornröschen: Alle anderen zwölf Feen werden mit goldenen Tellern zu Tisch gebeten und bringen die Schönheit, die Klugheit und vieles mehr mit. Die dreizehnte wird nicht eingeladen. Die ungeliebte, hässliche, die niemand mit am Tisch haben will. Was macht sie? Sie versaut mal richtig kräftig die Party!

So ist es mit den Gedanken. Du musst dich nicht explizit darum bemühen, wie bei der vorher beschriebenen Diät das ungeliebte Geplapper wegzumachen oder durch den supersexy Reiskeks zu ersetzen. Doch sei für den Moment liebevoll und aufmerksam mit dir und höre zu, was deine Gedanken dir zu sagen haben. Beobachte auch, was daraus entsteht, wenn du ihnen folgst. Ursache und Wirkung. Und dann noch mal: Es geht jetzt ausdrücklich nicht darum, zu interpretieren, warum, wieso und wegen der Kindheit usw. Es gilt auch nicht, sich gleich auf den Weg zu machen, um ein Heilmittel zu finden, falls da was geschnattert wird, was dir gar nicht ins Konzept passt. So mancher Gedanke macht vielleicht »autsch«. Sag deinem »System« DANKE dafür, dass er ausgespuckt wurde. Sieh es, wie bei einem kleinen Kind, das gerade Fahrradfahren lernt, nach ein paar Metern umfällt und sich das Knie aufschürft. Die Eltern gehen kurz hin, nehmen es liebevoll in den Arm und schenken der Wunde Aufmerksamkeit: »Oh je, komm wir pusten ein bisschen, nur leicht aufgekratzt«, und weiter gehts! Wieder rauf aufs Fahrrad.

Für deine Zwecke hier bedeutet dieser Blick in deine Gedanken lediglich, Teile deiner Gewohnheiten zu erkennen. Das hilft dir erstens, genauer die drei Fragen zu beantworten: »Wer bin ich? Wer will ich sein? Wie will ich leben?« Und du ertappst dich künftig viel schneller, wenn du längst schon auf deinem neuen Weg bist und die alte Gewohnheit für einen kurzen Moment doch wieder aufblitzt. Stell dir vor, deine Gedanken sind wie ein Korken, der im Wasser schwimmt. Einmal nach oben geploppt, drückst du ihn nicht mehr nach unten. Er springt immer wieder an die Oberfläche. Das ist alles, was wir damit erreichen wollen.

> **ERKENNTNIS 3:**
>
> Du bist nicht deine Gedanken. Sie sind ein ausgewachsenes Produkt deiner Erfahrungen, deiner Umwelt und deiner individuellen Wahrnehmung. Du kannst deine Gedanken beobachten und wählen, wie und ob du dem inneren Gespräch beiwohnen möchtest.

KAPITEL 4

Was bedeutet Positive Psychologie?

Die wichtigsten Boardchecks sind gemacht! Wird langsam Zeit, dass wir den Kompass noch genauer einstellen. Dafür haben wir uns eine Experten-Crew an Bord geholt. Die Wissenschaft der Positiven Psychologie wird uns, wie eingangs erwähnt, auf der Reise begleiten und immer wieder unterstützen. Keine Sorge, wir werden uns jetzt nicht in eine ganze Palette von »trockenen« Studien einlesen! Wie du weißt, bin ich keine Wissenschaftlerin, aber in meinem Erstberuf gelernte Fremdsprachenkorrespondentin. Daher bemühe ich mich, die besten Übersetzungen für unsere Zwecke zu finden. Vor allem aber freue ich mich, dass die Forschung für uns diese wundervolle Arbeit erledigt. Sie findet heraus, welche Faktoren einen messbaren Einfluss auf das Wohlbefinden in unserem Leben haben. Schlussendlich werden die Ergebnisse in die Praxis übersetzt, woraus praktische Übungen entstehen, die jeder für sich nutzen und weiter in die Welt tragen kann. Ein, wie ich finde, genialer Kreislauf!

Was die Positive Psychologie nicht ist

Von einem Unternehmen, in dem ich einige Zeit Trainings gegeben habe, habe ich einen Leitsatz gelernt, der fester Bestandteil in deren Seminarkultur war und an den stets zu Beginn der Lehrgänge erinnert wurde: »Störungen haben Vorrang.« Das soll heißen: »Wann immer dir im Laufe des Kurses etwas widerfährt, was deine Gedanken vom Training ablenkt, hat die Störung Vorrang. Sprich sie aus, eventuell klären wir etwas und dann gehts weiter und du kannst dich wieder voll konzentrieren.« Dieses Ritual, das mir immer sehr gut gefallen hat, nutze ich gleich.

Um unsere Mission wirklich effektiv anzugehen, möchte ich zunächst einige gängige Vorurteile über die Positive Psychologie ansprechen, die mir in der Praxis öfter mal begegnen. Das hält dir den Kopf frei für die wirklich wichtigen Themen auf den nächsten Seiten. Ich überspitze die Aussagen gern, um dir schnell eine klare Vorstellung davon zu vermitteln, was die Positive Psychologie **nicht** ist und welche Auswirkungen die Übungen **nicht** auf dich haben werden.

1. DU LÄUFST MIT DAUERGRINSEN DURCH DIE WELT: Keine Sorge, du kannst deinem Kiefermuskel Entwarnung geben. Du wirst nicht ab sofort den ganzen Tag über mit breitem Grinsegesicht und pinkfarbenem Tutu, eingebettet in Wattebäuschchen, auf rosa Wolken tanzen. Falls es das ist, worauf du dich sehnsüchtig gefreut hast, hoffe ich, du bist jetzt nicht enttäuscht. Du bekommst ein Set an Wissen über das menschliche »Funktionieren« mit Tools, die dir zeigen, was du damit anstellen kannst. Dann liegt es an dir, diesem Wissen deine individuelle Tiefe zu geben. Du gestaltest damit dein

Leben so lebendig, erfolgreich und kraftvoll, wie du dich darin pudelwohl fühlst. Wenn du beschließt, dass das pinke Tutu dazugehört: Go for it! Schick mir gern ein Bild!

2. DU HAST KEINE KONFLIKTE MEHR:
Es ist nicht so, dass du in deinem Leben niemals mehr Auseinandersetzungen haben wirst und du stets mit allem und jedem einverstanden bist. Ups and downs sind ein natürlicher Teil unseres Lebens. Dazu gehören auch Konflikte. Die Frage ist nur, wie gehst du künftig damit um? Die Lehre der Positiven Psychologie fokussiert nicht das, was repariert werden muss. Stattdessen legt sie ihr Augenmerk mehr auf das Nähren von gehaltvollen Beziehungen und dass in Gemeinschaften der Raum für Begegnung, Entfaltung und Erfolg entsteht. Und auch, dass auf ein Zusammenstehen in Krisen gebaut werden kann.

3. DAS IST DOCH REALITÄTSFREMD:
Du siehst nur noch das Positive und ignorierst dabei, dass die Welt auch aus Leid und Schwächen besteht. Dieses Vorurteil wird mitunter von solchen oder ähnlichen Fragen begleitet: »Ist es nicht selbstverliebt, sich mit seiner eigenen Lebensfreude zu beschäftigen, während woanders auf diesem Planeten Not und Krieg herrschen? Haben wir keine wichtigeren Probleme?« Diese Gedanken finde ich total bedeutsam und berechtigt. Für mich ergeben sich daraus Folgefragen: Hilfst du jemandem damit, das Leid der Welt auf YouTube oder sonst wo anzusehen? Beziehungsweise ist Menschen, die gerade in Notsituationen sind, geholfen, nur weil du weniger glücklich bist? Meine erste Antwort, logisch rational: Je mehr Energie dir zur Verfügung steht, desto besser die Chancen, etwas in der Welt zu bewirken. Ursache und Wirkung. Mehr innere Kraft kann größere Auswirkungen

auf Selbstvertrauen, Entschlossenheit, Widerstandsfähigkeit und Ausdauer haben. Alles Faktoren, die im Außen mehr Power erzeugen können. Meiner Meinung nach ist es also das genaue Gegenteil von Egoismus und Luxusproblemen, sich um sein eigenes Wohlbefinden zu bemühen. Denn hier kommt die Herzensantwort: Wenn du in dein Glück investierst, hast du so viel mehr an Energie zur Verfügung. Zahlreiche Studien deuten darauf hin, dass du dich gesünder fühlst, zu besseren Leistungen fähig bist und Krisen kraftvoller überstehst. Stärkeres Immunsystem, schnellere Erholung von Krankheiten, mehr Kreativität und Produktivität. Das sind doch deutlich nützlichere Voraussetzungen, um für andere zu sorgen oder wichtige Projekte in Angriff zu nehmen! Wohingegen du ausgelaugt weder für dich persönlich noch deine Umwelt eine große Unterstützung bist. Du wirst also nicht zum Ignoranten. Stattdessen erfährst du, wie sich gesunde Fürsorge anfühlt. Damit verstehst du noch besser, was es für die Bewältigung wichtiger Themen braucht und welchen wertvollen Teil du einbringen kannst.

4. NEGATIVE EMOTIONEN WERDEN IGNORIERT:

Wie gesagt, du wirst nicht mit einem Dauergrinsen durch die Welt laufen. Ich vergleiche dieses Thema gern mit der Natur des Wetters. Gestern Abend zum Beispiel: Tagsüber hatte es 36 Grad. Die Sonne brannte regelrecht vom Himmel. Sommer pur. Auch mein so geliebter Affogato (*Espresso auf einer Kugel Vanilleeis*) brachte kaum mehr Kühlung. Eben war die Welt noch shiny happy, da wurde urplötzlich der Himmel schwarz und brachte ein heftiges Unwetter mit sich. Sturm, Hagel, Regen, das ganze Programm fegte durch. Auch wenn der ein oder andere Baum von der Stärke nachher etwas mitgenommen aussah, Wetterwechsel sind ein wertvoller Teil unseres Daseins.

Sonst müssten wir mit der Wüste zurechtkommen. Genauso ist es mit negativen Emotionen. Wir brauchen die Kontraste. Macht keinen Spaß, ist aber natürlicher Bestandteil des Lebens. Mit und ohne Positive Psychologie. Letztere macht dir lediglich Angebote, mehr von den Momenten zu erleben, die dein Aufblühen fördern. Und die negativen in einem Rahmen zu sehen, der dich widerstandsfähiger macht und nach dem Sturm mit zurechtgerückter Krone und neuer Stärke wieder aufstehen lässt.

5. POSITIVE PSYCHOLOGIE IST ESOTERIK:
Das ist eines meiner Lieblingsvorurteile. Erst kürzlich wieder habe ich bezüglich der Klärung eines Auftrags mit einer Personalleiterin telefoniert, mit der ich schon viele Jahre zusammenarbeite. »Haben Sie auch etwas, das sich weniger esoterisch anhört?«, fragte sie mich auf ihre direkte Art, die ich an ihr so schätze. Mit der Esoterik ist es für mich ein bisschen wie mit Religion oder Politik an bayerischen Stammtischen: Wenn eines dieser Themen auf den Tisch kommt, ist Streit wegen unvereinbarer Weltsichten oft schon vorprogrammiert und es scheiden sich die Geister. Du weißt ja mittlerweile, wie das mit der Brille und den Filtern ist, durch die wir die Welt betrachten. Auf den Punkt gebracht: Nein, die Positive Psychologie handelt nicht nach nebulösen Glaubensideen oder Überzeugungen und ist damit auch nicht esoterisch. Es ist eine wissenschaftliche Disziplin. Das heißt, sie stellt mit akademischen Mitteln Untersuchungen an, um zu fundierten Ergebnissen zu gelangen. In der Forschung wird mit Daten, Fakten und Erkenntnissen gearbeitet, die in die Praxis übersetzt werden und dort ihre Anwendung finden. Richtig ist jedoch sehr wohl, dass der Glaube in puncto Lebenszufriedenheit eine große Rolle spielen kann. Das hat dazu geführt, dass es

mittlerweile eine eigene Abteilung für Spiritualität in der IPPA gibt (*International Positive Psychology Association*).

An dieser Stelle möchte ich allerdings noch einen anderen Hinweis geben, der mir wichtig ist. In meiner Praxis zeigt sich, dass die Themen Esoterik, Spiritualität, Religion, Glaube, Hoffnung und Optimismus ganz eng beieinanderliegen. Ich sehe mich auch nicht dafür verantwortlich, diese Bezeichnungen auseinanderzuhalten. Nach meiner Beobachtung werden spirituelle Einflüsse künftig noch mehr Inhalt wissenschaftlicher Untersuchungen werden. Nehmen wir nur die Effekte der Meditation oder die Auswirkungen des Betens. Hierzu gibt es bereits viele valide Studien. Beispielsweise im Bereich Gesundheit oder Lernen, um nur ein paar zu nennen. Wenn das für den ein oder anderen nach Esoterik klingt, dann sei es so. In meinem persönlichen Alltag spielt die spirituelle Ader eine große Rolle, denn in meinen Stärken (über die du im Kapitel *Engagement* mehr erfahren wirst) ist die Spiritualität ganz weit oben angesiedelt. Daher beschäftige ich mich ausgiebig und gern damit. Meine Familie nennt mich deswegen liebevoll: »kleiner Eso oder Spiri«. In der Coaching-Praxis betone ich ausdrücklich, wenn ich von akademischen Untersuchungen spreche und wann ich dir meine »Spiri«-Meinung oder -Erfahrung wiedergebe. Dabei mache ich keine Unterschiede, ob ich mich mit einem Geschäftsführer oder dem Yoga-Trainer unterhalte. Ich mag es, die Wissenschaft so zu übersetzen, dass sie in der Praxis unser Herz trifft. Das sehe ich als meine Aufgabe. Nicht zu beurteilen, ob etwas esoterisch klingt oder nicht. Du wirst auf dieser Reise immer wissen, wann ich meine Worte verwende und wann ich Wissenschaft zitiere. Dann ist es an dir, ganz einfach zu wählen, was für dich brauchbar scheint und was nicht.

6. POSITIVE PSYCHOLOGIE IST EIN SYNONYM FÜR POSITIVES DENKEN:

Korrekt ist, dass sich die Positive Psychologie mit Denkweisen, Überzeugungen und Verhaltensmustern von Menschen beschäftigt. Sie sind schließlich Teil des »menschlichen Funktionierens.« Daher ist der Blickwinkel, aus dem du deine Welt betrachtest, ein wichtiger Bestandteil auf dem Weg zu deinen Wünschen, Zielen und Träumen. Positives Denken kann dabei sehr kraftspendend und unterstützend sein. Die Richtung, die du deinen Gedanken gibst, gehört zum Teilbereich der Mindset-Arbeit. Sie ist beispielsweise im Sport oder im Management nicht mehr wegzudenken. Die Qualität unserer Gedanken trägt deutlich zu unserem Wohlbefinden bei, macht aber nur einen kleinen Teil des gesamten Konzepts der Positiven Psychologie aus. Sie ist also NICHT gleichzusetzen mit positivem Denken.

Damit haben wir in meinen Augen das Wichtigste angesprochen und können jetzt mit offenem Geist einsteigen.

Blickwinkel der Positiven Psychologie

Während meiner Schulzeit hatte ich ein großes Thema damit, dass das meiste von dem, was man mir erzählte oder von mir zu tun verlangte, für mich völlig sinnfrei schien. Mathe, Physik, Latein, das waren in meinen Augen Bücher mit sieben Siegeln und weder Lehrer noch Nachhilfelehrer konnten mir so richtig begreiflich machen, wofür ich diesen, in meinen Augen, »ganzen Quatsch« jemals gebrauchen könnte. Englisch, Französisch, das waren die Themen, bei denen ich relativ zügig Lernbegeisterung entwickelte. Na klar! Die Inhalte waren für mich zeitnah in der Praxis brauchbar, um zum Beispiel in Urlauben mit anderen Jugendlichen in Kontakt zu kommen. Kommunikation und Beziehungen knüpfen – das fiel mir leicht. Also machte es für mich auch Sinn, etwas über Grammatik zu erfahren oder Vokabeln zu lernen. Meine Schulzeit erfüllte für mich nur einen einzigen Zweck – mich mit meinen Klassenkameraden zu treffen. Schon klar, wir alle haben verschiedene Interessensgebiete und Talente. Dir mag es vielleicht genau andersherum ergangen sein. Dem Thema »Stärken und Talente« werden wir übrigens bald noch ein ganz ausführliches Kapitel widmen.

Doch worum es mir jetzt geht, ist Folgendes: Bisher hast du mir Vertrauen geschenkt und deinen Boardcheck einfach so mitgemacht. Danke dafür! Damit es dir nicht so geht wie mir in meiner Schulzeit, hier deine geistige Vorbereitung über die nächsten Schritte. So weißt du, was auf dich zukommt. Vorweg: Im Laufe der nächsten Kapitel kann es immer wieder mal ein paar vermeintlich »trockenere« Wissenspassagen zu überqueren geben. Diese habe ich dir ganz am Anfang des Buches mit den drei Handlungsschritten für unsere *Mission: Glücklich sein* bereits angekündigt. Du erinnerst dich?

Phase 1: Wir eignen uns das nötige Wissen an, damit unser Gehirn freudig die Pforte öffnet, um später leichter ins Tun zu kommen und Veränderung zuzulassen. Ich bemühe mich, die Erkenntnisse so lebendig wie möglich abzubilden. Die Passagen sind notwendig, damit du ein Verständnis davon gewinnst, warum manche Übungen überhaupt sinnvoll sind und auch, welcher Gedanke dahintersteckt und warum die Wiederholung wichtig ist. Die wissenschaftlichen Hintergründe liegen mir sehr am Herzen, denn eine Menge seriöser Forscher stecken täglich ihr Herzblut und immens viel Zeit in diese Studien, die wir jetzt für unser tägliches Leben nutzen dürfen. Sie öffnen ihren Geist, um Neues zu entdecken und Altes, Traditionelles sowie Spirituelles zu erforschen und auf Praxistauglichkeit zu prüfen, miteinander zu vermischen oder der Neuzeit anzupassen. Etwas, wofür ich allen Wissenschaftlern hier und heute sehr dankbar bin. Was uns sagt: Der ganze »Quatsch« von Mathe und so ist also richtig sinnvoll! Ohne Studien und Statistik wäre so eine Entwicklung undenkbar und weder könnten wir beide jetzt darüber sprechen, noch könnte ich dir die Tools für deine Praxis anbieten.

Wenn du deine »Wissenspforte« für diese Informationen aufhältst, dann wird es dir um ein Vielfaches leichter fallen, in die Übung zu kommen, um auf Kurs zu bleiben. Das sorgt auf deiner Mission dafür, dass du der Theorie immer wieder individuelle Tiefe verleihst.

»Wissen ist Macht, aber Wissen über sich selbst ist Selbstermächtigung.«

Dr. Joe Dispenza

Wie ich zur Positiven Psychologie gekommen bin

Ein Unternehmen kam mit der Anfrage auf mich zu, einen Vortrag über »Work-Life-Balance« für junge Führungskräfte zu halten. Jeder, der mich etwas besser kennt, weiß, dass dieser Begriff bei mir »Pickel« auslöst. Work-Life-Balance. What??? Mag sein, dass mein innerer Kommunikationsexperte manchmal zur Wortklauberei neigt. Aber mal ehrlich, losgelöst von irgendwelchen spirituellen Konzepten: Wie viele Leben hast du? Jetzt hier gerade? Soweit es mich angeht, habe ich EIN Leben. Du auch? Eben. Und die Arbeit sehe ich als Teil dieser einen Reise auf Erden. Versteh mich bitte richtig: Die Idee der Work-Life-Balance finde ich heute genauso wichtig wie damals in den 1980er Jahren. Wie können Arbeitgeber ein Umfeld mit Modellen und Angeboten schaffen, das Arbeitnehmern flexible Optionen bietet, ihre Zeit und Energie zwischen Arbeit und Privatleben ausgeglichen zu leben? Nur das alte Modell greift für mich heute zu kurz. In meinen Augen steckt im Namen »Work-Life« der sprichwörtliche Teufel im Detail: Aus meiner Sicht muss es heißen »in **allen** Lebensbereichen«. Nicht nur zwischen Arbeit und dem »restlichen« Leben. Tatsächlich gibt es bereits viele Unternehmen, die immens gute und ganzheitliche Systeme aufgebaut haben. Vor allem Firmen, die sich im Positive Leadership weiterentwickeln und ihre Kultur komplett wandeln. Dort wird schnell klar, dass ein ganzheitlicher Blickwinkel sowohl im Business als auch bei den Arbeitskräften für ein Klima des Wohlbefindens, eine außerordentliche Performance und gesunde Widerstandskraft sorgt.

Es wird auch deutlich, dass in dieser erweiterten Anschauung nicht nur Unternehmen gefragt sind. Es sind vor allem auch ihre

Mitarbeiter dazu aufgerufen, sich selbst in die Pflicht zu nehmen. Zu schnell ist mir die Idee der Work-Life-Balance auf Arbeitsmodelle und Angebote der Arbeitgeber reduziert. Im Handumdrehen ist die Verantwortung abgeschoben. Egal, ob selbstständig oder angestellt, darf die Frage nicht nur lauten: »Wie finde ich die Balance zwischen dem einen und dem anderen?« Dafür ist unser modernes Leben viel zu komplex geworden. Vielmehr braucht es wieder unsere drei bekannten Fragen: »Wer bin ich? Wer will ich sein? Wie will ich leben?« Danach richtet sich aus, wohin dich dein Job führt. Die Antworten bestimmen, welche Arbeitszeitmodelle total tabu sind. Alternativ zeigen sie dir auf, wo es völlig neue organisatorische Lösungen in deinem Leben geben darf, die unter Umständen bisher noch niemand gedacht hat. Sie legen fest, was für dich ganz individuell, inklusive der erbrachten Arbeitsleistung, wirklich unverhandelbar wichtig ist. Und dadurch wird klar wie ein Schwert die Richtung angegeben!

Angenommen, du bist Mama, hast richtig Bock auf deinen Job, verfolgst daneben noch weitere Interessen und möchtest natürlich auch Zeit mit deiner Familie verbringen. Why not?! Nur das Thema Work-Life-Balance geht da nicht auf. Wenn du diesen Lebensentwurf nicht größer denkst, wird mit und ohne Balance ein mega Stress entstehen, der an deinen Kräften zehrt. Davon, dass viele Elternteile ihre Kinder allein großziehen, sei an dieser Stelle noch gar nicht gesprochen.

Genau diese Sichtweise führte für mich bereits vor Jahren dazu, dass ich dem Unternehmen sagte: »Ja, den Vortrag mach ich! Darf ich ihn ein wenig umbenennen? Denn Work-Life-Balance macht bei mir Pickel.« Glücklicherweise wollte das niemand verantworten und so benannte ich den Vortrag um in: »Good-Life-Balance«. Damit hatte ich mir eine Möglichkeit geschaffen, mich der Thematik ganzheitlich zu widmen.

Während ich Vorträge ausarbeite, suche ich immer auch noch im Netz nach aktuellen Themen, Bildern und Stichworten, die sich als Brücke zu meinem Inhalt anbieten. Diesmal googelte ich mich nach allem zum Thema »Good Life« durch. Dabei stieß ich auf ein Video von Professor Seligman, von dem ich dir gleich mehr erzähle. Genau während dieser 23 Minuten setzte mein inneres Schiff die Segel, um mich auf eine spannende Reise in die Positive Psychologie zu schicken. Auch wenn ich im Laufe der Jahre viel Fachwissen und Erfahrung gesammelt habe und in meinen verschiedenen Kursformaten selbst ausbilde, so hält die Neugier, wie die praktisch angewandten Inhalte immer wieder auf mich wirken, bis heute an. Jeden Tag, noch bevor ich die Augen richtig öffne, stehe ich wieder auf der Startposition in die Praxis. Und jeden Tag bin ich in meinem eigenen Leben wieder Practitioner und entdecke gespannt neue Tiefen meines Seins.

Das Video, von dem ich eingangs erzählte, hatte ich auf der weltweit bekannten TED-Talk-Plattform entdeckt. Der Gründer der Positiven Psychologie, Martin E. P. Seligman hielt den Talk[6] im Jahr 2004. Darin sprach er darüber, wie er kurz nach seiner Berufung zum Präsidenten der American Psychological Association (*APA*) im Jahr 1997 zu einem Interview mit CNN gebeten wurde und einen Kommentar zur aktuellen Lage der Psychologie abgeben sollte. Damals hatte er das Gespräch mit einer Anekdote gestartet, um seine Meinung zum Zustand der traditionellen Psychologie bildlich zu beschreiben:

»Sehen Sie, noch vor zehn Jahren, wenn ich im Flugzeug saß und mich meinem Sitznachbarn vorstellte und dieser mich fragte, was ich beruflich mache und ich ihm dann zur Antwort gab – *Psychologe* –, dann rückte dieser möglichst weit weg von mir. Und zwar weil er richtigerweise vermutete, dass die Psychologie sich damit beschäftigte herauszufinden, was mit einem nicht stimmt. Die Psychologie hatte den Ruf, ausschließlich den Verrückten in dir zu suchen. Wenn ich heute antworte, dann rücken sie näher.« Dazu ist anzumerken, dass Seligman zuvor jahrelang zu Themen des sogenannten Hilflosigkeitsmodells geforscht hatte. Seine Forschungen hatten beispielsweise großen Einfluss auf das Verständnis von Depressionen.

In jenem TED-Vortrag betonte er, dass die traditionelle Psychologie sich vorwiegend mit der Behebung von psychischen Problemen und Krankheiten befasste. Er verdeutlichte zeitgleich, dass die Psychologie jedoch nicht nur darauf abzielen sollte, Menschen von negativen Zuständen zu befreien. Vielmehr hätte sie auch den Auftrag, dazu beizutragen, dass sie sich gut fühlten und ein erfülltes Leben führen könnten.

Er legte auch die positiven Aspekte der auf Krankheit fokussierten Sicht dar. Beispielsweise seien im Laufe der Jahre Medikamente und psychologische Behandlungen erfunden worden. Krankheitsbilder hatten anhand verschiedener Faktoren messbar gemacht werden können. Zudem hatte diese Sicht wesentlich dazu beigetragen, die Ursachen von psychischen Erkrankungen zu verstehen. »Daraus folgt, dass wir behaupten können, unglückliche Leute weniger unglücklich gemacht zu haben, und ich finde, das ist großartig«, zog er sein Fazit.

Weiter betonte er die weniger nützlichen Konsequenzen dieser Perspektive. In seinen Augen waren zahlreiche Psychologen und Psychiater zu Opfer- und Krankheitsspezialisten mutiert. Jemand, der in Schwierigkeiten geraten war, wurde automatisch nur noch als jemand wahrgenommen, der mit Problemen zu kämpfen hatte, und ausschließlich in seiner Hilflosigkeit betrachtet. Die individuelle Verantwortung der Patienten hatte man dabei völlig außer Acht

gelassen. Darüber hinaus wurde versäumt, dazu beizutragen, dass Menschen ein erfülltes Leben führen können. Als Konsequenz dieser Vernachlässigung betonte er, dass die Psychologie im Bestreben danach, Schäden zu beheben, nicht daran gedacht hatte, Tools zu entwickeln, die Menschen glücklicher machen konnten; sogenannte *positive Maßnahmen*.

In seinem Talk vermittelte Seligman die Idee, dass die Positive Psychologie neue Wege aufzeigen konnte, um das menschliche Potenzial zu entfalten und ein erfülltes Leben zu führen. Er rief dazu auf, Stärken und Ressourcen von Menschen zu erkennen und zu fördern, um eine Gesellschaft aufzubauen, die nicht nur frei von Leiden ist, sondern auch voller Wachstum, Widerstandsfähigkeit und Glückseligkeit.

In Anbetracht dieser Überlegungen hatten sich schon einige Jahre vor dem bekannten TED-Talk namhafte Forscher mit Martin Seligman zusammengeschlossen, um der Psychologie eine neue Ausrichtung zu verleihen. Bereits im Jahr 2000 hatten die beiden befreundeten Psychologen Martin E.P. Seligman und Mihály Csíkszentmihály (bekannt für seine Forschungen zum *Flow*) einen Artikel[7] für den *American Psychologist* verfasst. Darin diskutierten sie die Perspektiven der Positiven Psychologie und äußerten gleichzeitig Kritik an der »klassischen« Psychologie. Die Positive Psychologie sei eine Wissenschaft der individuell positiven Erfahrung, die Lebensqualität verbessern und Krankheitsbilder verhindern könne, die aufgrund von Langeweile und Sinnlosigkeit im Leben entstehen können. Die bisherige Ausrichtung der Psychologie führe zu einem Modell des Menschen, dem die positiven Eigenschaften fehlen, die das Leben lebenswert machen.

Mit diesem Paper war die Wissenschaft der Positiven Psychologie offiziell eingeführt. Als die Lehre von dem, was das Leben lebenswert macht. Und genau hier setzen wir jetzt an, denn das ist der entscheidende Ansatz, von dem aus wir in Richtung Lebensfreude reisen. Die Denke von der »Work-Life-Balance« bringt uns nur wieder in das alte Fahrwasser. »Was muss man reparieren, damit alles ausgeglichen ist und wir aus dem Stress-Gefängnis entkommen?« Stattdessen bleiben wir bei der positiven Leitfrage: »**Was genau macht denn das Leben lebenswert?**« Das sorgt zwar im ersten Moment für mehr Arbeit, bis wir alles verstanden und neu auf den Weg gebracht haben. Langfristig bedeutet das aber, dass wir nicht nur so lala die Balance halten, sondern außergewöhnliche Gipfel besteigen. Der Weg ist damit klar: Wir fragen die Wissenschaft, wo das Glück steckt und welche Tipps sie für uns hat, es zu finden, und sehen dann, was das individuell für dein Leben bedeutet.

> **ERKENNTNIS 4:**
>
> Die Positive Psychologie ergänzt die traditionelle Lehre, indem sie sich darauf konzentriert, Menschen bei der Steigerung ihrer Lebenszufriedenheit und ihres persönlichen Wachstums zu unterstützen. Ihr Hauptaugenmerk liegt dabei auf der Förderung des Wohlbefindens, der Entfaltung des individuellen Potenzials und der Entwicklung einer gesunden Widerstandskraft.

Wo steckt das Glück?

Wenn ich hier immer wieder von »Glück« spreche, dann erstens, weil es der Verlag auf dem Titel aus Marketinggründen so gern liest. Darüber hat mein kreatives Ich, wenn auch manchmal zähneknirschend, gelernt, keine Diskussionen mehr zu führen und stattdessen loszulassen und vertrauensvoll an die Meister der Buchwelt abzugeben. Aber auch, weil meiner Meinung nach mit »Glück« in einem Wort am allermeisten von dem gesagt ist, womit wir uns in den nächsten Kapiteln beschäftigen. Das, was Seligman und Csíkszentmihály schon in ihrem Paper als offiziellen Auftrag für die Positive Psychologie festgehalten haben: zu forschen, was das Leben lebenswert macht. Frei übersetzt:

Glück ist die Summe von allem, was das Leben lebenswert macht.

Wir nähern uns dem Glück von zwei Seiten. Zuerst meine persönliche Auslegung, die nicht wissenschaftlich ist, und dann, wie die Positive Psychologie es konkreter definiert. Was mich angeht, so trifft es das englische Wort »happiness« am besten. Das bedeutet für mich zuerst eine Mischung aus freudigen Emotionen und erquicklichen spontanen Glücksmomenten. Unsere jüngere Tochter hat für letztere diesen wundervollen Namen: Sie nennt sie »Glücksschübe.« Ihr ganzer Körper hat in diesen Momenten den Ausdruck von Glück und Freude. Es ist nicht zu übersehen, das Glück ist ihr dann sprichwörtlich ins Gesicht geschrieben. Die Augen glänzen, sie grinst bis über beide Ohren, die Zahnspange funkelt und plötzlich sprudelt sie von einer Sekunde auf die andere: »Ha! Ich habe gerade wieder so einen Glücksschub!« Manchmal dreht sie sich auch noch schwungvoll dabei, obwohl sie derzeit, als 14-jährige Teenagerin, nicht gerade dafür bekannt ist, ein lebendiges Beispiel für kreativen Ausdruckstanz zu sein. Aber in jenen Momenten kann sie das Erlebnis genießen, gerade jetzt so richtig präsent mit sich zu sein, um den Augenblick des Glücks in ihrem ganzen System wahrzunehmen. Es passt dann einfach gerade alles zusammen. Sie fühlt sich rundum wohl und ist eins mit sich und ihrer Welt. Die Wissenschaft würde sagen, ihr System ist in einem *kohärenten Zustand*. Alles bildet eine Einheit.

Dann gibt es da noch die nachhaltig glücklichen Zeiten. Sie müssen nicht immer auf der ganzen Strecke einfach und happy gewesen sein. Dort wird das Glück im großen Ganzen erlebt. Etwa, wie die Zeit mit den eigenen Kindern. Unter uns gesprochen: Da gibts doch jede Menge Momente, die würde sich doch niemand freiwillig antun, wenn es da nichts Größeres gäbe! Nächte ohne Schlaf, dafür mit Baby auf dem Arm, spazierend durch die Wohnung, Wutanfälle mit Bodenakrobatik und vollem Soundsystem im Supermarkt, Pubertät mit richtig guter Stimmung und regelmäßigen Gehirntotalausfallerscheinungen. Ich bin sicher, wenn du schon mal mit Kindern gelebt hast (müssen ja gar nicht deine eigenen sein), sind dir sofort jede Menge Szenen in den Kopf geschossen, die oft weit von Glücksschüben entfernt waren. Oder vielleicht hast du schon mal einen jungen Welpen großgezogen. Der war auch nicht immer nur putzig. Hat er etwa schon mal deinen liebsten Sneakern einen neuen Designer-Style im Kau-Knabber-Look verpasst? Alternativ engagieren sich manche ja auch gerne als freiwilliger Fußballtrainer. Beispielsweise in einer Mannschaft mit Fünfjährigen, die kaum geradeaus laufen können. Monatelange Bemühungen und Erklärungen und immer wieder neue Versuche, den Kids klarzumachen, was sie mit dem Ball anstellen sollen. Oder du unterstützt bei einem sozialen Projekt in deiner

Gemeinde und siehst über weite Zeiträume erst einmal jede Menge Leid. Und doch versteckt es sich genau dort, das Glück.

Wenn das nicht wäre, müsste man sich regelmäßig fragen: »Wer zum Teufel macht so etwas freiwillig?!« Und doch überkommt einen dieses besondere Wonnegefühl, wenn dich die Hundeaugen treudoof ansehen, dein Kind die ersten Laute macht oder endlich mit dem langersehnten Führerschein vor deiner Nase wedelt. Wenn deine Mannschaft das erste Spiel gewinnt und die Kids total aus dem Häuschen sind. Oder wenn die Leute, für die du die Kleiderspenden organisiert und nächtelang sortiert hast, dankbar in ihre neuen Schuhe schlüpfen. Das sind sie, die Momente, bei denen dir das Herz aufgeht und die jede Sekunde Geduld und Mühe wert waren. Ich bin fast sicher, während du diese Zeilen liest, hat dir dein inneres Kino schon einige deiner ganz persönlichen Momente auf den Bildschirm geschickt und du spürst es genau jetzt, während du daran denkst. Da ist es, dieses besondere Gefühl! Nur du erkennst es. Das ist es, was ich mit »nachhaltig« meine. Es hält sich über die Jahre. Schon ein paar Zeilen in einem Buch, von einer fremden Person geschrieben, genügen, um es wieder abzurufen. Es ist so viel größer als du und ich. Glücksmoment um Glücksmoment kreieren wir diese Nachhaltigkeit. Am Ende machen viele Momente das Glück.

Das Wissenschaftsglück

Die Positive Psychologie teilt das Glück in drei verschiedene Erscheinungsformen ein. Als Maßstab gilt die zunehmende Lebenszufriedenheit. So kann laut Martin Seligman ein Leben, das erfolgreich um die folgenden drei Elemente kreist, als »angenehmes Leben« bezeichnet werden. Das Glück in der Definition der Positiven Psychologie zeigt in Richtung ganzheitliches Wohlbefinden. Es wird nicht als passive Erfahrung verstanden, sondern kann aktiv gefördert und kultiviert werden.

> »Beim Glück kann man durch Analyse drei Elemente feststellen, die wir um ihrer selbst willen wählen: Positives Gefühl, Engagement und Sinn. In der positiven Psychologie geht es um das Glück in diesen drei Erscheinungsformen. Ein Leben, das erfolgreich um diese Elemente kreist, nenne ich ein ›angenehmes Leben‹ «.[8]

Martin Seligman

1. DAS VERGNÜGLICHE LEBEN

Man nennt es auch das Wohlfühlglück. Glückliche Menschen genießen ein Leben, das ihnen positive Emotionen durch Erfahrungen von Freude, Zufriedenheit und Vergnügen bringt. Dazu gehören Themen wie Genuss, Achtsamkeit und Lust. Beispiele hierfür sind ein gutes Glas Wein, ein köstliches Essen, eine warme Badewanne, ein Konzertbesuch und vieles mehr. Der Ursprung dieses Glücks liegt oft im Außen.

Nachteil: Dieses Glück allein ist eher zeitlich begrenzt und braucht sich auf. Heute isst du eine Kugel Eis: »Mmmh, unglaublich gut.« Morgen findest du diese Kugel auch noch erfüllend. Aber übermorgen könnten es vielleicht schon zwei Kugeln sein. Dann wäre dein Glück perfekter. Du merkst, worauf ich hinauswill? Es tritt beim Glück des Vergnügens schnell ein Gewöhnungseffekt auf und schon ist die Emotion nicht mehr so außergewöhnlich Glück-versprühend.

2. DAS LEBEN IM FLOW

Das Glück, bei dem wir uns in Raum und Zeit verlieren. Man nennt es auch die *Flow-Momente*. Die Zeit scheint stillzustehen. Kennst du dieses Gefühl, wenn du einer Tätigkeit nachgehst und währenddessen alles vergisst? Kein Hunger, kein Durst. Kein Gefühl für Zeit. Nur du und dein Projekt auf dieser Welle. Irgendwann tauchst du wieder auf und siehst auf die Uhr: »Wow, wo sind die Stunden hingegangen?« Mir geht es beispielsweise so, wenn ich neue Trainings gestalte oder eben dieses Buch schreibe. Sobald ich richtig eintauche, spüre ich nichts. Also auch kein Glück. Keine Regung. Denn alles in mir gibt sich dem Fluss dieser Tätigkeit hin. In voller Konzentration, abgeschirmt vom Rest der Welt. Eins mit der Tätigkeit und im vollen Einsatz meiner Stärken. Konzentration auf höchstem Niveau. Die Zeit steht still. Das ist der *Flow* und das Geheimnis des Glücks von dem Mihály Csíkszentmihály in seinem gleichnamigen Buch spricht. Wenn ich irgendwann wieder auftauche und mein Werk vollbracht ist, durchfließt mich ein zuckersüßes Glücksgefühl. Und meist furchtbare Rückenschmerzen, weil ich wie Quasimodo über Stunden in einer höchst seltsamen Position vorm Rechner saß. Aber das nur als Anmerkung am Rande. Was wir dazu brauchen, um so oft wie möglich *Flow-Momente* zu erleben? Eine Grundvoraussetzung dafür ist, dass wir unsere Stärken kennen und uns unter anderem ein Umfeld gestalten, das es uns möglich macht, so oft wie möglich einzutauchen. Wir gehen darauf im Kapitel *Stärken & Flow* ein.

3. DAS ERFÜLLTE LEBEN

Man nennt es das Werteglück. Menschen empfinden ihr Leben als erfüllend, weil sie tun können, was sie für wertvoll erachten. Damit ist das Streben nach persönlichen Werten und Zielen verbunden. Ein von Werteglück erfülltes Leben ist eines, das wir mit Sinn erfüllt sehen. Ein Leben, bei dem wir einen Beitrag zu etwas leisten, das größer ist als wir selbst. Hier stehen die positiven Gefühle nicht immer gleich im Vordergrund. Manchmal sind sogar vorübergehend unangenehme Gefühle verknüpft. Beispielsweise mit kleinen Kindern oder beim Engagement in sozialen Projekten. Der Fokus liegt eher auf Wohlbefinden in der Tiefe, das durch persönliches Wachstum oder das Erreichen von Zielen entsteht. Das Werteglück ist immer damit verbunden, die eigenen Werte und eine bestmögliche »Ausgabe seiner Selbst« einzubringen.

Wenn wir also am Ende dieses Buches irgendetwas messen wollten, dann wird eine Kombination aus diesen drei Elementen deine persönliche Kennzahl ergeben. Wir nennen sie für unsere Zwecke »Subjektive Lebenszufriedenheit X«. Was so viel bedeutet, wie: Wenn die Strategien und Übungen in diesem Buch für dich Sinn machen und du sie vermehrt in dein Leben integrierst, dann kannst du am Ende selbst bewerten, wie sich dein Glücksniveau im Laufe unserer Reise entwickelt hat.

> **ERKENNTNIS 5:**
> Glück wird definiert als ein Zustand, der über das kurzfristige Glücksgefühl hinausgeht. Es kann langfristig als ein Gefühl von Zufriedenheit und Erfüllung erlebt werden, wenn Menschen in der Lage sind, das zu tun, was sie als wertvoll erachten. *Flow-Momente,* in denen sich das individuelle Potenzial konzentriert entfalten kann, unterstützen das Gefühl, in einem Leben im Einklang mit den eigenen Werten und Zielen aufzugehen.

Boardcheck 3 – Dein Glück

So viel Wissen. So viel Glück. Lass uns an dieser Stelle wieder eine Pause machen und checken: Wo ist dein Glück? Vor lauter Stress vergessen wir manchmal ganz, den Fokus darauf zu legen, was schon richtig gut läuft und was die Momente sind, wo deine Lebensfreude sich meldet und dir Glücksschübe schickt. Manchmal ist es auch so, dass wir wirklich schon ganz lange so völlig an unserem Wesen vorbeigearbeitet haben, dass wir uns kaum noch erinnern, wie sich unser echtes eigenes Glück und die Lebensfreude, die uns ausmacht, anfühlen. Und genau dafür halten wir jetzt. Genau, du ahnst es schon. **Was wäre dafür besser geeignet als dein »Glücksplatz«, an dem schon alles vorbereitet ist und auf die langersehnte Pause wartet. Nimm dir ruhig ein wenig mehr Zeit dafür.**

1. WANN KANNST DU DAS VERGNÜGLICHE LEBEN AM BESTEN GENIESSEN?
Bei einem Spaziergang? Einem Milch-Honig-Bad? Bei einem tiefroten Glas Wein? Oder wenn der Motor deines Porsche im Tunnel Musik macht? Wenn das Rezept, das du kürzlich gefunden hast, gelingt und du ein köstliches Essen zubereitest? Beim feurigen Liebesabenteuer? Erinnere dich, schreib alles auf! Lass es durch deine Hand laufen, ohne viel dabei zu denken. Ist nur für dich :-)

Gluecklichsein.ebrandhofer.de

2. WAS SIND DIE MOMENTE, BEI DENEN DU ZEIT UND RAUM VERGISST UND IN DEN FLOW EINTAUCHST?

Tipp: Manchmal ist das in der jetzigen Phase kaum oder gar nicht mehr der Fall. Dann erinnere dich, was du als Kind so gern gespielt hast, wobei dich deine Eltern fünfmal zum Essen rufen mussten, weil du die Welt beim Spielen vergessen hast. Was konntest du besonders gut? Was hat dir besonders viel Freude gemacht? Vielleicht hat es einfach irgendwann aufgehört, weil du geglaubt hast, etwas anderes wäre für die Zukunftsplanung lukrativer oder sinnvoller…

3. GIBT ES ETWAS IN DEINEM LEBEN, FÜR DAS DU DICH GERADE ENGAGIERST? ETWAS, DAS DIR WIRKLICH WERTVOLL UND WICHTIG IST.

Hier gehts um das nachhaltige Glück. Familie, der Marathonlauf, ein Projekt, eine soziale Organisation, die Unterstützung in der Nachbarschaft. Das individuelle Sinnerleben entsteht nicht immer nur in den großen Lebenstaten oder dem absoluten Vermächtnis. Dieser weitverbreitete Irrglaube macht es den Menschen oft so schwer, ihr Werteglück zu erkennen. Oft kommt der Sinn leise daher, in den vielen kleinen Momenten, die aus deinen Stärken und Werten in der Ausübung im Alltag entstehen.

Wie geht es dir mit der Entdeckung deiner Glücksmomente? Bei meinen Klienten und Kursteilnehmern löst diese Übung immer wieder gemischte Gefühle aus. Einerseits Freude darüber, was ihnen alles eingefallen ist, was schon fast vergessen und verschüttet schien. Etwas, was sie so richtig gerne machen, was sie so richtig beglückt. Und andererseits die Nostalgie, die das ewige Mantra begleitet: »Dafür habe ich heute gar keine Zeit mehr ... Damals hatte ich den ganzen Stress noch nicht. Der Job, die Kinder, das Haus, whatever.« Und sicherlich ist an der Nummer etwas dran. Jede Lebensphase hat andere Herausforderungen. Die Aufgaben von heute haben uns mit fünf Jahren beim stundenlangen Lego-Turmbau sicher noch nicht gerufen. Doch unsere Mission wäre nicht das, was wir uns von ihr versprochen haben, wenn wir uns damit zufriedengeben würden. Wir machen nicht bloß ein bisschen Zeitmanagement, packen ein paar Pflaster drauf und singen »Heile heile Segen«. Wir wollen das Ganze! Also noch mal rein in die Wissensstube! Wie ist das mit dem Stress wirklich? Woher kommt er und was macht er? Dass unsere Gedanken damit was zu tun haben, wissen wir spätestens aus dem Kapitel *Veränderung und Gewohnheiten*. Wie gehts dann weiter?

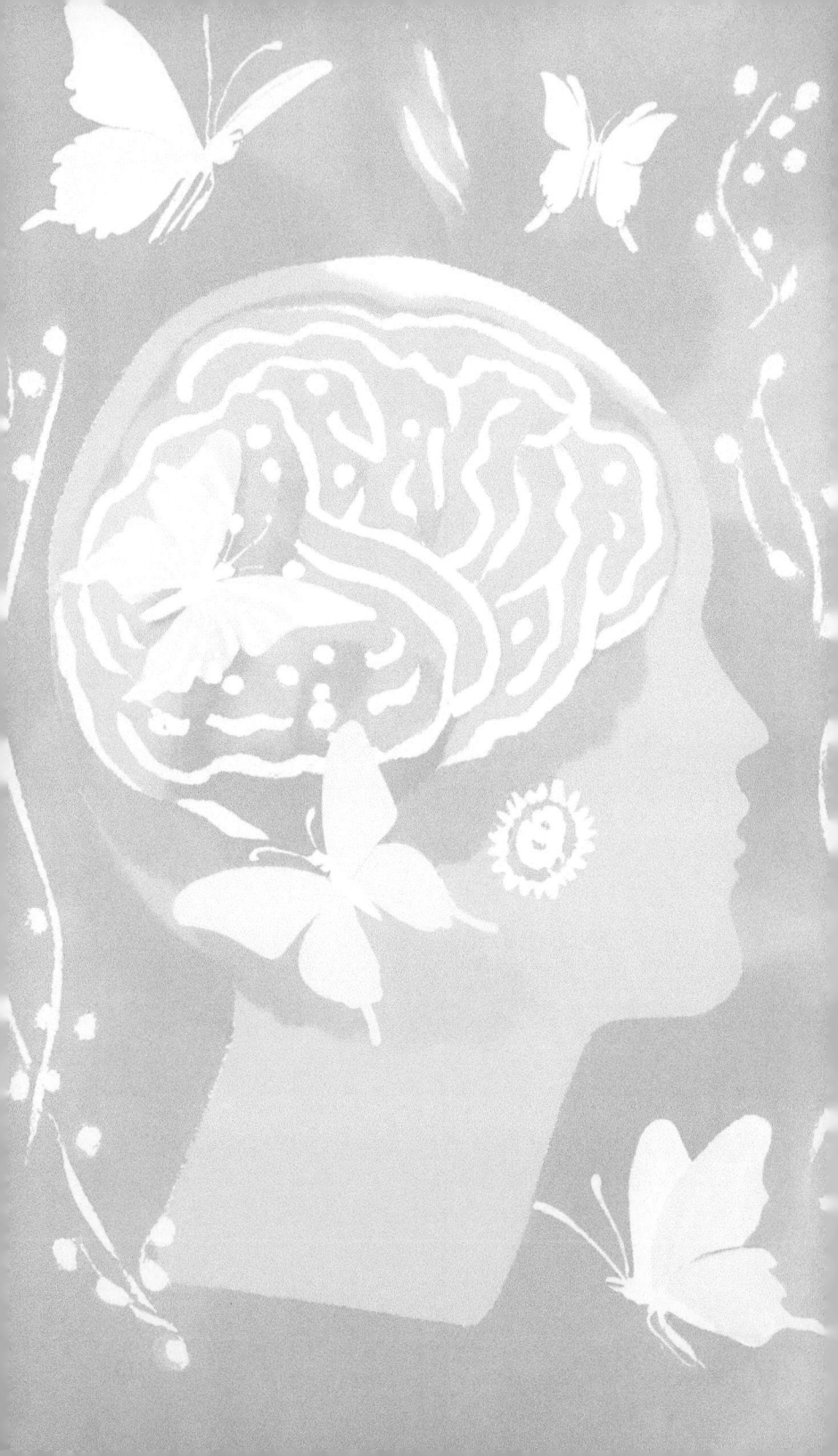

KAPITEL 5

Die faszinierende Welt des Gehirns

Während wir schon einiges über unseren »Bausatz« erfahren haben, setzen wir uns jetzt genauer mit der Schaltzentrale auseinander. Die grundlegende Funktionsweise des Gehirns zu verstehen, war für mich ein absoluter Gamechanger. Erstens fällt es leichter, zu begreifen, warum wir ticken, wie wir ticken. Zweitens bringt es die Erkenntnis, dass wir alle irgendwie auf die gleiche Art und Weise funktionieren. Ich finde, allein diese Einsicht kann ungeheuer beruhigend sein, wenn einem die Welt der anderen manchmal so völlig vom anderen Stern erscheint. Kennst du das? Gern kommt dann die Frage auf: »Spinne ich oder spinnen die?« Niemand. Der Bausatz ist zwar bei allen derselbe. Nur die aufgespulten Geschichten total unterschiedlich. Du weißt, mal mehr, mal weniger Schnittmengen! Das bedeutet deshalb noch lange nicht, dass du den fremden Planeten verstehen oder die Art zu leben unbedingt akzeptieren musst. Doch die gute Nachricht ist: Das Wissen bringt schlicht und ergreifend mehr Optionen mit sich. Oft nimmt man die Dinge dann nicht mehr so persönlich. Oder erkennt die Freiheit zu wählen, ob man mit der anderen Welt oder Meinung überhaupt einig sein will. Was auch mal dazu führen kann, dass es schlichtweg okay ist, sich umzudrehen und die anderen auf ihrem eigenen Planeten leben zu lassen. Nicht mehr und nicht weniger.

Und drittens, meine Lieblingsoption! Es öffnet den Blick für ungeahnte Möglichkeiten, aktiv in unsere eigenen Prozesse einzugreifen. Ich liebe es, unabhängig zu sein. Auch von dem Geplapper in mir. Ich bin groß geworden, womit ich groß geworden bin. Dafür bin ich unglaublich dankbar. Weil es mir diesen Weg ermöglicht hat, auf dem ich bin. Das heißt aber nicht, dass ich mir den »alten Radiosender« in mir bis zu meinem Ableben anhören und danach leben muss.

Das ist definitiv einer der Hauptgründe, warum ich die Arbeit, die ich machen darf, jeden Tag aufs Neue so spannend finde! Mein kleiner innerer »Johnny Controletti«, wie ich meine innere Freiheits- und Sicherheitspolizei liebevoll benannt habe, freut sich dann besonders! Weil dadurch die Möglichkeit entsteht, den Radiosender immer wieder neu einzustellen und zu wählen, wer ich sein und wie ich leben will! Supergeniale Voraussetzungen, die in jedem von uns in der absoluten Grundausstattung eingebaut sind! Für alle, die wie du und ich oftmals das Gefühl hatten oder haben, dem Alltagsgeschehen ausgeliefert zu sein. Nope! Unser Geschoss ist in der Basisausstattung genial! Auf unserer Mission stellen wir uns jetzt die passende Sonderausstattung zusammen!

Und wie cool ist das bitte?! *Achtung: Hier kommt wieder ein Spiri-Teil: Überspring die nächsten Zeilen, wenn du den nicht lesen magst!* Stell dir mal vor, alle Menschen hätten dieses Wissen ab der Kinderstube und würden sich in die Lebensfreude begeben, statt anderen Leuten mit ihrem Unfrieden die meiste Zeit auf den Nerv zu gehen. Das hätte ordentlich Kraft, oder?

Eben. Da ist sie wieder, unsere Mission! Wir richten den Kompass weiter aus. Ich selbst bin im offiziellen Sinne keine Wissenschaftlerin. Eher sehe ich mich als eine Art Kolumbus: stets auf der Suche nach neuen Ländern und Routen, um später meine Entdeckungen zu Hause zu teilen. Möglicherweise hast du einiges von dem, was ich dir im Folgenden erzähle, schon oft gehört oder erfahren. Vielleicht ist es aber auch ganz neu. Ich werde die Erklärungen zum Gehirn supereinfach halten, denn sie haben den einzigen Zweck, die Funktionsweise und die Prozesse für diese Mission möglichst bildlich darzustellen.

Glücklicherweise gibt es die Experten aus der Neurobiologie, die sich mit dem Aufbau und den Mechanismen des Nervensystems *(die sogenannten Autobahnen aus unserem Kapitel über Veränderung)* in der Tiefe beschäftigen. Sie erforschen, wie Informationen verarbeitet werden (Reize, Gedanken etc.), finden heraus, was diese in unserem System auslösen und welche Auswirkungen dieser Prozess auf das menschliche Verhalten hat. Ich finde diese Einblicke außerordentlich spannend! Meine ehemals ungeliebten Naturwissenschaften! Was bin ich heute froh!

Das Trio spielt die Musik

Eingangs hatten wir darüber gesprochen, wie schwierig es für die meisten von uns war, Autofahren zu lernen. Bevor gleich wieder der Aufschrei kommt: Ich sagte für die meisten! Das gilt natürlich nicht für die geborenen Autofahrer wie dich! Spaß beiseite. Kannst du dich noch erinnern? Einsteigen, Sitz einrichten, Spiegel positionieren, Kupplung halten, schalten, blinken, Schulterblick, Gas geben, Straßenschilder entziffern und beachten, nebenbei die Geschwindigkeit halten. Nicht zu langsam, aber auch nicht zu schnell fahren, auf den Gegenverkehr achten: Ach, ich könnte diese Liste endlos fortsetzen. Gefühlt waren es Millionen von Schritten, die auf einmal ausgeführt werden sollten und die einem in den ersten Fahrten alles an Konzentration abverlangt haben. Anfangs war sogar noch dein Fahrlehrer dabei, der dir zeigte, was zu tun ist und dich erinnerte, wenn du einen der Schritte vergessen hattest oder der im Notfall eingreifen konnte. Doch Fahrstunde um Fahrstunde und Kilometer um Kilometer hat dein System die Prozesse einstudiert. Irgendwann, fast unbemerkt, gingen alle Abläufe in einen einheitlichen Fluss über. Und du wurdest zum Autofahrer. Sogar so, dass du deinen bewussten Verstand kaum mehr dazu brauchst, sondern dein Autopilot aus dem Unterbewusstsein ganz allein fährt.

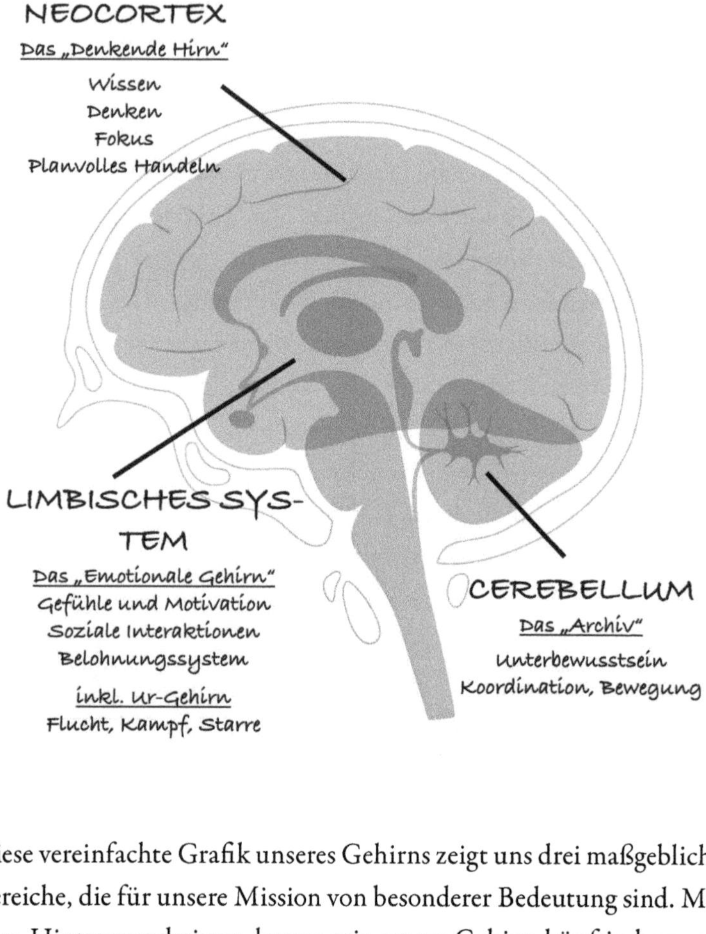

NEOCORTEX
Das „Denkende Hirn"
Wissen
Denken
Fokus
Planvolles Handeln

LIMBISCHES SYSTEM
Das „Emotionale Gehirn"
Gefühle und Motivation
Soziale Interaktionen
Belohnungssystem

inkl. Ur-Gehirn
Flucht, Kampf, Starre

CEREBELLUM
Das „Archiv"
Unterbewusstsein
Koordination, Bewegung

Diese vereinfachte Grafik unseres Gehirns zeigt uns drei maßgebliche Bereiche, die für unsere Mission von besonderer Bedeutung sind. Mit dem Hintergrundwissen lernen wir, unser Gehirn künftig bewusst für unsere Mission zu nutzen. Damit wird das Glück wieder ein Stück mehr zur Entscheidung statt zum Schicksal.

»Die meisten Menschen sind Gehirnbesitzer, sehr wenige sind Gehirnbenutzer«

Vera F. Birkenbihl

Nehmen wir noch mal das Beispiel vom Autofahren. Du denkst darüber nach, Autofahren zu lernen. »Dein denkendes Gehirn« (Neocortex) macht sich auf den Weg, Fahrschulen auszusuchen, sich zu informieren. Derweilen ruft dein limbisches System schon laut die Freudenlaute: »Yes! Bald 18, ein eigenes Auto, die große Freiheit!« Oder was es eben bei dir so gerufen hat: »Endlich den Porsche fahren!« Whatever! Das limbische System liefert die chemischen Stoffe, die die Gefühlswelt anheizen. Irgendwann steigst du voller Vorfreude in dein Fahrzeug ein und nutzt die Kombination aus freudiger Aufregung und Konzentration, um dir bis zur Prüfung alles anzueignen, was es braucht. Du fährst Stunde um Stunde. Bist stolz auf dich, speicherst Gefühle. Dein »Archiv« (Cerebellum) speichert derweilen in seiner unendlich großen Bibliothek alles, was in deine Regalwand »Autofahren« hineingehört: Bewegungsabläufe, Handlungsschritte fürs Fahren. Also das aktive Tun, die Erfahrungen. Mit jedem Mal mehr üben, wirds besser und besser. Immer weniger überholen dich von hinten andere ungeduldige Verkehrsteilnehmer. Mehr und mehr Routine wird aus deinem Archivspeicher abgespielt. Wenn du zwischendurch mal einen Durchhänger hast, päppelt dich der Fahrlehrer wieder auf, macht dir Mut oder lotst dich auf eine tolle Überlandfahrt, auf der du dich wieder sicher fühlst. Und schon sorgt die Chemiemaschine im limbischen System für erneute Belohnungsimpulse und wir setzen unsere Tour fort! Die folgenden Fahrten verlaufen reibungsloser. Irgendeines Tages werden alle Abläufe zur Gewohnheit und du kannst sagen: »Ich bin Autofahrer.« Das ist eine ganz einfache Beschreibung des alltäglichen Rhythmus, in dem unsere Gehirnprozesse ablaufen.

Vom Denken zum Fühlen zum Handeln. Die Welt reagiert. Und weiter geht die Reise.

Flexible Gehirnmuskeln

So viel zum Trio in unserem Gehirn, das fortlaufend miteinander kommuniziert. Aber wie kannst du dir diesen Mechanismus im Detail vorstellen?

Unser Gehirn ist eine riesige Informationszentrale. Es besteht aus unzähligen winzigen Bausteinen, die sich Neuronen oder Nervenzellen nennen. Sie sind die Boten, die die Informationen im Gehirn weitergeben. Um miteinander zu kommunizieren, verwenden sie spezielle Verbindungen, die sogenannten Synapsen. Die Neuronen funktionieren wie Schalter: Wenn sie aktiviert werden, senden sie elektrische Signale. Diese Signale reisen entlang der Neuronen und erreichen schließlich die Synapsen. An den Synapsen gibt es winzige Lücken zwischen den Neuronen.

Hier kommt das spannende Zusammenspiel: Wenn das elektrische Signal die Synapse erreicht, wird es in ein chemisches Signal umgewandelt. Dieses besteht aus speziellen Botenstoffen, den Neurotransmittern. Sie überbrücken die Lücke zwischen den Neuronen und übertragen das Signal von einer Nervenzelle zur nächsten. Die Neurotransmitter schwimmen quasi von einer Seite der Synapse zur anderen und ermöglichen so die Weitergabe der Information. Wenn das chemische Signal auf der anderen Seite der Synapse ankommt, wird es wieder in ein elektrisches Signal umgewandelt und das nächste Neuron wird aktiviert. Dieser Prozess wiederholt sich immer wieder, wenn Informationen im Gehirn weitergegeben werden.

ERKENNTNIS 6:

Das Zusammenspiel von Neuronen, Synapsen und Neurotransmittern ermöglicht es dem Gehirn komplexe Informationen zu verarbeiten, Erinnerungen zu speichern, Entscheidungen zu treffen und vieles mehr. Hier finden die Prozesse statt, die hinter unserem Denken, Fühlen und Handeln stehen.

In diesem Zusammenspiel werden Schaltkreise, die infolge hoher Aktivität wiederholt geschalten werden, gestärkt. Weil die Nervenzellen ein elektrisches Signal senden, nennt man diesen Vorgang: das Neuron »feuert«. Daraus hat sich die Hebb'sche Grundregel entwickelt, die nach dem kanadischen Neuropsychologen Donald O. Hebb benannt wurde. »What fires together, wires together.« Was so viel heißt wie »Nervenzellen, die gemeinsam aktiv sind, verschalten sich miteinander«. Das bedeutet, dass Netze aus sich wiederholenden Gedanken-, Gefühls- und Handlungsmustern im Laufe der Jahre extrem gut ausgebaut sind. Das sind die Straßen, auf denen unsere Gewohnheiten tagein, tagaus bewusst und unbewusst spazieren fahren. Dabei bewertet dein Gehirn nicht, ob die Gedanken hilfreich sind oder nicht oder die Gewohnheiten gut oder schlecht. Der Job wird dort einfach erledigt.

Für das Thema Veränderung heißt das, dass in dieser Schaltzentrale sowohl die Schutzmechanismen als auch alle Voraussetzungen zu finden sind, die Veränderung zuzulassen. Denn auch das Gegenteil von »fire and wire« trifft zu. Der Kontersatz lautet: »Use it or lose it.« Was nicht mehr genutzt wird, geht verloren. So wie der Schluckmechanismus meines Vaters, der im Koma über lange

Zeit nicht mehr benötigt wurde. Du kannst es dir vorstellen wie einen flexiblen Muskel, den du trainierst oder nicht. Wenn du etwas Neues lernst oder dich auf neue Situationen einstellst, bilden sich neue Verbindungen zwischen den Nervenzellen. Wenn du mit dem Training aufhörst, degeneriert der Muskel.

> **ERKENNTNIS 7:**
>
> Gleiche Gedanken schicken immer wieder gleiche Impulse, produzieren gleiche Gefühle, sorgen für gleiche Handlungen, führen zu gleichen Reaktionen.

Hier die Good News! Unsere geniale Grundausstattung verfügt über die Anlage, sich unabhängig vom Alter anzupassen, zu verändern und neue Verschaltungen aufzubauen. Man nennt dieses fantastische Geschenk Neuroplastizität. Diese Fähigkeit bleibt unserem Gehirn über die gesamte Lebensdauer erhalten. Beispielsweise hat mein Vater nicht nur wieder schlucken gelernt, sondern sogar etwas Neues - und das nach dem Koma und mit achtzig Jahren. Mangels Verständigungsmöglichkeit am Telefon, hatten wir ihm ein Tablet mitgebracht, sodass wir uns zumindest per Videocall sehen konnten. Die Pfleger haben ihm dann den Bildschirm vor die Nase gehalten. Anfangs wusste er zwar nicht, wo er hineinsprechen sollte. Das sah zugegeben ziemlich lustig aus. Doch mittlerweile hat er sogar gelernt, den Touchscreen zu bedienen und WhatsApp zu starten. Jetzt freut er sich regelmäßig, wenn wir ihm Bilder von seinem Urenkel schicken.

Was es braucht, um diese Fähigkeit anzuschalten? Bitte nicht erst ein Koma! Wir wollen dich ja eher aus dem bisherigen Schlafwandel herausbeamen. Es braucht nur dich! Du bist die einzige Person, die

die Eintrittskarte für diese neuen Verschaltungen besitzt. Je mehr du sie benutzt, desto besser verbinden sie sich. Und du bist mit dieser Mission schon mittendrin. Indem du den Kreislauf in deinem Gehirn kennenlernst, verstehst – und zu nutzen lernst!

> »Der Strom unserer Gedanken formt unser Gehirn und vermag uns so, neue Möglichkeiten, Handlungsräume und Gefühlswelten zu eröffnen – oder auch zu verschließen. Indem du dein Gehirn verändern kannst, kannst du dein Leben ändern.«[9]
>
> Rick Hanson

Boardcheck 4 – Merkhilfe

Wir machen wieder eine kurze Pause. Ich gehe davon aus, dass du nicht jeden Tag mit all den Begriffen aus diesem Kapitel zu tun hast. Deswegen ist es dringend Zeit für eine Pause. Machs dir bequem auf deinem »Glücksplatz« und lass uns eine Eselsbrücke bauen, die dich ab heute immer wieder daran erinnert, was in deiner Schaltzentrale eigentlich passiert. Denn das ist die Greencard zum Eintritt in dein neues Reich! Damit kennst du den Kreislauf und es wird dir mit den weiteren Übungen viel leichter fallen, ihn künftig für dich zu nutzen.

Hier habe ich einen kurzen Satz für dich, den wir gemeinsam auf verschiedenen Ebenen deines Systems einprägen. Das bedeutet, wir nehmen so viele Sinne wie möglich mit. Man nennt diese Form »Superlearning«. Es bezieht sich darauf, den Körper mitzunehmen. Damit steigerst du das Lernen und die Aufnahmefähigkeit. Wichtig ist, dass die Wirksamkeit nicht für jeden gleich ist. Probiere dich also gern aus, was für dich gut funktioniert.

1. LIES FOLGENDEN SATZ LANGSAM, DEUTLICH UND LAUT:

»Wie ich denke,
so ich fühle,
so ich handle,
so ich erhalte.«[10]

Damit keine Missverständnisse aufkommen, du musst nicht schreien. Mit »laut« meine ich: mit Ton und Mundbewegung, also nicht nur im Geiste.

2. SCHREIBE DEN SATZ IN DEIN BÜCHLEIN UND LIES IHN NOCH EINMAL LAUT.

Für die Kreativen unter euch: Es kann sein, dass du Lust hast, etwas zu zeichnen oder den Satz bunt zu verzieren. Lass es laufen.

3. NIMM DEINE HAND ODER DEINEN ZEIGEFINGER,

sprich Absatz für Absatz und zeige auf die Stellen an deinem Körper, wie beschrieben:

- → **Stirn:** »*Wie ich denke,*
- → **Herz:** *so ich fühle,*
- → **Hand nach vorne ausstrecken:** *so ich handle,*
- → **Hand wie etwas annehmen zurück:** *so ich erhalte.*«

Wiederhole diesen Satz mit all den Bewegungen mehrmals. Werde dabei immer schneller und schneller.

Gluecklichsein.ebrandhofer.de

Gehirn und Geist

Wir haben bisher viel über das Gehirn gesprochen. An dieser Stelle möchte ich noch genauer werden. Das Gehirn allein bezeichnet zwar das Organ in unserem Körper, das eine Vielzahl unserer lebenswichtigen Prozesse steuert und koordiniert. Immer wieder hörst du mich hier aber von unserem »System« sprechen. Damit meine ich weit mehr als die reine Funktionsweise des Gehirns. Alles, was in unserer Innen- und Außenwelt geschieht, findet nicht abgetrennt statt. Wir sind keine »Stand-Alone-Lösung«. Alles in uns und um uns herum spielt unmittelbar mit unserem ganzheitlichen Erleben zusammen. Alle Interaktionen beeinflussen sich gegenseitig. Wir sind in Wahrheit gar nicht getrennt von der Außenwelt.

Beispielsweise kannst du deine Gedanken beobachten. Offensichtlich bist du also fähig, in dich hineinzusehen. Bist das du? Oder was und wo ist dieser »Jemand«, der deine Gedanken beobachtet? Du bist fähig, eine Rose mit geschlossenen Augen herbeizusehen. Du riechst sie sogar, fühlst ihre zackigen Blätter und die Stacheln, obwohl »offiziell« gar keine Rose da ist. Eine Klientin hat mir darauf einmal gesagt: »Das klingt ja spooky!« Ganz und gar nicht! Das ist die Chance! Du bist die Verknüpfung zur Rose. Du bestimmst aus deiner Erfahrung, wie sie aussieht, wie sie riecht, wie sie sich anfühlt, und projizierst sie in deinen inneren Kinosaal. Wenn du ein kreativer Kopf bist, erfindest du sogar noch ein paar Details dazu. Du bist die Beziehung zur Rose. Und die Rose beeinflusst dich und deinen Körper. Deine Sinne. Deine Emotionen. Deine Geschichten. Deine Erfahrungen.

Die Instanz, die das möglich macht, ist der menschliche Geist *(engl. mind)*. Er ist die übergeordnete Stelle, die dein Gehirn und deinen Körper beeinflusst. Durch ihn wirken wir in uns, durch uns und um uns. Und die Welt wiederum wirkt in uns, durch uns und um uns. Alles ist mit allem verbunden. Ein System. Wo dieser Geist genau wohnt? Keine Ahnung. Es gibt dazu keine eindeutige Antwort. Nicht sichtbar. Formlos. Ein Partikelfeld. Wissenschaftlich gesehen gibt es dazu noch unendlich viel Forschungsarbeit. Gegenwärtiger Konsens für dieses komplexe Phänomen ist, er ist eng mit dem Gehirn verbunden. In der spirituellen Welt und teilweise auch in der Wissenschaft *(darüber scheiden sich noch die Geister)* gibt es die Theorie vom Quantenfeld, das wir sind, das uns umgibt und in dem wir existieren. Einfach ausgedrückt, das Feld, das uns und alles um uns herum verbindet. Indem wir alle schwingen, senden und empfangen. Wenn du mich fragst, ist das auch die Theorie, die für mich Sinn ergibt. Denn, dass alles mit allem in Verbindung steht, ist längst bewiesen. Wie auch immer, du prüfst einfach, was sich für dich stimmig anfühlt.

Daniel Siegel, amerikanischer Psychiater und Neurowissenschaftler, beschreibt den menschlichen Geist in seinem Buch *Mindsight* so: »Geist ist kein Zustand, sondern ein Prozess, der von Beziehungen zur Umwelt und zu den Mitmenschen beeinflusst und verändert werden kann und diese gleichzeitig auch beeinflussen oder verändern kann. Er verändert Prozesse in Körper und Gehirn und wird gleichzeitig von ihnen verändert.«[11] – Das ist kein esoterisches Konzept, sondern blanke Neurowissenschaft.

> »Der menschliche Geist ist ein an Beziehungen und Verkörperung gebundener Prozess zur Steuerung des Energie- und Informationsflusses. Wir können lernen, diese Steuerungsmuster zu formen und damit den Geist und das Gehirn zu verändern.«
>
> Daniel J. Siegel

Diese Steuerungsfunktion nutzen wir meist im Autopiloten. Heißt, der Prozess läuft. Immer. Mit deinem bewussten Einfluss und ohne. Und er steuert den Energie- und Informationsfluss. Das bedeutet, du kannst mit deinen Gedanken Monster unter dein Bett zaubern und dich in Angst und Schrecken versetzen, genauso gut wie du auf der rosa Wolke sitzen und freudige Lieder singen kannst. Dem Geist ist der Gehalt der Information *piepegal*. Er transportiert sie mit der entsprechenden Ladung nach innen und außen. Die Konstellation des Zusammenspiels bleibt dabei für jeden Menschen einzigartig. Jedes Muster gibt es in dieser Konstellation genau ein einziges Mal. Denn du erinnerst dich: Du bist der einzige Mensch, der aus seinen Augen, mit seinen Erfahrungen in seine Welt sieht. Gleichzeitig bist du mit deiner Einzigartigkeit im großen Ganzen mit allem verbunden.

Daniel Siegel vergleicht diesen Prozess mit einem guten Chor: Jeder Sänger bringt seine einmalige Stimme ein. Gleichzeitig sind alle in einem komplexen, harmonischen Ganzen miteinander verbunden. Oder um es mit den Worten von einem meiner geschätzten Lehrer zu sagen:

> »Du bist nicht in der Welt.
> Die Welt ist in dir.«
>
> Deepak Chopra[12]

ERKENNTNIS 8:

Alles steht mit allem in Beziehung. Dein Geist steuert mit einzigartigen Mustern den Energie- und Informationsfluss nach innen und außen, bisher meist automatisch. Du kannst lernen, das Steuer in die Hand zu nehmen, um neue Muster zu entwickeln.

Wo der Stress wohnt

Okay, wir wissen jetzt, wie das Gehirn in seinen Basics funktioniert. Haben den menschlichen Geist und das Zusammenspiel mit der Welt kennengelernt und eine Vorstellung davon gewonnen, dass all dies auch mit unserem Körper in Verbindung steht. Eine meiner ersten Coaching-Trainerinnen erinnerte uns daran immer mit folgendem Spruch: »Denkt dran, wir sind schließlich keine Kopffüßler!«

Fehlen noch zwei der versprochenen Komponenten. Die Lebensfreude! Zu der kommen wir im nächsten Kapitel und dann gehts bis zum Ende damit durch! Und der Stress, den wir doch so gern immer wieder einfach nur abschütteln wollten. Wo sitzt denn nun dieses unleidige Wesen? Können wir das nicht einfach abschalten? Das würde das Ganze doch deutlich vereinfachen! Wir machen keine wissenschaftliche Abhandlung daraus. Versprochen. Aber etwas tiefer steigen wir noch mal ein. Glücklicherweise bist du jetzt mit all den Kenntnissen über unsere Funktionsweisen bestens gerüstet!

Zum Einstieg nehme ich dich mit in einen Tagesablauf, wie er für mich vor gut 15 Jahren gängiger Alltag war:

Morgens, der Wecker klingelt das erste Mal. Der erste Ruf wird gleich mal weggedrückt. Gut so, noch ein paar Minuten Schlaf. Ich bin doch gefühlt gerade erst ins Bett. Einen Moment später schrillt der Wecker schon wieder. Erfolgreich pausiert. Piep, piep, piep. »Okay, nur noch einmal« denke ich und drücke weg. In Wahrheit geht das Spiel noch gute zwanzig Minuten und ich bin froh, wenn ich den Weckruf überhaupt noch höre. Manchmal gewinne ich den Kampf gegen dieses lästige Ding. Dann habe ich allerdings verschlafen. Irgendwann stehe ich dann doch auf. Jetzt muss aber alles schnell gehen. Ab ins Kinderzimmer und meine Tochter aufwecken. Mein Teenager und unsere Mopsdame unter ihrer Decke »grunzen« mich nur strafend an. »Guten Morgen! Hopp, hopp! Raus aus den Federn!« »Musst du so laut schreien?«, stöhnt es mir giftig, aber müde entgegen. Für Diskussionen habe ich jetzt keine Zeit. Ich muss dringend unter die Dusche. Einige Minuten später, noch tropfnass, frisch aus der Dusche, rufe ich wieder nach oben: »Ich höre nichts, bist du wach?« Kein Bild. Kein Ton. Ich sprinte im Handtuch nach oben. »Autsch! So ein Sch ...« Mein Schmerz tönt durchs ganze Haus. Auf die Schnelle habe ich mir den Zeh an der Kommode angehauen! Das weckt doch tatsächlich auch die Lebensgeister meines Pubertiers. Darüber kann sie immer herzlich lachen! »Mama, wie oft ist dir das diese Woche schon passiert?« Einzig meine straffe Taktung rettet sie vor der Todesstrafe.

Hund, Katze, Maus halbwegs gesund und vor allem schnell Gassi geführt und verköstigt. Die Tochter ist endlich auf dem Weg in die Schule, nachdem das achte Outfit schließlich doch gut genug war. Zwischen Tür und Angel wenigstens noch eine Tasse Kaffee getrunken und an einem guten Tag nicht wieder über die frische Bluse gekippt. Mein Essen eingepackt, denn ich habe für Frühstück keine Zeit. Bin ohnehin schon wieder viel zu spät. Kaum im Auto, rasen meine Gedanken: »F...k der erste Stau! Um neun Uhr startet das erste Meeting. Meine Güte, wenn der Idiot vor mir nicht so kriechen würde ... hätten wir es beide noch vor der roten Ampel geschafft! Herrgott, ich habs eilig!« Es ist warm, also öffne ich das Fenster. »Schön, der Münchner Olympiapark. Aber die Hitze, der Stau. Stinkt ganz schön. Lieber wieder zu und die Klimaanlage angemacht. Derweilen WhatsApps lesen. Puh ... Kopfweh hab ich auch ...«

Schließlich komme ich doch noch an. Natürlich wieder zu spät. Parkplatz Fehlanzeige. Ich nehme auf die Schnelle die Ein-Stunden-Parkbucht. Mein Herz rast, ich bin bereits total entnervt. Und der Tag noch gar nicht richtig begonnen. Das Meeting dauert wieder länger als geplant. Kaum in meinem Büro angekommen, wartet schon der nächste Krisenfall. Ein Kunde tobt. Bis ich die Kuh vom Eis habe, vergeht eine weitere Stunde. Derweilen liegen alle anderen Themen in meinem Kalender schon fast zwei Stunden im Rückstand. Mein E-Mail-Postfach habe ich noch gar nicht geöffnet. Ob ich die Präsentation für meinen Chef heute noch fertig bekomme?

Mittag, bis ich das erste Mal von meinem Rechner aufsehe, ist es früher Nachmittag. Essen wäre eine Option. Schnappe mir meine Box mit dem Frühstück und esse nebenbei. Die Präsentation muss fertig werden. Schnell noch ein paar WhatsApps beantwortet, mit meiner Tochter abgeklärt, was am Nachmittag zu erledigen ist und wo sie hingeht. Präsenz zeigen. Da klingelt das Telefon schon wieder. Ob ich die Mail noch nicht gelesen habe? Welche Mail? Die kam vor einer Minute …? Mein Kalender blinkt auch auf, das nächste Meeting startet in 15 Minuten. Ich glaub, ich brauch erst mal was Süßes und einen Kaffee. Der wievielte ist das heute eigentlich? Das Telefon klingelt … »Ob die Präsentation schon fertig ist …?«, fragt mein Chef.

Abend, geschafft. Ab ins Auto. Na ganz toll! Ich hab die Parkbucht vergessen. Wieder ein Strafzettel. Dann stelle ich mich in den nächsten Stau. Zwischendurch muss ich allerdings noch kurz halten, um was einzukaufen. Erschöpft und hungrig öffne ich schließlich die Haustür und schleppe die Einkäufe herein: »Oh, die Küche war doch heute Morgen sauber?! Es braucht nicht mehr viel und ich platze! Die Küchenfee ist wohl ausgeflogen. Da höre ich schon die liebliche Stimme: »Hi Mama, was gibts heute zum Essen?« … «Dich …«, brummt es in mir ... Abendessen irgendwann auf den Tisch gebracht. Beschwerden darüber, wer was nicht mag, an mir abperlen lassen. Ein wenig Small Talk am Familientisch geführt. Es ist schließlich wichtig zu erfahren, was jeder heute erlebt hat. Trotzdem habe ich ein schlechtes Gewissen, dass ich gar nicht so richtig bei der Sache bin.

Okay, den Küchendienst nach dem Essen übernehmen wenigstens Kind und Partner. Obwohl ich noch immer nicht so richtig davon begeistert bin, wie die das machen. Ich verschwinde auf die Terrasse. Mein Glas Wein in der Hand und die Zigaretten dabei. Viele. Das hab ich mir jetzt verdient! Obwohl ich das Rauchen längst aufhören wollte. Na ja, nächsten Monat vielleicht, wenns wieder etwas ruhiger zugeht. Jetzt habe ich dafür keine Nerven.

Spätabends noch ein bisschen ferngesehen. Hätte ich mir sparen sollen. Die Nachrichten sind für mich immer so aufwühlend. Aber man will ja auf dem Laufenden bleiben. Ich öffne die Süßigkeitenschublade. Schokolade. Her damit! Zum Glück bin ich schon in Joggingklamotten. Der Rest spannt neuerdings so. Diät und Sport wären mal wieder angesagt. Aber wann soll ich das noch machen? Irgendwann nach Mitternacht falle ich endlich ins Bett. Wenn ich nicht vorher schon auf der Couch eingeschlafen bin und wir uns gegenseitig in einem Halbschlaf immer wieder erinnert haben, ins Bett zu gehen. Hundemüde und wieder viel zu spät. Hoffentlich ist bald Urlaub.

Du glaubst, ich habe übertrieben? Frag gern meine Tochter. Das war ein »relativ normaler« Tag. Der Wecker immer zu früh, der Tag immer mindestens 24 Stunden zu kurz, die Ereignisse immer zu viele für zu wenig Zeit. Und die Geschichte mit dem Zeh ist leider auch wahr. Das er überhaupt noch dran ist, ist eigentlich ein Wunder!

Kommt dir einiges davon bekannt vor? Vielleicht hast du noch kleine Kinder, dann könnte der Takt an mancher Stelle sogar noch straffer sein. Zudem war mein beschriebener Tag vor gut 15 Jahren. Es gab damals noch keine WhatsApp-Gruppen. Facebook und Co. waren noch recht neu. Von TikTok noch gar nicht die Rede. Die Smartwatch, die dich mit einem Vibrieren am Handgelenk daran erinnert, dass du heute noch atmen musst, gabs damals auch noch nicht.

Dafür sparst du dir heute vielleicht viele der Staufahrten, hast aber im Homeoffice ein paar Meetings mehr dazubekommen. Damit die Termine reibungslos geplant werden können, ist dein Kalender ohnehin für jeden buchbar. Dich braucht es dazu gar nicht mehr. Apropos Homeoffice. Dein Partner ist ja auch zu Hause, da könnt ihr euch sicherlich gut aufteilen. Wie macht ihr das eigentlich mit euren Schreibtischen? Oder geht das mit dem Arbeiten auch ganz gut vom Küchentisch? Wenn der Rücken etwas zippelt, kannst du ja zwischendurch schnell zur Physio springen. Während Papa den Kleinen zwischen zwei Meetings flott zum Fußball bringt. Und Essen kochen ist sowieso kein Aufwand mehr. Das macht der *Thermomix* nebenbei. Überhaupt ist alles viel einfacher und unkomplizierter geworden.

Bin ich schon wieder leicht zynisch? Entschuldige bitte.

Tatsächlich ist vieles von dem, was uns die Technik beschert, dazu gedacht, uns das Leben zu vereinfachen. So können wir die Zeit effizienter nutzen. Aber ist das im Alltag wirklich so? Oftmals klappt das sogar richtig gut. Und doch ist im Coaching immer wieder die Frage: »Wie gehe ich mit meinem Stress um?« Oder noch besser: »Wie werde ich ihn wieder los?« Geben wir diese Frage doch gleich weiter an den nächsten Absatz.

Was soll der ganze Stress?

Lass uns erst mal die Frage beantworten, warum wir überhaupt Stress empfinden. Wir sind ganz wunderbar an die Natur angepasste Wesen. Über die Jahrtausende haben wir uns im Laufe der Evolution vielfach verändert. Doch die Grundstruktur des menschlichen Körpers blieb im Wesentlichen stabil. Er trägt seit jeher unseren Geist durch die Welt und sorgt dafür, dass wir nicht vom Säbelzahntiger gefressen werden. Zu diesem Zweck hat uns die Natur unser Stresssystem geschenkt. All das zu einer Zeit, als Handys, TikTok, Meetings, Fast Food und all das andere Zeug, das unser heutiges Leben bereichert, noch in ferner Zukunft lagen. Mit den gleichen Mechanismen von damals dient es uns noch heute als Alarm- und Schutz- und Regulierungssystem für alle Herausforderungen, die uns in unserem Lebensalltag begegnen. Dein Stresssystem ist also per se erst mal nichts, was man loswerden will. Sondern ganz im Gegenteil, ein überlebensnotwendiger Mechanismus. Es hilft dir, beispielsweise Krankheiten zu überstehen.

Angenommen, du hast dir eine fiese Erkältung eingefangen. Dein Stresssystem sorgt für die Freisetzung der passenden Hormone, die dein Immunsystem anschalten. Darüber wird dann auch der Ofen angefeuert, der die Eindringlinge mit Fieber aus dem Haus jagt.

Oder du entdeckst den Säbelzahntiger hinter der Hecke. Dein Alarmsystem meldet: Gefahr!!! Umgehend wird die beste Blut- und Sauerstoffversorgung aus einigen Organen abgezogen und in deine Arme, Beine und das Gehirn gepumpt. So hast du richtig viel Luft und Speed, um schnell zu flüchten. Alternativ könntest du dich im Worst Case, wenn es zum Kampf kommt, in dieser Verfassung ordentlich verteidigen. Du entwickelst Kraft wie ein Bär! Oder eine Stimme,

die so laut ist, dass Löwengebrüll dagegen klingt wie Katzenjammer. Klingelt da was bei dir? Schon mal erlebt? Hatte wahrscheinlich nichts mit Raubtieren zu tun, oder? Lass uns erst mal weitergehen.

Das ist der Mechanismus, der unter »Fight and Flight« bekannt ist. Da kümmert es uns nicht, dass während dieser Zeit die Organe leicht unterversorgt sind. Denn mal ehrlich: Was nützt uns ein gesundes Herz, wenn uns der Säbelzahntiger gefressen hat? Da ist es viel wichtiger, erst mal alle Ressourcen in die Abwendung der Gefahr zu schicken! Das leuchtet ein. Ein geniales System, das in der Umverteilung der Energie kurzfristig einige Organe mit weniger Blut und Sauerstoff versorgt und andere, wie zum Beispiel Muskeln und Gehirn, extrem leistungsfähig macht! Ein Trick der Natur, der unser Überleben sichert. Doch Achtung! Wenn du aufmerksam bist, hast du das kleine Wörtchen *kurzfristig* gelesen. Denn genau da steckt der Haken.

Ist Stress also doch schlecht? Nein. Das Zauberwort ist *kurzfristig*. Dann ist er sogar lebensnotwendig und sehr hilfreich!

Wir brauchen Herausforderungen, um wachsen zu können, neue Fähigkeiten zu erlernen, Probleme zu lösen, neue Wege zu gehen, unser Potenzial zu entdecken und entfalten zu können. All das ist nicht zu haben ohne Stress.[13]

Tobias Esch

Man braucht nicht großartig in Geschichte bewandert zu sein, um zu wissen, dass es schon lange keine Säbelzahntiger mehr gibt. Unser heutiges Leben ist für die meisten unter uns, was Raubtiere und Lebensgefahr betrifft, relativ entspannt geworden. Die Anforderungen, denen unser Körper heute gewachsen sein muss, haben sich in den letzten Jahrtausenden drastisch verändert. Heute zeigt sich der Stress eher wie eingangs im ersten Kapitel oder in meinem exemplarischen Tagesablauf beschrieben. Die Bedrohung, der wir ausgesetzt sind, kann variieren. Spitzenreiter wären etwa destruktive Gedanken, die ständig in dein System plappern. Diese können beispielsweise Angst auslösen. Oder dein Narzissten-Chef aus Kapitel eins, der dich regelmäßig niedermacht und vor dem du erstarrst. Alternativ hätten wir noch das Verkaufsgespräch, dass du einfach nicht führen kannst, weil du schweißgebadet bist, aus der Angst heraus, zu versagen. Es gibt Billionen von Möglichkeiten, die überhaupt nicht greifbar real sein müssen. Dein Körper nimmt die Information, wie sie ist. Er fragt dich nicht, ob die Gefahr wirklich echt ist! Zum Glück prüft er ja auch nicht, ob dus ernst meinst, wenn du schöne Träume hast. Für deinen Körper ist die Innenwelt der Gedanken genauso real wie der Säbelzahntiger hinter der Hecke.

Genauso kann das ewige Geblinke und Gepiepse der eingehenden Nachrichten als Bedrohung empfunden werden.

Mir ging es neulich so: Ich saß spätabends auf der Terrasse und da war ein ganz seltsames Rascheln im Gebüsch. Ein ganz furchtbares Geräusch. Ich dachte: »Oh Gott, was ist denn das für ein Tier?!« Ich war allein zu Hause und es hätte mich ja fressen können! Du weißt ja, da ist für viele von uns oft schon eine Spinne eine Herausforderung. Jedenfalls war es unglaublich laut. Mein Herz pochte, als ich mich dem Gebüsch näherte. »Hoffentlich springt es mich nicht an!«

Okay, du darfst jetzt laut lachen ... ich kürze die Geschichte ab. Es war ein Igel! Ich konnte ihn einfach nicht erkennen, weil es stockfinster war. Mein System witterte also Gefahr, mein Herz klopfte. Der Alarm ging an.

Unser Körper nimmt das ewige Gepiepse der Nachrichten genauso auf wie in der freien Wildbahn. Vor allem wenn wir in Konzentrationsphasen sind und gerade an ganz andere Dinge denken. Deshalb ist es wichtig, regelmäßig mal die Telefone und Mail-Töne abzuschalten, damit der Körper nicht alle paar Sekunden mit einer »Gefahr« aus seiner sicheren Kreativität und Konzentration gerissen wird. Diesbezüglich sind unsere Sinne mit der heutigen Technik einer ständigen Überreizung ausgesetzt. Also fährt Fight and Flight hoch. Einer der Gründe, warum Menschen beim »letzten Tropfen, der das Fass zum Überlaufen bringt« manchmal völlig ausrasten. Scheinbar eine Kleinigkeit und dein Gegenüber fährt dir mit ausgefahrenen Krallen ins Gesicht. Fight!

Eine der Stressstudien der Techniker Krankenkasse aus 2021[14] zeigt, dass sich fast ein Drittel der Deutschen häufig gestresst fühlt. Auf die Frage nach den Gründen antwortet die deutliche Mehrheit mit Beruf, Schule, Studium *(die letzten beiden finde ich übrigens besonders bedenklich!)*. Gleich neben hohen Ansprüchen an sich selbst. Übrigens hier mit 55 Prozent ganz weit vorn die Frauen. Dagegen haben nur 36 Prozent Männer, das Gefühl wegen ihrer eigenen hohen Ansprüche gestresst zu sein. Es folgen Konflikte in der Partnerschaft. Weiter geht es mit der ständigen Erreichbarkeit über zu viele Termine. Gefolgt vom Straßenverkehr, der Erziehung der Kinder. Und der Arbeitsbelastung im Haushalt. Finanzielle Sorgen und die Betreuung von pflegebedürftigen Angehörigen nennen noch gut 15 bis 20 Prozent der Befragten.

So schreibt Tobias Esch weiter: »*Stress ist nicht gleich Stress. Was der eine als unerträglichen Druck wahrnimmt, läuft bei einem anderen noch als abwechslungsreich oder herausfordernd mit und wirkt somit eventuell eher bereichernd als belastend. Es kommt darauf an, eine gute Mischung für sich selbst zu finden.*«[13]

Der Körper entscheidet nicht zwischen gut und schlecht. Er führt nur einfach seinen regulierenden Job aus. Du bist die einzige Instanz, die in sich hineinfühlen kann, in welche Richtung der Pegel tendiert.

Wenn wir also über Stress sprechen, dann gilt für unsere Mission: die Form, die unseren Energiehaushalt durcheinanderbringt und unser Wohlbefinden nachhaltig stört. Unser Gehirn mag gern harmonische Zustände. Wenn das nicht der Fall ist, feuern die Nervenzellen wie wild durcheinander und das verbraucht Unmengen an Energie. Die Stressantwort ist also eine völlig normale Anpassungsreaktion des Körpers auf unsere Umwelt- und Lebensbedingungen, wieder eine Art Ausgleich oder Schutz herzustellen.

Dabei verändern sich diese Bedingungen laufend. Wie sich alles in der Natur, auch unser Körper, ständig verändert, was mit Leben gefüllt ist. Damit lässt sich auch für negativen Stress kein echter Wert festmachen, der besagt, was gesund und was nicht gesund ist. Du fühlst für dich eine flexible Mitte, um die das Auf und Ab des Lebens kreist. Mal mehr in die eine, mal mehr in die andere Richtung. Was das für dich individuell bedeutet, weißt nur du. Der Normalzustand ist, dass unser System mit der passenden Chemie hochgefahren wird und wieder runterfährt, wenn der Job erledigt ist. Bedenklich wird es, wenn wir an der einen oder anderen Stelle im Dauerbetrieb laufen. Denn dann stimmt irgendwann der Energie- und Informationsfluss in unserem System nicht mehr.

Was wir infolgedessen als psychische oder körperliche Störung wahrnehmen ist dann lediglich ein deutliches Signal des Körpers, dass er Veränderungen eingeleitet hat, um sich den Umständen anzupassen.

Der Maßstab für dein Stressempfinden sind du und dein Körper. Er ist dein bester Buddy. Auch wenn wir das manchmal nicht einsehen wollen. Ganz einfach ausgedrückt: Wenn dein Körper dich beispielsweise mit Burn-out endgültig flachlegt und eines Morgens nicht mehr aufstehen will, dann folgt er letztendlich seinem Beschützerinstinkt. Herzinfarkt oder Schlaganfall wären deutlich schlimmer. Also besser, er nimmt dich schon vorher aus dem Spiel.

Die passende Chemie an Bord

Gemeinsam mit dem limbischen System in unserem Gehirn *(s. Abbildung 2: Gehirn)* sorgt die Stressreaktion für die Ausschüttung der passenden Chemie. Die Botenstoffe tragen, je nach Situation, die passende Information in unserem System weiter. Hier die wichtigsten »Cocktails« kurz im Überblick:

Mit **Adrenalin** macht es uns ein und derselbe Botenstoff einerseits möglich, bei einer Bedrohung schnell zu flüchten. Auf der anderen Seite sorgt er dafür, dass wir freudig erregt und alle Muskeln angespannt und für den Kampf bereit sind, wenn wir beispielsweise auf einen Marathon hin trainieren und endlich am Startplatz stehen.

Oder **Cortisol**: Es arbeitet in erster Linie mit Adrenalin zusammen und mobilisiert unsere Energiereserven, um die Konzentration und Leistungsfähigkeit zu erhöhen. Damit werden wir mit Belastungen besser fertig. Im gleichen Atemzug dämpft es unser Immunsystem, um beispielsweise Entzündungsreaktionen zu hemmen. Das kann je nach Zusammenhang und Dauer positiv wie negativ sein. Oftmals kann das auch einer der Gründe sein, warum Menschen häufiger mal im Urlaub krank werden. Der Stresspegel sinkt und der Körper kann sich erholen. Die Cortisolwerte sinken in diesem Zusammenhang ebenfalls.

Eine weitere große Rolle spielt es für unseren Schlaf. Abends sinkt der Cortisolspiegel. **Melatonin** wird ausgeschüttet, wir werden müde. Morgens erreicht der Cortisolspiegel seinen Höhepunkt, die Melatoninproduktion wird gestoppt. Der Tag wartet auf uns! Raus aus den Federn! Ist der Cortisolspiegel in langen Stressphasen zu hoch, kann es leicht passieren, dass du mit Schlafschwierigkeiten zu kämpfen hast.

Dopamin ist der Stoff, aus dem die Belohnung gemacht ist, der uns in Bewegung bringt und motiviert. Man nennt es auch das »Glückshormon«. Wenn wir etwas Erfreuliches erleben oder eine Belohnung erwarten, dann wird es freigesetzt. Es verstärkt unsere Emotionen. Das ist dann übrigens auch der Stoff, mit dem die ganze Marketingbranche spielt.

Oxytocin wird auch gern als »Kuschelhormon« bezeichnet und fördert unser Bedürfnis nach Nähe und Geborgenheit. Es unterstützt fürsorgliches Verhalten und die Bindung mit unseren Liebsten. Umarmungen, Berührungen führen zur Freisetzung und helfen, soziale Bindungen, Vertrauen und Intimität zu schaffen. Oxytocin wird mit Fürsorge, Empathie und emotionaler Unterstützung in Verbindung gebracht. Es kann Stress im Körper reduzieren, indem es das Stresshormon Cortisol hemmt. Zudem kann es beruhigend und entspannend wirken.

> **ERKENNTNIS 9:**
>
> Stress ist nicht gut oder schlecht. Die Dosis macht das Gift. Es gilt deine individuelle Mischung zu finden, die dir genug Anspannung verschafft, um Herausforderungen zu bewältigen, und die passende Entspannung liefert, um wieder aufzutanken.

Bordcheck 5 – Anti-Stress Shortcut

Anspannung und Entspannung: Wenn du das Gefühl hast, im Alltag oft überfordert zu sein (psychisch und körperlich), ist das der »negative« Stress, den wir oft einfach nur loswerden wollen. Dieser führt also dazu, dass sich die Sauerstoffzufuhr verändert, dass wir gerne mal den Fight and Flight anschalten, ohne uns dessen so richtig bewusst zu sein. Das Gehirn funktioniert irgendwann auch nicht mehr richtig gut, weil der Körper ja schon auf *Laufen und Kämpfen* umschaltet. Cortisol steigt an, klaut uns dann auch noch die Nächte. Ein Teufelskreis.

Lass uns deshalb kurz mal durchatmen. Ich nehme an, beim Wort Bordcheck bist du ohnehin schon auf deinen »Glücksplatz« gewandert. Wunderbar! Dann mach es dir jetzt mal bequem und lass uns ein paar tiefe Atemzüge nehmen. Nicht einfach nur irgendwelche, sondern solche, die in der Sprache deines Körpers bedeuten: »Relax, wir sind safe, keine Untiere weit und breit.«

Hierfür sprechen wir den Vagusnerv an. Er ist einer der Anführer in unserem Nervensystem, wenn es um Ruhe und Erholung geht. So hat er eine zentrale Rolle bei der Regulierung von Herzschlag, Atmung, Verdauung und Stoffwechsel. Einfach ausgedrückt: Wenn wir eine Bedrohung wahrnehmen, verteilt er die Aufgaben, sodass wir uns auf die Bewältigung der Gefahr konzentrieren können, und wenn die Notsituation vorbei ist, verteilt er sie wieder um, so dass wir uns erholen und regenerieren können.

Genau diesen Nerv können wir mit bewussten Atemzügen immer und überall ansprechen und damit das Signal in den Körper schicken: »Wir sind safe.« Damit wird Entspannung und Erholung eingeleitet.

Sorge dafür, dass du die nächsten fünf Minuten ungestört bist. Du findest diese Übung übrigens auch von mir gesprochen im Download-Portal, falls du gern damit arbeiten möchtest. Dazu empfehle ich dir dein Handy und Kopfhörer.

Gluecklichsein.ebrandhofer.de

1. Mach es dir bequem, du kannst gern sitzen oder liegen, wie es sich für dich gerade gut anfühlt. Lies dir den Verlauf der Übung durch.

2. Schließe bitte jetzt deine Augen und lass deine Aufmerksamkeit langsam von der Außenwelt in die Innenwelt wandern.

3. Lege eine oder beide Hände auf dein Herz. Damit fällt es manchmal leichter, den Weg in die Innenwelt zu finden. Atme einfach noch ein paar Atemzüge ruhig weiter, ganz im Rhythmus, in dem du gerade bist.

4. Atme nun etwas länger aus, als du einatmest. Das versteht der Vagusnerv als Signal für »safe«.

Atme jetzt ca. fünf Sekunden ein, acht Sekunden aus

Du findest irgendwann deinen eigenen Rhythmus. Nur damit du für den Anfang einen Richtwert hast. Du kannst dabei beim Einatmen den Bauch bewusst wie einen Luftballon füllen und beim Ausatmen wieder ganz leer machen.

5. Wiederhole diese Atmung für einige Minuten, bis du die beruhigende Wirkung spürst.

Du kannst diese Übung immer dann ausführen, wenn du dich unruhig fühlst, gestresst oder ängstlich bist. Aber auch in Momenten, in denen du eine extra Portion Konzentration brauchst oder immer wieder den Fokus verlierst und abgelenkt bist. Du investierst fünf Minuten deiner Zeit, die deinem Körper beruhigende Signale senden. Und schon steht wieder Kraft und Lebensenergie zur Verfügung!

Noch besser ist übrigens, wenn du diese Übung nicht nur als Akuthilfe nutzt, sondern sie sogar regelmäßig machst.
 Einmal pro Tag ist wunderbar. Zweimal super. Dreimal perfekt. Gute Zeiten sind morgens noch im Bett, mittags nach dem Essen, abends vor dem Einschlafen. Das wären insgesamt 15 Minuten pro Tag.

Der Social-Media-Atlas 2023 zeigt, dass die Altersgruppe der 40- bis 49-Jährigen pro Woche ca. 22,7 Stunden auf Social Media Plattformen verbringt. Das sind im Durchschnitt knapp dreieinhalb Stunden pro Tag! Mag sein, du gehörst zu den Menschen, die damit sehr viel sparsamer umgehen oder einen Teil der Zeit für berufliche Zwecke nutzen. Was hältst du davon, wenn wir uns ein paar Minuten aus der Welt von Instagram, YouTube, LinkedIn & Co. in unser Leben hier vor Ort zurückholen?
 Du kannst deine Atemübung überall dort ausführen, wo du das Gefühl hast, ungestört zu sein. Zur Not parke dein Auto sicher und atme einige Minuten. Oder wenn du allein im Büro bist, kannst du kurz die Augen schließen, atmen, fertig. Falls du zu Hause ständig von Kind, Hund, Katze, Maus umgeben bist, mag am Anfang auch mal das Bad ein schneller Rückzugsort sein. Oder das Schlafzimmer.

Vielleicht möchtest du ein Türschild basteln: „Ich atme." Deine Kinder können dabei prima mithelfen.

Je mehr du das Ritual in der Familie und auch mit Kollegen und Mitarbeitern vorlebst, desto selbstverständlicher wird diese regelmäßige »Me-Time« für alle. Denn die Veränderungen werden bald spürbar werden. Deine paar Minuten für dich, zeigen so viel mehr Wirkung als die fünf Minuten, die du dich kurz aus dem Spiel nimmst. Irgendwann macht dein Umfeld vielleicht sogar mit.

Wie gesagt, ich habe meinen Glücksplatz auf einem Schaffell mitten im Wohnzimmer. Alle bei uns zu Hause respektieren die Regel, wenn sie mich dort mit geschlossenen Augen sitzen sehen: »Nicht ansprechen.« Alles andere ist für mich total okay. Mal läuft die Kaffeemaschine oder sie unterhalten sich oder lachen, alles auf Abstand und in angemessener Lautstärke. Ich bin in meiner Welt. Wenn also nicht gerade ein Teller zu Boden fällt, bleibe ich dort auch. Wir sprechen schließlich nur von ein paar Minuten.

Vielleicht haben deine Kinder auch Lust, dabei zu sein. Atmen finden sie meist lustig. Bei Teenagern kann das beispielsweise gut vor Prüfungen klappen. Der Partner mag das Ritual mitmachen oder nicht. Du führst es für dich ein.

Probiere es aus! Schaffe dir das erste positive Alltagsritual! Du weißt ja, dein Gehirn liebt Rituale!
Negativer Stress wird immer wieder mal in den verschiedensten Verkleidungen auftauchen. Statt den Reaktionen deines Körpers ausgeliefert zu sein, hast du mit der Atemübung ein echt wirksames Mittel, um über deinen Geist bewusst mitzuhelfen, dich zu entspannen. Zudem lenkst du den Fokus und damit deinen Energiefluss dorthin, wo du ihn haben willst. Du fütterst deine Kraft, statt den Stress.

»Energy flows,
where focus goes.«

Gary Zukav

KAPITEL 6

Routenplaner zur Lebensfreude

Mit dem Auftrag, die Aufmerksamkeit darauf zu legen, was du haben willst, statt auf das, was du nicht haben willst, reisen wir jetzt auf dem direkten Weg weiter in die Lebensfreude! Die Positive Psychologie hat sich der Aufgabe verschrieben, zu erforschen, was das Leben lebenswert macht, und zudem Tools für Wohlbefinden und Aufblühen[15] zu entwickeln. Genau diese Vorarbeit nutzen wir jetzt!

Kannst du dich noch an den Keks erinnern, den meine Klientin weglassen wollte? Der dann vielleicht noch durch diesen Reiskeks ersetzt werden sollte? Für kurze Zeit kann das gut eine Lösung sein. Wenn es um das Problem mit ihrem Gewicht geht, ist der Keks aber nur ein kleines Symptom, das behandelt wird. Langfristig sind die Chancen eher groß, dass sie wieder auf ihre Kekse zurückfallen wird. Dann ist der Frust umso größer. Deshalb geht es uns in den nächsten Kapiteln nicht darum, nur Symptome von Stress, Angst und anderen Alltagssorgen schnell mit dem passenden kosmetischen Pflaster zu behandeln. Sondern wir wollen kennenlernen und üben, was das Niveau deiner Lebensfreude nachhaltig anhebt. Mit Nachdruck möchte ich an dieser Stelle noch mal erinnern: Wenn du dir in den Finger geschnitten hast und verletzt bist, ist das Pflaster eine absolut sinnvolle Option! Wenn du allerdings nicht dauerhaft damit beschäftigt sein willst, zu sehen, wo es gerade wieder ein neues Pflaster braucht, dann ist es sinnvoll zu lernen, wie man mit dem Messer umgeht. Der Meisterkoch legt sogar noch eins drauf. Er besitzt ein ganzes Set an Messern, die er verschieden nutzt, um damit die feinsten Gerichte zu zaubern!

Für unser Rezept der Lebensfreude hat die Wissenschaft die folgenden sechs Kernelemente identifiziert: positive Emotionen, Engagement, positive Beziehungen, Sinn, Erfolge und Vitalität. Sie alle leisten gemeinsam, natürlich in deiner ganz persönlichen Mischung, ihren Beitrag zu unserem Wohlbefinden. Gebündelt wurden sie alle unter dem Begriff: PERMA-V Modell.

PERMA-V:
Wohlbefinden im Überblick

Positive Gefühle *(Positive Emotions)*: Wir konzentrieren uns auf die schönen Seiten des Lebens, indem wir die Aufmerksamkeit auf die guten Dinge in unserem Leben lenken und mehr von dem tun, was uns Freude bereitet. Wir fördern die Fähigkeit, positive Gefühle zu erleben und unsere Zeit mit positiven Erlebnissen zu füllen.

Engagement *(Engagement)*: Wir erkennen und leben unsere Stärken. Vermehrt gehen wir in Aktivitäten auf, die uns sowohl herausfordern als auch Freude machen. In *Flow-Zuständen* können wir im Moment aufgehen und auf unser Potenzial zugreifen.

Beziehungen *(Relationships)*: Die Qualität unserer Beziehungen beeinflusst unser Wohlbefinden maßgeblich. Wir bauen enge Bindungen in unserem Umfeld auf und fördern unser individuelles und gemeinschaftliches Wachstum.

Sinn *(Meaning):* Wir leisten einen Beitrag zu einem größeren Ganzen, das uns über uns selbst hinauswachsen lässt. Dabei können wir unsere besten Seiten einbringen und unser Potenzial für die Gemeinschaft zur Verfügung stellen (Bsp. Religion, Beruf, Familie, soziale Projekte uvm.).

Erfolg *(Accomplishment):* Glück bedeutet auch, für Probleme aus eigener Kraft Lösungen zu finden. Wir brauchen Herausforderungen und Erfolge. Das Erreichen von Zielen fördert unser Wohlbefinden.

Dabei spielt das Gefühl von Erfolg und Kompetenz eine wichtige Rolle.

Vitalität *(Vitality)*: Hierbei geht es hauptsächlich um das körperliche Gefühl von Lebendigkeit. Die Lebenskraft bzw. Energie ist ein wesentlicher Faktor unseres Wohlbefindens und hat einen erheblichen Einfluss auf alle anderen Elemente. Im traditionellen Konzept (damals PERMA) war dieser Aspekt noch nicht explizit aufgeführt und wurde oft vernachlässigt. Da Geist, Körper und Gehirn eng miteinander verbunden sind und sich gegenseitig beeinflussen, ist die Vitalität entscheidend für ein glückliches und erfülltes Leben. Deshalb wurde sie inzwischen in das Modell integriert.

SO BLÜHST DU AUF

POSITIVE EMOTIONEN
Freude, Motivation, Bessere
Lösungen, Ressourcen,
stärkt die Widerstandskraft

ENGAGEMENT
Flow-Zustände, Stärken,
High-Performance,
Energie

VITALITY
Lebenskraft,
Energieverwaltung,
Aktivität, Entspannung

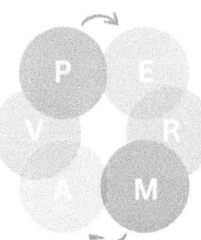

POSITIVE BEZIEHUNGEN
Gemeinschaft, stärkt
Wohlbefinden, erweitert
Aktionsradius

ACCOMPLISHMENT
Ziele, Erfolge,
Wachstumspotenzial
Persönlichkeit

SINN
Engagement für etwas
größer als wir selbst,
schenkt Energie

Navigation – Dein persönliches Projekt

An diesem Punkt haben wir einen Großteil des Hintergrundwissens, das es für unsere Mission braucht, eingesammelt. Jetzt bist du richtig gut vorbereitet, um in Phase zwei zu springen und festzulegen, wo du am Ende dieser Reise landen möchtest. Zeit, die *Mission: Glücklich sein* mit deinem persönlichen Projekt in die nächste Etappe zu begleiten!

Lass dich hierzu gern wieder an deinem »Glücksplatz« nieder und nimm dir einige Minuten Zeit für dich. Wenn du magst, kannst du vor der Übung noch einige Minuten gern ein paar tiefe Atemzüge nehmen. Dein System fühlt sich sicher und die Chancen, Antworten zu erhalten, die wirklich aus deinem Herzen kommen, steigen. Gern kannst du die Übung hier machen oder dich von mir durch eine kurze Trance leiten lassen, die ich für dich eingesprochen habe. Du findest sie auf dem Download-Portal.

Gluecklichsein.ebrandhofer.de

1. Was ist dein Projekt/Vorhaben, dem du am Ende dieses Buches ein ganzes Stück nähergekommen sein möchtest? Schließe die Augen und stelle dir das Endergebnis vor.

Notiere dein Vorhaben in der Gegenwart. So oder ähnlich könnte dein Satz lauten:
»*Ich erlebe meinen Alltag entspannt.*«
»*Ich habe mein Business xy gestartet.*«
»*Ich passe wieder in mein Lieblingskleid.*«
»*Wir haben die Meisterschaft gewonnen!*«

Tipp: Denke dabei an dein Vorhaben, wie es bereits realisiert ist. Es geht nicht darum, was du brauchst oder noch nicht hast und ob du es für möglich hältst. Sondern leg jetzt ganz klar fest, was du willst.

2. Halte dein Projekt vor deinem geistigen Auge und suche dir dafür intuitiv ein Bild aus, das dazu passt! Entweder du hast schon etwas Passendes zu Hause (z.B. eine Postkarte) oder du nutzt die Bilddatenbank *Pixabay*. Du gibst einfach ein Schlagwort ein und wählst ein Bild, das für dich passt. Der Download ist kostenfrei. Du kannst das Bild auf einem deiner Geräte speichern, oder, was ich noch besser finde, du druckst es aus und packst es zu deinen Notizen in dein Büchlein. Für die Kunstbegabten gilt: Du kannst natürlich auch ein Symbol oder Bild zeichnen!

3. Schließe jetzt für einen kurzen Moment die Augen und stelle dir vor, dein Vorhaben ist schon umgesetzt. Angenommen, ihr habt diese Meisterschaft gewonnen und du bekommst den Pokal in die Hand gedrückt. Genau jetzt ist der Moment, wo du ihn entgegennimmst und voller Stolz in die Luft hältst.
Wo bist du?
Was nimmst du wahr?
Wie fühlt sich das an?
Was hörst du?
Was siehst du?
Was riechst du?
Was schmeckst du?

Lass die ganze Welt dieses Augenblicks (das ist nur eine Sekunden-Sequenz!) durch dein System laufen und genieße deinen Erfolg. Nimm wahr, wie sich das umgesetzte Projekt in diesem einen Moment, in dem du realisierst, dass es geschafft ist, anfühlt.

Genieße es mit allen Sinnen, die sich melden, und dann mache dir Notizen und finde ein Motto/eine Überschrift dazu. Manchmal kommt einem sofort ein Song in den Kopf oder ein Zitat oder auch nur ein paar Stichworte. Was auch immer es für dich ist, schreibe es auf, ohne viel darüber nachzudenken.

So könnte das aussehen:
Projekt: 2024 haben wir die Meisterschaft gewonnen!
Motto: We Are the Champions
Bild: Pokal
Song: Queen – We Are the Champions

4. Am Ende dieser Übung hast du ein konkretes Projekt, ein Motto, ein Bild und vielleicht auch einen Song.

Hast du alles? Perfekt! Mehr brauchen wir nicht! Lass es wirken und freue dich! Der Rest entwickelt sich mit der Zugabe der Zutaten!

KAPITEL 7

Positive Emotionen

Dass positive Gefühle mehr Spaß machen als negative, dafür braucht wahrscheinlich niemand von uns eine wissenschaftliche Bestätigung. Doch Barbara Fredrickson, Professorin für Psychologie und Neurowissenschaften an der University of North Carolina, hat die Positive Psychologie mit ihren richtungsweisenden Forschungsarbeiten maßgeblich beeinflusst. Durch ihre Forschungen konnte sie beispielsweise zeigen, dass positive Gefühle bewusst erzeugt werden können und damit das Leben in eine »Aufwärtsspirale« gelenkt werden kann. So konnten etwa Versuchspersonen, die an einem Meditationskurs teilnahmen, nicht nur über eine Zunahme an positiven Gefühlen berichten, sondern auch dauerhaft neue Ressourcen aufbauen. Zudem zeigten ihre Forschungen, dass positive Gefühle Problemlösungsfähigkeit verbessern.[16]

> »Positive Emotionen verändern nicht deine Gedanken, sie erweitern den Raum der Möglichkeiten.«
>
> Barbara Fredrickson

In Zeiten des Säbelzahntigers war die Welt bekanntlich nicht so kuschelig, dass man in der Wiese liegen und gemütlich die Gänseblümchen zählen konnte. Die Menschen waren zu der Zeit, als sich unsere Spezies entwickelte, eher mit dem Überleben beschäftigt. Wer sich doch lieber die Sonne auf den Bauch scheinen ließ, überlebte das meist nicht lange. Daher sind wir im Katastrophendenken, wie es Martin Seligman nennt, weitaus besser geübt, als uns mit der Erinnerung an

gute Ereignisse zu beschäftigen. Natürlich macht es ab und an Sinn, die Fehlerketten zu analysieren. Doch verbringen die meisten von uns damit deutlich mehr Lebenszeit, als gesund ist. Ängste und Depressionen sind Folgen einer solchen Gedankenausrichtung. Das ist der Mechanismus, den unser Gehirn als Überlebensradar nutzt.

Die große Bedeutung in Barbara Fredricksons Forschungsergebnissen steckt darin, dass sie bestätigen, dass es uns allen möglich ist, eine positive Lebenseinstellung aufzubauen und unsere emotionale Verfassung zu beeinflussen. Dabei geht es nicht darum, sich einfach nur mit »positivem Denken« negative Ereignisse schönzureden. Vielmehr handelt es sich um die bewusste Entscheidung, auf seine Gefühlswelt Einfluss zu nehmen. Auf diese Weise können wir auch in schwierigen, leidvollen Situationen empfänglicher für gute Lösungen werden. Dabei kannst du dir vorstellen, du könntest die Regler wie bei einem Radio bedienen. Du entscheidest dich ganz bewusst dazu, immer wieder die Frequenz eines bestimmten Senders zu wählen, der Musik spielt, die dir so richtig gut ins Ohr geht und deine Laune hebt.

In ihrer »Broaden-and-Build-Theorie«[17] beschäftigte sich Fredrickson eingehend damit, welchen Nutzen uns die positiven Emotionen bringen und wie sie sich zu negativen abgrenzen. Denn beide haben sich in der Evolution als nützlich zur Erhaltung unserer Art erwiesen.

So lässt sich im Allgemeinen beobachten, dass negative Emotionen unsere Denk- und Handlungsoptionen stark einschränken. Sie verengen den Blickwinkel. Sowohl der Körper als auch unser Geist machen sich enger und lassen uns passiver werden (mit Ausnahme der akuten Wut). Der Körper zeigt uns in seiner Sprache, wie diese Gefühlswelt auf ihn wirkt. Beispielsweise kann Scham dafür sorgen, dass wir den

Augenkontakt meiden. Bei Trauer lassen wir den Kopf hängen. Wenn wir Angst haben, ducken wir uns weg. Oder wir machen uns sprichwörtlich klein. Die Atmung wird flach. Die Gefäße verengen sich. Der Druck im System wird größer. Das kann dazu führen, dass sich unsere Brust eng anfühlt oder die Hände zittern, der Magen sich zusammenzieht und unser Kopf schmerzt. Du kennst diese Systematik aus dem Stresskapitel.

Wohingegen positive Emotionen den Horizont körperlich wie geistig erweitern und größere Spielräume eröffnen. Auch hier einige Beispiele für die Körpersprache. Freude lässt uns die Arme weit ausbreiten. Staunen lässt unsere Augen leuchten. In Dankbarkeit wird uns warm ums Herz. Wir genießen das soziale Miteinander. Unsere Botenstoffe senden freudige Signale. Die Kreativität steigt. Der Atem hat freie Bahn, um den Sauerstoff zu transportieren. Dadurch läuft das Blut wieder frei durch Herz und Gehirn. Die Herzfrequenz wird langsamer. Der Blutdruck sinkt. Wir sind entspannter und zeitgleich gesünder! Alles in uns macht sich weiter und wir werden aktiver. Wir fühlen uns sicher und das führt dazu, dass wir unser Potenzial viel besser ausschöpfen können.

Das bedeutet allerdings noch immer nicht, dass wir die negativen Emotionen einfach verbannen sollen, denn wir brauchen alle Erfahrungen, um aus dem Kontrast heraus wieder ins Wachstum zu kommen. Das ist unser Klima. Alle Emotionen auf dem Kontinuum sind ein Teil von uns: Ein trauriges Ereignis, wenn ein Haustier geht, der Ärger über etwas, was nicht geklappt hat, oder der Ekel vor einem Brot, das gestern noch gut war und heute schimmelig ist, bleibt. All dies gehört zu unserer ganz natürlichen emotionalen Bandbreite. Die Menge macht das Gift. Das passende Verhältnis lässt die Natur gedeihen.

Die Mischung machts

Du fragst dich jetzt vielleicht, was eine Orientierung für das »richtige« Verhältnis sein könnte. Auf eine Art Leitlinie kam Fredrickson in Zusammenarbeit mit ihrem Kollegen Marcia Losada. Dieser hatte zuvor jahrelang die Eigenschaften leistungsstarker Teams im Business erforscht, um vermeintlich schwachen Teams zu mehr Erfolg zu verhelfen. Dabei entwickelte er mathematische Gleichungen, um die Stimmung verschiedener Teams festzuhalten. Die schwächsten Teams erzielten kaum Gewinne, hatten ein schlechtes Klima und keine guten Beziehungen zu Kunden, Vorgesetzten, Mitarbeitern und Kollegen. Sie zeichneten sich dadurch aus, dass sie kaum Fragen stellten und sich gegenseitig nicht gut zuhörten. Zudem verhielten sie sich kritisch gegenüber anderen Positionen und hatten wenig Interesse füreinander. Die leistungsstarken Teams wiesen besonders gute Fähigkeiten auf in der Art, wie sie miteinander kommunizierten und zusammenarbeiteten. Sie waren offen, teilten Ideen, stellten Fragen und engagierten sich für die jeweiligen Standpunkte. Dabei zeigten sie Aufmerksamkeit für sich und die Welt der anderen. So konnten sie hohe Gewinne erzielen und pflegten gute Beziehungen zu Kunden, Vorgesetzten, Kollegen und Mitarbeitern. Während sowohl die Schwachen als auch die Mittelleistungsstarken bei hohen Anforderungen versagten, standen die Leistungsstärksten immer wieder auf. Sie stellten weiterhin Fragen, entwickelten neue Ideen und schwangen sich im Aufwind empor. Nach penibler Aufzeichnung aller Einzelergebnisse auf verschiedenen Ebenen errechnete Losada einen positiven Quotienten von drei zu eins (positiven zu negativen Emotionen). Diesen legte er als Richtschnur für eine gute Stimmung im Team, Erfolg und eine gesunde Widerstandskraft (Resilienz) fest.

Eine weitere Kennzahl entdeckte Fredrickson in der Arbeit von John Gottman, einem der weltweit führenden Experten auf dem Gebiet der Eheforschung. Dieser hatte für seine Forschungsarbeiten Eheleute in sein »Wohnzimmer-Labor« eingeladen, um sie in einer natürlichen Umgebung dabei zu beobachten, wie sie über alltägliche Themen und Probleme kommunizierten und Konflikte lösten.[18] Nach der Untersuchung hielt er mit den Paaren weiterhin Kontakt und erfuhr, welche Ehen glücklich waren oder zerbrachen. Seine Daten zeigten einen positiven Quotienten von fünf zu eins. Wohingegen die gescheiterten oder stagnierenden Ehen meist niedriger als eins zu eins lagen. Im Verlauf der Studie konnte Gottman den Erfolg einer Ehe schon während der ersten fünf Minuten des Gesprächs mit einer Genauigkeit von über 90 Prozent voraussagen. Paare mit einem hohen Quotienten unterstützten sich, waren in der Lage, Konflikte konstruktiv zu lösen und beeinflussten sich positiv. Sie respektierten und schätzten sich gegenseitig. Wohingegen Paare mit einem negativen oder niedrigen Quotienten sich häufig kritisierten und eine eher verachtende Wortwahl fanden. Zudem waren sie verschlossen und geneigt, den Partner zu kontrollieren.

Den höchsten Quotienten erarbeitete die Psychologin Sonja Lyubomirsky in ihrer Studie mit sieben zu eins. Sie stellte fest, dass Menschen, die sich auf positive Emotionen konzentrieren, ein glücklicheres und gesünderes Leben führen als jene, die sich auf negative Emotionen konzentrieren. Zudem bestätigte sie, dass Menschen, die eine positive Einstellung haben, erfolgreicher sind.[19]

Das war ein kleiner Auszug aus einer Reihe von Studien, die den Quotienten von positiven zu negativen Emotionen untersucht haben. Ich nehme diese Formeln ungefähr so genau wie ein Kuchenrezept.

Der eine mag etwas mehr Zucker, der andere etwas weniger. Eines haben die Studien gemeinsam: Alle deuten darauf hin, dass ein höherer positiver Quotient mit einer Reihe positiver Auswirkungen verbunden ist.

Für den Anfang könnte dir die 3:1-Formel einen guten Richtwert bieten. Auf ein negatives Ereignis schaffst du dir drei positive. Das bedeutet nicht gleich, dass du den ganzen Tag deinen Emotionen hinterherspionierst. Aber abends beispielsweise, wenn du schon im Bett liegst und vielleicht noch mal deinen Tag Revue passieren lässt, könntest du noch einen kurzen Blick auf deine Quote werfen und dich fragen: »Was war das für ein Tag? Wie gut ist mir meine positive Quote heute gelungen?« Indem du deine Scheinwerfer immer mehr auf die positiven Gefühle ausrichtest, wird sich auch mehr vom Guten zeigen. Erinnerst du dich noch an das rote VW-Bus-Phänomen? Je mehr du dich damit beschäftigst, desto mehr zeigt dir dein Gehirn. Genau diese geniale Eigenschaft machen wir uns zunutze!

> **ERKENNTNIS 10:**
>
> Ein Quotient von drei zu eins von positiven zu negativen Emotionen bietet einen guten Richtwert, um im Alltag auf deine Gefühlswelt Einfluss zu nehmen. Je mehr du deine positiven Gefühle im Alltag nährst, desto weiter schwingt die Spirale der Lebensfreude aufwärts. Je mehr du die negativen nährst, desto weiter führt dich der negative Stress abwärts.

Zehn positive Emotionen

Zehn positive Emotionen hat Barbara Fredrickson ausgewählt, die gezeigt haben, dass sie für eine positive Lebenseinstellung förderlich sind. Dabei ist das Gefühl an sich eine ganz persönliche Angelegenheit. Wie sich jedes ganz individuell für dich anfühlt, kannst nur du wissen. Da gibt es keine Standards. Und lasse dich auch nicht dazu hinreißen, deine Freude mit der von anderen Menschen zu vergleichen. Deine Gefühle sind deine Gefühle. Einzigartig, wie du es bist. Die Mission zum Glücklichsein beinhaltet daher auch, dass du dich auf dem Weg noch ein bisschen besser kennenlernst. Dazu biete ich dir gleich noch eine praktische Übung an.

Die folgenden Beschreibungen sind als Annäherung aus meiner Perspektive gedacht. Wenn du magst, mach nach jedem Gefühl ein wenig Pause und reflektiere, wie es sich für dich anfühlt. Dein Notizbüchlein ist wie immer ein willkommener Begleiter.

FREUDE

Stell dir vor, du verbringst einen Abend mit deinen Lieblingsmenschen. Du fühlst dich vertraut und sicher. Ein wundervoller Abend im Garten unter dem Sternenhimmel, ihr lacht. Die Stimmung ist ausgelassen, fröhlich. Die Welt fühlt sich leicht an. Oder du hörst einen Song, der in dir ganz wunderbare Seiten anklingen lässt. Du hast Lust zu tanzen. Erinnerst du dich an den Glücksschub? Genau! Hier kommt er. Es macht einfach Freude. Der Blick aus dem Fenster: Die Kirschblüten sind da! Einfach schön! Die Welt erscheint lichtvoll, leicht, bunt und du bist mittendrin.

DANKBARKEIT

Neulich habe ich im Supermarkt eine Frau wiedergesehen, die ich seit Kurzem von unserer Hundestrecke kenne. Irgendwie stimmt die Chemie und wenn wir uns begegnen, haben wir uns immer etwas zu erzählen und können spontan miteinander lachen. Während wir uns also im Supermarkt getroffen und von der Kasse bis zum Ausgang wieder herzerfrischend gelacht haben, drehte sie sich am Parkplatz schnell noch einmal um und sagte: »Weißt du, von hundert Hundebekanntschaften kann man mit maximal zehn was anfangen und hat richtig Spaß. Und du bist für mich eine von den zehn. Das wollte ich dir sagen!« Nicht nur, dass ich mich gefreut habe, weil ich das ähnlich empfinde. Sondern meine Hand ist sofort zu meinem Herz gewandert, weil ich gerührt war. Es kam überraschend und war wie ein kleines Geschenk.

Die Dankbarkeit ist leiser als die Freude. Sie lässt uns innen genießen und macht das Herz weit. Sie sorgt für ein Gefühl von Wertschätzung, macht ein warmes Gefühl in der Tiefe. Weit entfernt vom bloßen »Bitte-Danke«, das wir wohlerzogen einmal gelernt haben.

HEITERKEIT/ GELASSENHEIT

Das Gefühl der Heiterkeit oder der Gelassenheit überkommt mich oft, wenn ich morgens in unserem Haus aus dem Schlafzimmer die Treppen nach unten gehe und die Sonne durchs Haus scheint. Mein Blick schweift in den Garten. Alles ist saftig und grün. Die Rute unseres Hundes wedelt mir fröhlich entgegen und macht diese wunderbar vertrauten Klopfgeräusche. Ich gehe in meine Meditation, danach sitze ich noch eine Weile gemütlich mit meinem Notizbüchlein, genieße meinen Kaffee, der Hund gesellt sich zu mir. Meine Welt ist in Ordnung. Ich bin zufrieden, sicher, daheim. Dieser Augenblick könnte ewig so bleiben.

INTERESSE

Unser Interesse ist immer schnell geweckt, wenn wir in einer sicheren Umgebung von etwas inspiriert werden, das uns anstiftet, mehr zu erfahren. Bei mir sieht das in etwa so aus: Ich sitze an einem regnerischen Sonntagvormittag gemütlich zu Hause auf der Couch und surfe mal wieder so richtig genüsslich durch meine Social Media Timeline. Dabei stoße ich plötzlich auf ein interessantes Buch. Während gerade alles noch so gemütlich ist, weckt unvermittelt ein Stichwort oder ein Satz meine volle Aufmerksamkeit. Mein innerer Kolumbus ist wach und macht sich auf den Weg. Ich will mehr über das Thema erfahren. Schwups, das Buch ist schon heruntergeladen! Wenn es richtig gut ist, bin ich damit die nächsten drei Tage beschäftigt, habe unzählige Ideen gewonnen, jede Menge Notizen gemacht und freue mich wie ein kleines Kind mit seinem Lego-Turm.

HOFFNUNG

Das Leben läuft nicht immer nach unseren Vorstellungen. Meist erleben wir positive Emotionen in einem sicheren und zufriedenen Ambiente. Die Hoffnung bildet eine Ausnahme. Sie entsteht unter einem gewissen Maß an Leidensdruck, Leid oder auch in einer Krise. Die Situation, in der sie entsteht, bringt den Wunsch nach positiver Veränderung mit sich. Hoffnung ist das Gefühl, dass es gut werden wird. Nach dem Motto von Oscar Wilde: »Am Ende wird alles gut und wenn es noch nicht gut ist, dann ist es nicht das Ende.« Die Hoffnung stützt uns in schwierigen Situationen und sie lässt uns auf bessere Zeiten hoffen. Sie treibt uns an, unsere Kräfte zu bündeln und noch mal neue Ideen zu entwickeln, um Auswege zu finden. Es gibt keine wissenschaftlichen Beweise, doch ist es möglich, dass uns gerade die Hoffnung in sogenannte Synchronizitäten (zufällige glückliche

Ereignisse) führt. Wenn wir glauben, dass alles möglich ist, sind wir vielleicht eher offen für neue Möglichkeiten und Chancen.

STOLZ

Mein erster Fallschirmsprung. Als ich lande, hebt sich mein Arm von ganz allein mit geballter Faust in die Höhe und ich sprinte die Landewiese entlang. »Yessssss!!!« Ein Schrei, der vom Flugplatz mit Sicherheit noch einige Kilometer weit zu hören war! Ich hatte mich so lange darauf vorbereitet. Jetzt war es vollbracht! Ich war so was von stolz auf mich.

Stolz ist die Emotion, die entsteht, wenn wir ein Ziel erreicht haben und gerade so vor Selbstbewusstsein strotzen. Daher hat der Stolz auch den Ruf, dass er einem zu Kopf steigen kann, wenn er sich im Übermut so wichtig nimmt, dass er hochmütig wirkt. Doch im gesunden Maß ist er eine ganz besondere Kraft, die uns zu weiteren Leistungen anspornt. Vielleicht haben wir eine Prüfung bestanden, ein Projekt erfolgreich umgesetzt oder im Sport endlich die Marke geknackt, auf die wir so lange hin trainiert haben. Oder stell dir vor, du stehst vor dem Spiegel und dein Lieblingskleid passt endlich wieder! Yes! Reiskeks adé! Wir wollen unsere Geschichten teilen und vielleicht noch was Größeres schaffen, was weitergeben! Begleitet vom Gedanken »Wenn ich das kann, dann kann ich auch noch was anderes schaffen!« Ein machtvolles Gefühl, das dazu führen kann, in einer Gesellschaft wirklich wertvolle Dienste zu leisten.

Die ewig lähmenden Gegenspieler seien hier auch noch erwähnt: Ich nenne sie »die Gremlins von Schuld und Scham»[20], die einem statt Stolz das Gefühl geben, falsch zu sein oder etwas falsch gemacht zu haben. Sie sind die Saboteure von Leistungen, die zu Stolz führen.

VERGNÜGEN

Du stehst mit einer Freundin am Küchentresen. Beide noch etwas daneben von eurem Arbeitstag, nehmt ihr erst mal einen kleinen Begrüßungsdrink. Die Freundin setzt ihr Glas an und schüttet sich den Aperitif in den Ausschnitt statt in den Mund. Nicht beabsichtigt, aber komisch. Ein kleines, ungeplantes Missgeschick, bei dem niemand Schaden nimmt. Aber ihr könnt darüber herzhaft lachen. Das ist es, was die Emotion *Vergnügen* ausmacht: kleine überraschende »Fehler« im Alltag, über die man sich in Gemeinschaft anderer amüsiert. Ein Versprecher, eine Verwechslung, eine ungeplante Grimasse. Das Lachen bestätigt die Sicherheit und baut die Verbindung zum Gegenüber auf. Und gemeinsam lachen macht doppelt Spaß!

INSPIRATION

Ob Alltagshelden oder Ikonen der Geschichte, immer wieder gibt es Menschen, die uns in ihrer Art und Weise zu leben oder zu handeln inspirieren. Sie leisten große Verdienste für die Gesellschaft oder meistern schier Unmenschliches, um jemanden zu retten. Sie machen Musik, die einem die Seele berührt, oder vollbringen Höchstleistungen im Sport, an denen sich Millionen von Kindern ein Beispiel nehmen. In unserer Nachbarschaft pflegen sie geduldig Menschen, die sich nicht mehr selbst versorgen können. Sie sind Kollegen, die immer für andere da sind. Manch einer ist ein Lehrer, dem wir an den Lippen hängen, wenn er spricht. Ich könnte diese Liste unendlich fortsetzen und bin sicher, du ebenso. Diese Menschen inspirieren uns in ihrem Sein. Sie faszinieren uns. Manchmal sind sie sogar so inspirierend, dass sie uns den Mut und die Kraft geben, es ihnen gleichzutun. Sie spornen uns an, über uns hinauszuwachsen.

Auch bei dieser Emotion gibt es ein kleines »Aber!«. Der böse Bube, der mit negativen Gefühlen daherkommt, heißt Neid und Missgunst. Wir können auch neidisch auf die Verdienste anderer Menschen sein. Barbara Fredrickson weist uns in ihren Erkenntnissen zur Aufwärtsspirale deutlich darauf hin: Die Inspiration führt die Spirale aufwärts. Der Neid abwärts. Die Wahl liegt bei uns.

EHRFURCHT

Bei dieser Emotion springt mein Spiri-Herz! Staunen, Demut, feuchte Augen, ein bisschen von allem. Kennst du das? Du sitzt in einer klaren Nacht unter dem Sternenhimmel. Um dich, über dir Millionen von kleinen Lichtlein und du Teil dieser magischen Welt. Alles in dir staunt: »Wow!« Oder kürzlich: Wir fuhren nach Südtirol und ich hatte die Möglichkeit, einfach Beifahrerin zu sein und in die Welt zu sehen. Ein strahlender Tag, die Dolomiten erhoben sich vor meinen Augen. Und ich mittendrin in dieser wunderbaren Schöpfung. Manchmal ertappe ich mich noch dabei, wie ich kindlich bewegt frage: »Wer bittschön hat etwas so Wundervolles hier einfach hingestellt?« Ein anderes Mal bin ich gerade auf der Gassistrecke, als sich direkt vor dem Feld ein riesengroßer klarer Regenbogen auftut. Oder du gehst zu einem Fußballspiel und stehst im Stadion des FC Bayern (natürlich, ich bin Münchnerin!) mit Tausenden von Fans. Die Hütte ist voll, die Stimmung gigantisch! 70.000 Zuschauer, die »Stern des Südens« singen (*der FC-Bayern-Song*).

Die Ehrfurcht ist nicht einfach nur ein positives Gefühl. Sie verbindet uns mit dem Leben, mit unserer Schöpfung, in der wir uns als Teil des großen Ganzen wahrnehmen. So kann sie uns im Negativen auch in Furcht erstarren lassen, wenn die Natur uns beispielsweise eine Katastrophe schickt.

LIEBE & VERBUNDENHEIT

Die Liebe ist nicht nur ein einziges Gefühl, sondern sie verbindet alle anderen neun Emotionen in sich. Wenn wir uns in einer menschlichen Bindung sicher fühlen, können sich in den verschiedenen Stadien der Verbindung alle anderen positiven Emotionen zeigen. Dabei geht es übrigens nicht nur um romantische Paarbeziehungen. Ich nehme beispielsweise meine liebste Jugendfreundin. Noch heute haben wir gemeinsam unglaublich viele Momente der Freude, wenn wir miteinander sind. Dann gibt es die Augenblicke der tiefen Dankbarkeit. Einmal hatte ich so hoch Fieber, dass ich nicht aus dem Bett gekommen bin. Meine Freundin brachte mir spontan eine Suppe, um mich wieder aufzupäppeln. Ich war tief berührt. Es gab Zeiten, die wir zusammen verbracht haben, in denen uns unsere Hoffnungen und Träume zusammenschweißten. Immer wieder haben wir uns gegenseitig inspiriert in dem, was die eine oder andere geleistet oder geschafft hatte. Beispielsweise hat meine Freundin vor zwei Jahren ihren jahrelang gehegten Traum wahr gemacht, einen eigenen Laden zu eröffnen und aus ihrem Bürojob auszusteigen. Ich feiere sie für ihren Mut und freue mich über ihren Erfolg. Alle diese Momente bezeichne ich gut und gerne als Liebe. Sie verbindet uns und gemeinsam sind wir größer als ich allein. *Kleine Randbemerkung: Wenn sich eine von uns den oben genannten Prosecco in den Ausschnitt schüttet, hörst du das Lachen bei dir zu Hause. Ganz sicher!*

Außerdem macht die Liebe uns mit ihrer Chemie ganz wunderbare Hormone, die uns Bindung, Intimität und Vertrauen zu anderen Lebewesen ermöglichen. Die Liebe ist das Gefühl, das uns in all seinen verschiedenen Formen wellenartig überkommt und unsere Verbindungen nachhaltig prägt.

Der Schmetterlingseffekt

Positive Gefühle sind wie der Flügelschlag eines Schmetterlings. Der Flügelschlag ist vermeintlich nur eine winzig kleine Bewegung in einem komplexen System. Doch eine kleine Abweichung in den ursprünglichen Bedingungen kann große Veränderungen bewirken. Natürlich genügt es nicht, sich hinzusetzen und wie ein Schmetterling mit den Armen zu wedeln und zu sagen: »Hex, hex, ich fühle Freude!« Auch wenn das sicher ziemlich lustig aussieht. Die Absicht ist nur ein guter erster Schritt. Mit dem Hintergrundwissen haben wir jetzt zumindest die Voraussetzungen, die dich überhaupt auf die Idee bringen, die Quote deiner positiven Emotionen in deinem Leben zu erhöhen. Der nächste Step besteht darin, dein Verhalten darauf auszurichten, positive Gefühle zu erkennen, absichtlich zu suchen und immer mehr davon in deinen Alltag zu integrieren. Ich nenne das »das Licht anschalten.«

Stell dir eine Blume vor: Bei Nacht zieht sie sich zusammen und verschließt sich. Bei Licht öffnet sie ihre Blüte und zeigt sich in ihrer Pracht. Gleiches gilt für uns. Je mehr sich deine Grundeinstellung auf deine positiven Gefühle ausrichtet, desto mehr öffnest du dich *(du erinnerst dich, dein System ist in Sicherheit und öffnet sich)* und dein Horizont wird weiter *(Broaden-Effekt)*.

Wenn du allerdings kaum aus der Haustür bist und schon über die erste rote Ampel und all die Idioten auf der Straße schimpfst usw., dann bist du im Schließmechanismus, bzw. Stress *(dein System fühlt sich bedroht und verschließt sich)*. Du hast die Wahl, wie du deinen Tag und deine Zukunft gestaltest und gestalten lässt. Dazu kommen wir später noch mal.

Nachdem unser System nicht auf Positivität geeicht ist, brauchst du, wie wir alle, Übung darin, wie du deinen Fokus täglich ausrichtest. Und dann fallen dir die Momente auf, in denen du dich grinsend sagen hörst: »In letzter Zeit läuft es einfach!« In der Praxis sieht das manchmal bei mir so aus: Ich geh zum Einkaufen und unterhalte mich kurz mit der Ladenbesitzerin an der Brottheke. Dabei kommen wir auf unsere Hunde zu sprechen. Unverhofft hat sie zu einem bestimmten Thema einen Tipp für mich, den ich vorher gar nicht auf dem Schirm hatte. Daraus ergibt sich, dass ich für ein Problem eine Lösung gefunden habe, an einer Stelle, an der ich zuvor gar nicht auf die Idee gekommen wäre, zu suchen und so weiter und so fort ... Das passiert, wenn sich der Horizont aufmacht und dir neue Möglichkeiten präsentiert. Und das ist nur der Anfang der Geschichte. Nicht esoterisch. Nicht spooky. Wissenschaftlich fundiert.

Wie ein Stein, der in einen stillen See fällt. Die Wellen machen sich immer weiter und weiter auf. Man nennt das auch den »Ripple-Effekt«. Immer größer zieht das Wasser seine Kreise. Die gleichen Effekte produzieren unsere Gefühle (auch die negativen!). Du wirfst den Stein. Damit beeinflusst du deine positive Grundhaltung und nachhaltig die Welt in dir und um dich herum.

»Es heißt, dass etwas so Kleines wie der Flügelschlag eines Schmetterlings einen Taifun auf der halben Welt auslösen kann.«

Chaos Theorie

ERKENNTNIS 11:

Mit dem Fokus auf positive Emotionen produzieren wir wellenartige Effekte, die sich auf unsere Innen- und Außenwelt auswirken.

Boardcheck 6 – Mehr vom Guten sehen

Jetzt bekommen wir so richtig Fahrtwind. Ist dir aufgefallen, wie viel du seit Beginn dieses Buches schon für deine Lebensfreude getan hast? Du hast dir schon jetzt einen richtig guten Fundus an Background-Wissen erarbeitet. Das ist prima! Denn davon können wir jetzt immer mehr in die Praxis umsetzen. Wenn alles gut gegangen ist, dann hast du dir im letzten Kapitel für deine Atemübung ohnehin schon einige Minuten Zeit freigeschaufelt. Jetzt klauen wir uns bei Social Media noch mal ein paar und die möchte ich nutzen, um dir die wohl bekannteste und eine der für mich machtvollsten Übungen aus der Positiven Psychologie vorzustellen.

Gluecklichsein.ebrandhofer.de

Der positive Tagesrückblick

Du kennst dieses Werkzeug vielleicht auch unter dem Namen »Dankbarkeitstagebuch« oder »Journal«. Eine meiner Klientinnen nennt es mit ihrem wundervollen schwäbischen Akzent »Glücksbüchle«. Wie auch immer du es für dich bezeichnen magst. Du brauchst dazu dein kleines Büchlein, das du mittlerweile sicherlich angeschafft hast. Falls nicht, ist jetzt der Zeitpunkt, den Schreibwarenladen deines Vertrauens aufzusuchen und dir schnell dein persönliches Notizbuch zu besorgen. *Wir warten hier auf dich. Bis gleich!*

Ready? Dann lass uns jetzt ganz bewusst das Denken umdrehen und einen Kieselstein ins Wasser werfen! Der positive Tagesrückblick kann helfen, deine Stimmung zu verbessern und dein Wohlbefinden zu steigern. Dafür brauchts wie gesagt ein bisschen Übung. Aber du erinnerst dich: *Wie ich denke, so ich fühle, so ich handle, so ich erhalte.*

Nimm dir morgens oder abends fünf bis zehn Minuten Zeit, um über die Ereignisse nachzudenken, die heute oder gestern gut gelaufen sind. Notiere mindestens drei davon.

Such dir für diese Übung eine Tageszeit, die für dich gut passt. Bei mir hat dieses Ritual morgens seinen festen Platz. Jeden Morgen sitze ich nach meiner Meditation noch einige Minuten mit meiner Tasse Kaffee und lasse die schönen Momente des gestrigen Tages Revue passieren. Das ist für mich wie eine kleine Freudendusche. Für andere ist der Abend besser geeignet. Da bin ich schon zu müde, deshalb habe ich den Morgen gewählt. Sei spielerisch, probiere dich wieder ein bisschen aus und finde deine Zeit.

TIPPS FÜR DEINEN POSITIVEN TAGESRÜCKBLICK:

- **Nimm dir ein paar Minuten Zeit,** um dich zu entspannen. Nach deiner Atemübung wäre beispielsweise ein guter Zeitpunkt.
- **Denke an die Dinge, die in deinem Tag gut waren,** die dir gut gelungen sind. Erinnere dich an die Menschen, mit denen du besondere Verbindungen hattest, die Ideen, die dich beglückt haben, die Dinge, für die du dankbar bist.
- **Achte auf die kleinen Momente!** Es geht nicht um weltbewegende Dinge. Manchmal steht in meinem Büchlein: »Ich habe eine frische Tüte Kaffee geöffnet. Der hat wieder so unglaublich gut gerochen!« oder so was wie: »Oh die Kirschblüten sind wieder da!«
- **Schreib die Ereignisse in dein Büchlein.** Ich schreibe sie wie eine Art Tagebuch und erzähle sie mir. Das verstärkt den Effekt deutlich mehr als nur drei Stichworte. Die Geschichte wandert von meinen Gedanken und inneren Bildern noch mal direkt in meine Gefühlswelt. Das sorgt dafür, dass ich sie noch mal durchlebe. Damit beeinflusst sie maßgeblich, wie ich in meinen Tag starte oder für die Eulen unter euch, wie du in deine Träume startest. Wundervoll!
- **Je mehr der Tagesrückblick zu deiner Gewohnheit wird,** desto mehr wirst du feststellen, dass du die positiven Momente und ihre Effekte noch während du sie erlebst, bereits deutlicher wahrnimmst.

- **Mache die Übung konsequent über mindestens vier Wochen.** Halte sie einfach, aber bleib dran. Du wirst sehen, sie ist unglaublich machtvoll! In meinen Kursen ist das die Übung, die die Teilnehmer am meisten in ihren Effekten überrascht. Ein Kieselstein, den du in den See wirfst. Er zieht Kreis um Kreis.

- **Sei milde mit dir.** Es gibt Tage, da ist einem einfach nicht danach oder es hat einfach nicht geklappt, die Me-Time zu nehmen. So sieht die Realität, beispielsweise mit kleinen Kindern, eben manchmal aus. Dann auch noch mit der geistigen Peitsche hinter dir zu stehen, damit du die Übung machst, verfehlt den Zweck. Du könntest an solchen Tagen schreiben: »Gestern habe ich mir einen Tag für mich gegönnt und den ganzen Tag nur gemacht, was es jetzt gerade brauchte.« Vielleicht hilft dir die Fünf-von-sieben-Regel. Fünf Tage schreiben, zwei freinehmen. Dafür mindestens vier Wochen bei der Stange bleiben. Es lohnt sich! Versprochen!

- **Extra-Tipp:** Ich habe mein Büchlein immer im Urlaub mit dabei! Während meine Familie meist noch schläft, sitze ich bereits am Strand oder wo auch immer ich einen schönen »Glücksplatz« gefunden habe und genieße mit dem Tagesrückblick meine Urlaubsereignisse noch während der Reise wieder und wieder! So füllt mir der Urlaub meine Energie-Tanks gleich mehrfach! »Low hanging fruits« nennt man das im Englischen. Minimaler Aufwand, maximaler Erfolg!

Negative Emotionen reduzieren

Wie bereits erwähnt: Die negativen Gefühle einfach loswerden zu wollen, verfehlt den Zweck. Auch wenn uns das im ersten Moment sicher die liebste Option wäre. Doch in den meisten Fällen haben die negativen Emotionen eine wirklich sinnvolle Aufgabe. Sie können uns motivieren, an Zuständen, die uns nicht gefallen, etwas zu ändern. Das heißt, sie regen durchaus zu Wachstum an.

So eine richtig fette Wut kann unglaubliche Kräfte entwickeln und dich Dinge schaffen lassen, die dir in deiner gemütlichen Couchzone nicht eingefallen wären. Weiter schützen uns negative Gefühle davor, dass wir Schaden nehmen. Angst hilft dir, Gefahren zu vermeiden. Man springt zum Beispiel nicht einfach so vom Balkon, nur weil man glaubt, man ist Superman! Für gewöhnlich reicht die Angst aus, um solchen Blödsinn lieber bleiben zu lassen.

Oder wenn du dir als Kind einmal die Finger auf der heißen Herdplatte verbrannt hast, weißt du, dass das wehtut. Normalerweise merken wir uns so etwas und lassen solche Tests in Zukunft bleiben. Das Gefühl von Trauer zum Beispiel kann uns helfen, uns nach einem Verlust mit anderen Menschen zu verbinden. Entweder wir lassen uns selbst unterstützen oder können noch aus unserer Situation anderen helfen. Ekel übernimmt die wertvolle Aufgabe, dich nicht zu vergiften. Um nur ein paar Beispiele zu nennen.

Daher noch einmal: Negative Emotionen sind nicht per se schlecht. Auch wenn sie spaßbefreit sind. Sie können uns schützen und uns helfen zu lernen und zu wachsen. Das sind also die negativen Gefühle, die wirklich einen Grund haben und hilfreich sind.

Dann gibt es da noch die anderen. Ich nenne sie »hausgemacht«. Die negativen Emotionen, bei denen wir wirklich den Gürtel deutlich enger schnallen können, weil du sie dir grundlos ins Haus holst. Auf diese Gefühle kannst du selbst Einfluss nehmen, um sie zu reduzieren. Vielleicht fragst du dich jetzt: »Wie soll ich bitteschön das eine vom anderen unterscheiden?« Daher hier ein paar Tipps, wie du »sinnvolle und wichtige« negative Emotionen, die der Beachtung wert sind, von den grundlosen unterscheidest:

BRINGEN SIE DICH WEITER?

Das ist die erste entscheidende Frage, die dir weiterhelfen kann. Hier ein Beispiel aus meinem Leben: Ich sehe sehr wenig fern. Wenn, dann nur Filme oder Dokus, die mich in irgendeiner Form weiterbringen und mir gute Gefühle hinterlassen. Wir haben bei uns zu Hause die ewige Diskussion, warum ich keine Actionfilme mag. Ich nenne sie »Schießfilme«. Mein Partner sieht die wahnsinnig gern. Ich hingegen mag nicht sehen und hören, wie Menschen erschossen werden. Das Geschrei, der Lärm. Ich kann dem überhaupt nichts abgewinnen. Außer vielleicht die Titelmusik ist genial komponiert. Nicht, dass ich diese Filme komplett verurteilen würde. Sie wühlen mich nur total auf und machen mir alles andere als gute Gefühle. Natürlich weiß ich, dass das alles nicht echt ist. In meiner Welt ist das ein Film, der mit Bildern, Geräuschen und einer Geschichte in mein System hineingeht und den ich mit in meine Träume nehme. Das macht was mit mir. Will ich das? Nein. Bringt mich das weiter? Nein. Also kann ich es mir sparen. Das gilt für mich. Ich möchte dich nur anstiften, mal ganz ehrlich zu beobachten, was die Brutalität mancher Filme mit dir macht. Wie du dich danach fühlst. Wohlig warm oder völlig gerädert? Dann hast du die Wahl.

KANNST DU ES ÄNDERN?

Zweite wichtige Frage. Nehmen wir an, du stehst im Stau. Auto an Auto steht. Nichts geht vorwärts. Du schimpfst. Du hupst. Du gestikulierst wie wild. Bringt dich der Ärger weiter? Über die Stresssymptome und ihre Wirkung sind wir ja jetzt lang und breit durch. Das sparen wir uns also. Bekommen die anderen Autos von deinem Gebrüll Angst und fliegen davon? Nein. Also eine Runde Negativität grundlos eingefahren. Passiert es deswegen trotzdem? Natürlich! Das ist eine Gewohnheit! Nur mit dem Unterschied, dass du dich künftig vielleicht öfter dabei ertappst, den Finger von der Hupe nimmst und an die fliegenden Autos denkst und schmunzelst. Hör dir lieber einen coolen Song oder ein Hörbuch an oder finde einen Schleichweg. Und am nächsten Tag oder am Abend hast du schon eine wunderbare Geschichte für deinen Tagesrückblick! »Ich saß da, mitten im Stau und hab vor mich hin gegrinst, weil ich schon die Hand an der Hupe hatte und dann an die fliegenden Autos denken musste, die vor meinem Gebrüll geflüchtet sind.« Schon bist du mehr auf dem positiven Weg und immer weniger im grundlosen Ärger.

Gerade wenn wir auf der Reise zur Lebensfreude sind, ist der Humor mit uns selbst einer der wichtigsten Begleiter! Eine Runde über sich selbst lachen und wieder weiter auf der Mission. Nimm die Reise nicht allzu ernst. Auch hier noch mal: Mit der sprichwörtlichen Peitsche hinter dir, weil du schon wieder gebrüllt hast, bist du wieder auf dem Weg der negativen Emotionen. Lache über dich. Ertappe dich. Und schalte um. Immer mehr. Immer öfter.

Grundlos sind auch die negativen Gefühle oder Aufreger, die du dir ins Haus holst, einfach aus gewohnheitsmäßigen Gedankenmustern oder weil es »alle« so machen oder weil »man« ja nur mal so redet

oder weil du verkrampft versuchst, was zu ändern, was du nicht ändern kannst. Byron Katie, eine amerikanische Autorin und spirituelle Lehrerin, hat dazu mal diesen, wie ich finde, genialen Spruch gesagt: »Es ist, wie es ist. Akzeptiere es. Alles andere ist der Versuch, einer Katze das Bellen beizubringen. Am Ende macht sie doch nur wieder » ›miau‹ « Ich liebe diese Botschaft, denn sie erinnert mich daran, dass wir eben auch nicht alles kontrollieren können und manchmal einfach lernen dürfen zu akzeptieren, dass etwas ist, wie es ist. Nicht mehr und nicht weniger. Wenn wir versuchen, Dinge zu ändern, die wir nicht ändern können, holen wir uns nur Frust und Ärger ins Haus.

> **ERKENNTNIS 12:**
>
> Stell dir bei negativen Emotionen immer wieder mal die Fragen: Bringt mich das weiter? Kann ich es ändern? Die Antwort *Nein* führt dazu, dass du statt Ärger, Griesgram, Lästern, Jammern und andere Brüder der negativen Fraktion immer wieder mal bewusst wählen kannst, dich für positive Emotionen zu entscheiden.

Positive Emotionen: Studienergebnisse

Zu weiteren spannenden Erkenntnissen kam Barbara Fredrickson in einer Reihe von Studien, die die Wirkung von positiven Emotionen untersuchten. Hier eine kurze Zusammenfassung der wichtigsten Ergebnisse.

1. SIE STÄRKEN DIE WIDERSTANDSKRAFT
Positive Emotionen sind in der Lage, die Auswirkungen von negativen Emotionen zu mildern oder sogar ganz aufzuheben.[21]

Dabei mussten sich 170 Personen einer stressigen Aufgabe unterziehen. Die Teilnehmer wurden in zwei Gruppen aufgeteilt: Die eine Gruppe sah vor der Aufgabe einen Film, der positive Emotionen hervorrief. Die andere sah einen Film, der keine Emotionen hervorrief. Die Ergebnisse zeigten, dass die Teilnehmer, die den Film mit den positiven Emotionen gesehen hatten, besser mit der Aufgabe fertig wurden und weniger negative Emotionen erlebten als die Teilnehmer, die den Film ohne positive Emotionen gesehen hatten. Diese Studie zeigt, dass positive Emotionen somit eine wichtige Rolle bei der Bewältigung von Stress spielen können. Sie können uns helfen, Stress zu reduzieren, unsere Stimmung zu verbessern und uns widerstandsfähiger gegenüber negativen Ereignissen werden lassen.

2. POSITIVITÄT ÜBERSCHREIBT NEGATIVITÄT
In dieser Studie im Rahmen der »Broaden and Build«-Forschung fanden die Wissenschaftler heraus, dass gute Gefühle negative überschreiben können und sogar das Herz-Kreislauf-System beruhigen.

Dabei wurde unter anderem der Zusammenhang zwischen Gefühlen und Herzkreislaufreaktionen untersucht. Im ersten Schritt wurden bei allen Teilnehmern Herzfrequenz, Blutdruck und Gefäßverengungen im Ruhezustand gemessen. Daraufhin bat man sie, unter großem Zeitdruck eine Rede vorzubereiten, die gefilmt und von anderen Probanden beurteilt werden sollte.

Du kannst dir vorstellen, dass der Druck hoch war: erstens, überraschend und schnell eine Rede zu einem vorher nicht bekannten Thema vorbereiten und dann noch vor Fremden öffentlich sprechen. Das schaltet bei den meisten die Angstsensoren an. Die Messungen ergaben, dass Herzfrequenz und Blutdruck erhöht waren. Die Gefäße hatten sich zusammengezogen. Stresssymptome pur! Die Forschungsleiter hatten ihr Ziel erreicht, den Teilnehmern Angst zu machen.

In dieser negativen Grundstimmung folgte Teil zwei des Experiments. Vor ihrer Rede sollten die Probanden noch einen kurzen Film ansehen. Einer war lustig, der andere machte traurig, der dritte neutral. Alles ganz banal. Das Zufallsprinzip entschied, wer welchen Film zu welchem Zeitpunkt sah. Ab Start des Films zeichneten die Sensoren dann wieder die körperliche Wirkung bei den Teilnehmern auf. Auf diese Art und Weise konnte verfolgt werden, wie viele Sekunden es dauerte, bis die Probanden, körperlich messbar, aus ihrer Angst wieder in den Ruhezustand zurückkehrten.

Dabei stellten die Wissenschaftler fest, dass das Herz derer, die einen der positiven Kurzfilme gesehen hatten, nur wenige Sekunden brauchte, um sich zu beruhigen. Die mit dem traurigen Film hingegen benötigten oft mehr als eine Minute. Daraus folgerte Fredrickson, dass eine positive Einstellung dafür sorgen kann, die Herz-Kreislauf-Nachwirkungen negativer Ereignisse zu löschen.

Eine positive Haltung kann also körperliche Auswirkungen, die durch negative Gefühle ausgelöst wurden, bremsen. Dadurch werden Erholungsphasen für die Gesundheit geschaffen.

6 KEY FACTS ZU POSITIVEN EMOTIONEN

- Sie fühlen sich gut an und führen zu angenehmen Erfahrungen.
- Sie erweitern den Blickwinkel und machen offener für neue Erfahrungen. Zudem fördern sie die Motivation.
- Sie schaffen nachhaltig neue Ressourcen. Sie machen dich stärker und widerstandsfähiger und sorgen dafür, dass du sozial besser integriert bist. Außerdem machen sie es möglich, mit mehr Weitblick zu handeln.
- Sie senken das Stresslevel und können Widerstandskraft aufbauen. Es wird leichter, mit Herausforderungen umzugehen.
- Sie sorgen für ein erfüllteres Leben und verbessern die Gesundheit, indem sie das Immunsystem stärken und das Risiko für Herzerkrankungen und andere chronische Krankheiten verringern können.
- Sie machen lebendiger, kreativer, produktiver und widerstandsfähiger.
- Sie lassen sich aus eigener Kraft steigern.

Die Aufwärtsspirale in der Praxis

Wie könnte so eine Aufwärtsspirale, von der wir jetzt so viel gesprochen haben, in der Praxis aussehen? Ich glaube, die Keks-Geschichte meiner Klientin Carmen kann uns hier als gutes Beispiel dienen. Carmen, die mehr auf sich und ihre Gesundheit achten möchte. Sie will sich fitter fühlen und zeitgleich ein paar Kilo abnehmen. Anhand einiger der zehn Emotionen skizziere ich mal, wie so ein Szenario sich nach oben schwingen könnte.

Die Reise startet Montagmorgen 8 Uhr mit einer Hose. Carmen möchte sich anziehen. Doch in der Nacht müssen die Klabauterzwerge in ihr Haus eingedrungen sein. Du weißt schon, die, die sich einen Spaß daraus machen, Hosen und Kleider mitten in der Nacht einfach enger zu nähen! Oh, sie hat eine ziemliche Wut! Das nächste Kleidungsstück, das nicht mehr passt. »Jetzt ist Schluss!« *Beste Voraussetzungen für unsere Praxis! Wut kann ein prima Motivator sein! Du erinnerst dich?*

Sie beschließt, mehr Sport zu machen und künftig ihre geliebten Kekse zum Kaffee wegzulassen.

Carmen beruhigt sich, sucht sich schlichte Leggins mit Stretch. Die deprimieren auf Dauer nicht ganz so. Dann setzt sie sich an den Esstisch, um gemütlich ihren morgendlichen Kaffee zu trinken, bevor sie ins Büro fährt. Ganz nebenbei checkt sie ihre Facebook Timeline. Da weckt ein Post ihr **Interesse**: *»Buch dir deinen Personal Trainer!«* Na bitte! Darüber will sie mehr wissen und vertieft sich in den Artikel. Ein Personal Trainer, der nur für sie da ist, der mit ihr gemeinsam ein ganz individuelles Übungsprogramm aufstellt und ihr Tipps zur Ernährung gibt. Bähm! Ganz genau, der muss her! Gut, dass man dort gleich einen Info-Termin buchen kann. Check. Erledigt.

Nun geht unsere Freundin ins Büro, die Laune schon um ein Vielfaches besser als noch vor einer Stunde. Denn die **Hoffnung,** dass jetzt alles gut wird, ist da. Sie hat einen Termin und einen Personal Trainer, der mit ihr gemeinsam arbeiten wird. Das verspricht sehr viel mehr **Freude** als allein. Beschwingt geht sie durch ihren Vormittag, als ob ihr Körper schon zwei Kilo weniger am Leib hätte. Irgendwie fühlt sie sich jetzt schon leichter. Mittags überlegt sie, ob sie wohl das richtige Outfit hätte, um sich überhaupt vor einem Personal Trainer blicken lassen zu können. Eher nicht. Also los zum nächsten Sportgeschäft. Schließlich lassen sich im Leben einer Frau viele Probleme *vermeintlich* mit neuen Schuhen lösen. Stylische Sneakers müssen her. Gesagt, getan. Wieder im Büro angekommen, stellt sie **zufrieden** ihre Tüte auf den Boden. Perfekt.

In dem Moment kommt ein vertrauter Lieblingskollege zur Tür herein und sieht sie glücklich vor ihrer Tüte sitzen. Nachdem er sie ausgefragt und sie bereitwillig Auskunft gegeben hat, ist auch er Feuer und Flamme! Ein Personal Training, super! Sie beschließen also, dass die Reise als **Team** viel mehr Spaß machen könnte, und treten sie gemeinsam an. Der Personal Trainer trainiert mal mit einem allein, mal zu zweit. Manchmal machen sie Liegestützen im Park und kringeln sich gemeinsam vor Lachen, wenn wieder einer von beiden das Hinterteil nicht in die Höhe bekommt. Das **Vergnügen** ist ganz auf ihrer Seite.

 Stolz berichten sie sich gegenseitig von ihren Erfolgen und feuern sich an. Immer regelmäßiger verweilen die beiden abends noch ein wenig auf der Parkbank und genießen den Moment. Dabei fällt ihnen auf, wie schön dieser Park ist. *»Wie alt mögen wohl diese unglaublichen Eichen sein, die ihnen bereitwillig immer Schatten*

liefern? Was für unglaubliche Bäume!«, schießt ihnen der Gedanke durch den Kopf. Heute fühlen sie sich so richtig eins mit der Welt (**Ehrfurcht**). Die Natur hat die beiden so in ihren Bann gezogen, dass sie beschließen, am Wochenende eine Wandertour zu unternehmen. Ihre Finanzgeschäfte sind auch am Montag noch da! Immer mehr entdecken die beiden im Laufe der nächsten Wochen neue Touren, neue Orte und lernen dabei wieder andere Menschen kennen. Unter anderem ein Paar, das in seinem eigenen Garten Gemüse auf eine ganz besondere Art anbaut, was wiederum Carmens Freund total faszinierend findet. Denn dieser kocht wahnsinnig gern, woraus nach dieser Begegnung zusätzlich noch ein Interesse für den Garten entstanden ist. Aus seinen eigenen Gemüsesorten zaubert er nun regelmäßig neue Gerichte.

Nach drei Monaten trainieren Carmen und ihr Kollege zwar immer noch mit ihrem Personal Trainer. Aber dass sie ursprünglich mal wegen einer zu eng genähten Hose dorthin gegangen waren, das haben sie ganz vergessen. Ohne sich zu geißeln haben sie in der Aufwärtsspirale neue Gewohnheiten entwickelt, andere Menschen kennengelernt, woraus sich wiederum spontan neue Interessen und Hobbys gebildet haben. Zugleich hat die neue Liebe für die Natur dafür gesorgt, dass die Arbeit so gut organisiert wurde, dass die beiden nicht mehr 24/7 ausschließlich damit beschäftigt sind. Sie arbeiten produktiver und räumen Zeit frei für Hobbys, für die Natur, und vieles mehr. Beide sind seither gelassener, pflegen einen gesünderen Lebensstil – und natürlich passen die Hosen wieder!

… Und sie haben sich nicht mit Reiskeksen herumgeschlagen …

So kann eine Aufwärtsspirale aussehen, die mit positiven Emotionen gefüttert wird. Die positiven Gefühle führen zu neuen Verhaltensweisen, die wiederum zu neuen positiven, spontanen Gedanken führen, die wiederum zu Verhalten führen, das neue Möglichkeiten auftut, das wiederum neue Wege bietet, die wiederum zu ... und so weiter ...

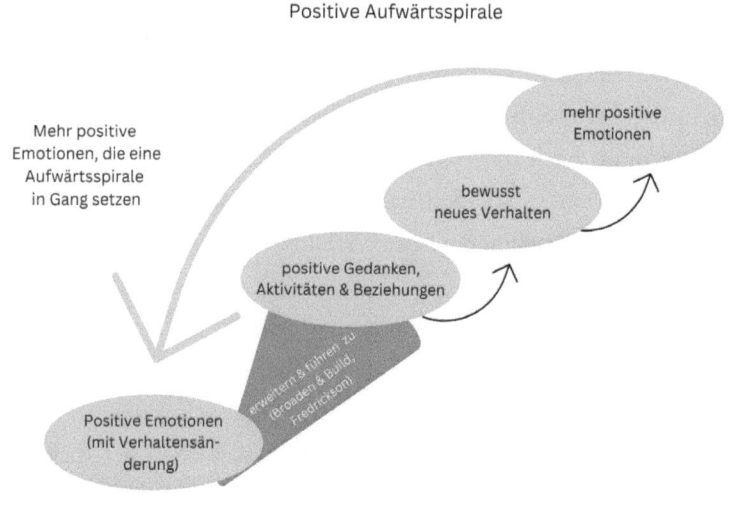

SHORT FACTS ZUR VERHALTENSÄNDERUNG IN DER PRAXIS:

- Es gibt mehrere Studien, die zeigen, dass moderate Trainings, welche währenddessen Spaß machen, weitaus nachhaltiger sind als solche, die mit hoher Intensität angestrebt werden, um schnelle Erfolge zu erzielen.

- Positive Emotionen wirken wie ein Hebel. Sie mobilisieren Kräfte, die nachhaltige Veränderungen überhaupt erst möglich machen.

- Der Wille ist gut für den Start von Vorhaben. Er allein sorgt aber nicht für Nachhaltigkeit in der Umsetzung (siehe Neujahrsvorsätze: Eine Studie der amerikanischen University Scranton fand heraus, dass 60 bis 90 Prozent davon nach sechs bis zwölf Monaten nicht umgesetzt sind!).

- Das Wissen darüber, dass uns eine Tätigkeit guttun würde und wir uns nach einer Stunde Sport gut fühlen würden, sagt nichts darüber aus, ob wir diese Tätigkeit auch in Zukunft ausüben werden. Das Wissen allein ist also kein Motivator!

- Ereignisse, die mit positiven Erinnerungen in der Vergangenheit verknüpft sind, treiben an. Ein Ereignis, bei dem Freude erlebt wurde, stärkt das Verlangen, es erneut erleben zu wollen. **Positive Emotionen sind ein Motivator!**

ERKENNTNIS 13:

Positive Aufwärtsspirale:
→ Positive Emotionen
(mit Verhaltensänderung) →
→ zu positiven spontanen Gedanken
(unbewusst) →
→ zu bewusstem neuem Verhalten →
→ zu mehr positiven Emotionen → usw.

Boardcheck 7 – Check dein Projekt!

Wow, das war jede Menge Stoff! Zeit für die Praxis. Du weißt ja mittlerweile, wie das geht. Dein »Glücksplatz« sieht dich hoffentlich schon regelmäßig. Dein Büchlein hat schon seinen festen Platz in deinem Leben. Jetzt wirds richtig spannend! Da war doch was mit deinem Projekt? Ja genau! Das brauchen wir jetzt!

Gluecklichsein.ebrandhofer.de

Schnappe dir dein Projekt und überlege dir, wo du starten kannst, um deine Aufwärtsspirale in Gang zu setzen.

Fragen zur Inspiration:
Gibt es jemanden, der dich unterstützen kann? (Freund, Lehrer etc.)
Gibt es eine Referenz, die dir schon einmal Freude gemacht hat und wo du wieder ansetzen könntest?
Gibt es ein Vorbild, von dem du etwas lernen könntest?
Gibt es etwas zu diesem einen Thema, das dich so interessiert, dass du tiefer eintauchen möchtest?
Gibt es jemanden, der mit dir gemeinsam gehen möchte?

Gehe die zehn Emotionen durch und finde deinen Startpunkt, der für dich passt. Zur Erinnerung: Manchmal startet man sein Fitnesstraining einfach nur mit einem Paar neuen Turnschuhen, die schön vor der Couch platziert werden, weil sie so zauberhaft stylo sind! Ich weiß, wovon ich rede! Bis du sie eines Tages anziehst und deine erste Runde damit um den Block flanierst. Und morgen die zweite mit einer Freundin, mit der du einen »Ratsch« halten kannst und übermorgen ... Mach es dir LEICHT zu starten. Aber starte. In Freude. Ready? Go for it!

KAPITEL 8

Meditation

Sicher hast du bemerkt, dass im Laufe dieses Buches schon mehrmals das Wort »Meditation« gefallen ist. Diesem Thema kommt, vor allem in Bezug auf die Lebensfreude, eine bedeutende Rolle zu. Auch hierzu gab es bereits jede Menge Studien, die diese Thesen nicht nur bestätigen, sondern eindeutige Ergebnisse liefern, wie sehr sie unser Leben verbessern kann. Dazu aber später mehr.

Was ist Meditation?

Für den Moment ist mir wichtig, erst einmal näher zu beleuchten, was Meditation überhaupt ist. Dabei scheint es mir wieder hilfreich, mit dem zu beginnen, was sie nicht ist. Zu viele Mythen und Geschichten kreisen um sie. Bei vielen Menschen wird die Meditation noch immer mit einer religiösen Praxis, Esoterik oder gar okkulten Ritualen in Verbindung gebracht. Dabei ist sie nichts von alledem. Sie bedeutet auch nicht, dass du irgendwo zwingend in Batikhose und verdrehten Beinen sitzen und *Om*-Laute von dir geben musst. Auch ist sie kein Hokuspokus, von dem du glaubst, dass er dich, eingehüllt im Qualm von Räucherstäbchen, gegen deinen Willen beeinflusst. Weit verbreitet ist auch noch der Irrglaube, dass du während der Meditation keine Gedanken mehr haben darfst. Oder das Gegenteil, denkend über deinen Problemen »meditierst« und viele Stunden stirnrunzelnd damit zubringst, sie in all ihre Einzelteile zu zerlegen. Nichts von alledem hat etwas mit Meditation zu tun.

Sicherlich stammen viele der mysteriösen Geschichten noch aus den Anfängen ihrer Zeit, als die Hippie-Bewegung sie in den 1960er-Jahren im Westen populär machte. Doch seit gut fünfzig Jahren beschäftigen sich Psychologen und Wissenschaftler mit den

Untersuchungen zu ihrer Wirkung. Mittlerweile wird sie immer beliebter und von Menschen aller Altersgruppen ausgeübt.

Richtig ist, dass die Meditation seit Jahrtausenden in vielen verschiedenen Kulturen und Religionen praktiziert wird. Genauso wie ein Gebet ist sie eine Praxis, die darauf abzielt, den Geist zu beruhigen und sich mit der Natur des Seins zu verbinden. Mit dem Unterschied, dass die Meditation als nicht-religiöse Praxis von allen Menschen aller Glaubensrichtungen angewandt werden kann. Es gibt meist keinen Gott oder Allah oder Kaktus (oder an wen auch immer du glaubst), zu dem du betest. Außer zu dir selbst. Die Meditation kann als eine Art Selbstbeobachtung bezeichnet werden. Eknath Easwaran, ein indischer spiritueller Lehrer und Autor, der bereits 1978 einen praktischen Meditationsleitfaden für die westliche Welt geschrieben hat, beschreibt sie so: »*Meditation ist ein systematisches Verfahren dafür, unsere verborgene Geisteskraft zu ergreifen und in höchstem Maße zu konzentrieren. Sie besteht im Schulen des Geistes, insbesondere der Aufmerksamkeit und des Willens, damit wir von der Oberflächenebene des Bewusstseins aus aufbrechen und in die tiefsten Tiefen reisen können.*«[22]

Deepak Chopra, einer der bekanntesten spirituellen Lehrer, Autor und Alternativmediziner der Neuzeit, formuliert es so: »*Die Meditation unterstützt uns, unseren Geist zu beruhigen und zu fokussieren und unsere Gedanken zu klären. Sie ist eine Technik der bewussten Aufmerksamkeit und verbindet uns mit dem gegenwärtigen Moment.*«[23]

Alle Erklärungen deuten in die gleiche Richtung. Die Meditation ist eine Praxis, bei der wir unsere Aufmerksamkeit auf den gegenwärtigen Moment richten. Wir beobachten unsere Gedanken und Gefühle, ohne sie zu bewerten. Meditation kann viele Vorteile für unsere geistige und körperliche Gesundheit haben.

Vorteile der Meditation

Daniel Siegel, amerikanischer Psychiater und Neurowissenschaftler, ist einer der führenden Forscher auf dem Gebiet der Meditation. Seine Forschungsergebnisse decken sich mit den Erkenntnissen vieler anderer Wissenschaftler, was die Wirkung von Meditation betrifft. Sie hat die Kraft, unsere Gehirne und unser Verhalten zu verändern. Zudem kann sie ein wirksames Werkzeug für die persönliche Entwicklung und die Selbstheilung sein. Die Meditation kann uns helfen, mit stressigen Situationen umzugehen, gesund zu bleiben und gute Beziehungen zu pflegen.

POSITIVE AUSWIRKUNGEN, DIE SIEGEL BESCHREIBT:

- Stressabbau
- Verbesserung der Stimmung
- Stärkung der Beziehungen
- Verbesserung der Gesundheit
- Steigerung der Kreativität
- Verbesserung der Konzentrationsfähigkeit
- Förderung der Selbstwahrnehmung
- Stärkung des Selbstwertgefühls
- Verbesserung der Schlafqualität
- Verringerung von Schmerzen
- Verringerung von Angst und Depression

Weiter konnte auch Barbara Fredrickson bestätigen, dass Meditation und positive Emotionen eng miteinander verbunden sind. Meditation kann helfen, positive Emotionen zu erhöhen und negative Emotionen zu reduzieren. Eine der neueren Studien[24] aus dem Jahr 2017 hat gezeigt, dass Menschen, die regelmäßig meditieren, mehr positive Emotionen erleben als Menschen, die nicht meditieren. Weiter bestätigte sie, dass Meditation die Fähigkeit verbessern kann, positive Emotionen zu erleben; auch in Stress-Situationen. Was wiederum darauf hinweist, dass sie unser Stresslevel sogar in herausfordernden Zeiten reduziert.

Dabei möchte ich das Wort *regelmäßig* noch einmal hervorheben. All die genannten Vorteile sind nicht als kurzfristige Medizin gedacht. Die Meditation bietet eine solide Basis, die alles möglich macht, wenn wir uns regelmäßig Zeit für sie nehmen. Dann kann sie uns dabei unterstützen mehr Lebensfreude, Wohlbefinden und Widerstandskraft zu empfinden. Sie kann jeden Tag praktiziert werden, auch nur für ein paar Minuten.

Beliebte Meditationstechniken

Es gibt verschiedene Arten von Meditation. Viele davon sind leicht zu erlernen und anzuwenden. Mittlerweile gibt es zudem jede Menge Apps, die uns mit geführten Meditationen unterstützen. Zu einigen Themen habe ich für dieses Buch welche für dich eingesprochen. Du findest sie auf dem Download-Portal.

Achtsamkeitsmeditation

Die Achtsamkeitsmeditation ist eine Form, die darauf abzielt, deine Aufmerksamkeit auf den gegenwärtigen Moment zu richten.

Stell dir vor, du bist im Wald und möchtest Feuer machen. Leider hast du außer einem Spiegel nichts dabei. Kein Feuerzeug. Nichts. Dafür scheint die Sonne. Okay, du glaubst es geht darum, positiv zu denken? Kein Feuer, dafür scheint die Sonne. Nein. Du legst ein paar kleine, trockene Zweige auf eine Stelle. Dann fängst du mit dem Spiegel ganz konzentriert die Sonnenstrahlen ein und richtest sie auf die Zweige. Das gebündelte Licht erhitzt sich und deine Zweige fangen langsam an, sich zu entzünden.

So ähnlich kannst du dir die Achtsamkeitsmeditation vorstellen. Du fokussierst dich auf den gegenwärtigen Moment. Das kann passieren, indem du deinen Atem beobachtest, deinen Körper abscannst oder auf deine Gedanken und Gefühle achtest, die wie Wellen in dir auf und ab steigen. Die Achtsamkeitsmeditation ist eine einfache, aber kraftvolle Übung, die du immer und überall für einige Minuten ganz leicht durchführen kannst.

Lass es uns gleich ausprobieren, es ist ohnehin Zeit für eine Pause!

Gluecklichsein.ebrandhofer.de

Boardcheck 8 – Achtsamkeitsmeditation

- Lass dich jetzt auf deinem »Glücksplatz« nieder. Den sollte dein Körper schon kennen. Und du weißt ja, der liebt Rituale! Wenn du also über das Buch hinweg immer mal wieder dort Zeit mit dir und in Ruhe verbracht hast, dann wird dein Körper dir jetzt ganz automatisch helfen, zur Ruhe zu kommen. An der Stelle ist er wie ein Hund. Er weiß genau, wo sein Platz ist. Das ist übrigens auch einer der Gründe, warum Fernseher und Computer in deinem Schlafzimmer nicht gut aufgehoben sind. Dein Körper sollte sich an diesen Ort als Ruheort zum Schlafen gewöhnt haben und nicht, um Mordfälle zu lösen. Falls du Probleme mit dem Schlafen hast, wäre eine erste Option, TV, Computer und Handy aus dem Schlafzimmer zu verbannen. Das kann oft schon Welten bewegen. Das nur so am Rande.

- **Finde einen Ort, an dem du ungestört bist.**

- **Du kannst dich hinsetzen oder auch hinlegen,** höre einfach in dich hinein, was dein Körper gern mag.

- **Schließe jetzt die Augen und atme einmal tief ein und wieder aus.** Wenn du magst, kannst du hierfür auch die Herz-Bauchatmung nutzen, die du schon aus dem Stresskapitel kennst.

- **Konzentriere dich jetzt auf deinen Atem.** Atme dabei ganz normal weiter, ohne etwas zu kontrollieren. Beobachte, wie der Atem durch dich hindurchfließt und wie er wieder geht.

- **Genauso kannst du jetzt deine Gedanken und Gefühle beobachten.** Sieh zu, wie sie kommen und wieder gehen. Lass sie einfach vorbeiziehen, ohne sie zu bewerten oder dich mit ihnen ins Gespräch zu verwickeln. Wenn du doch mal abschweifst, kehre wieder zu deinem Atem zurück.
- **Bleib dabei,** solange wie du möchtest.

Starte anfangs mit fünf bis zehn Minuten. Mit der Zeit kannst du die Dauer erhöhen. Diese Form kannst du überall praktizieren, egal ob im Flugzeug, in der U-Bahn oder in deinem Office. Du kannst auch mit offenen Augen beim Fenster hinaussehen. Konzentriere dich dabei einfach auf deinen Atem und bleibe bei dir. Sie hilft dir, Stress zu reduzieren.

Am besten ist, wenn du diese Meditation regelmäßig machst. Dabei gilt auch hier wieder: Einmal pro Tag ist wunderbar. Zweimal super. Dreimal perfekt.

Gute Zeiten sind morgens, gleich nach dem Aufstehen, mittags nach dem Essen, abends vor dem Einschlafen.

Mantrameditation

Bei Easwaran habe ich für die Mantrameditation eine anschauliche Erklärung gefunden, die ich hier mit dir teilen möchte. An Festtagen ist es in Indien üblich, dass Elefanten prächtig geschmückt die Prozessionen begleiten. Dabei sind die Gassen in den kleinen Dörfern eng und zugleich noch gefüllt mit Menschen und allerlei Verkaufsständen, an denen es Obst und Kokosnüsse und vieles mehr zu kaufen gibt. Elefanten haben die Angewohnheit, nicht zu fragen, ob sie eine Kokosnuss kaufen können. Sie schnappen sie einfach im Vorbeigehen mit ihrem Rüssel und lassen sie auf dem Weg in ihr Maul gleiten. Woanders klauen sie sich ein paar Bananen und dasselbe Schauspiel würde sich immer wiederholen. Doch die einfachen Markthändler können sich solche Geschenke nicht leisten. Sie brauchen jeden Cent, den sie mit ihrer Ware einnehmen, um ihre Familien zu ernähren. Also hat sich der Elefantentreiber einen Trick überlegt. Er übergibt dem Tier einen Bambusstab, den dieser mit seinem Rüssel durch die ganze Prozession hinweg tragen muss. So kann der Elefant nicht klauen und auch mit dem wilden Rüssel niemanden verletzen und das Problem ist gelöst.

Unser Geist ist wie der Elefant mit seinem wilden Rüssel. Ständig wandert er von links nach rechts, von oben nach unten. Vorwärts und rückwärts durch die Zeit. Pausenlos bewegt er sich durch unsere Gefühle, Gedanken, Ängste, Hoffnungen, Pläne.

Genau hierzu kann ein Mantra *(häufig auch Mantram genannt)* hilfreich sein. Ein Wort, ein Satz wird während der ganzen Meditation wiederholt. Das fördert die Konzentration und lässt dich Ruhe finden. Dabei gibt es unzählige verschiedene Mantras. Manche haben eine Bedeutung. Andere haben keine. Es gibt sie in allen möglichen Sprachen. Du kannst aber auch dein eigenes Mantra verwenden.

Beispielsweise hatte die Tochter meiner Freundin, als sie gerade in ihrer Trotzphase war, die Angewohnheit, sich nach einem Wutanfall mit ihrem eigenen Mantra zu beruhigen. Während sie also längst in Mamas Armen lag, nach Luft schnappte, die Nase schniefte und ihre Tränen langsam versiegten, murmelte sie laufend vor sich hin: »All gut. All gut ...« Eine Kleinkindsprachenabwandlung vom tröstenden »alles gut«, das normalerweise ihre Mutter verwendete, um beispielsweise den Schmerz durch aufgeschürfte Knie zu heilen. Sie beruhigte sich mit ihrem eigenen Mantra ganz natürlich selbst. Du kannst es übrigens bei Kleinkindern öfter beobachten, gerade wenn sie müde sind, dass sie ihr eigenes Mantra murmeln. Meist hört sich das an wie ein Baby-Didgeridoo.

In unserem Fall ist das kleine Mädchen zwar mittlerweile zu einer wundervollen jungen Frau geworden. Doch die Wortfolge »All gut« ist uns allen als heilendes Mantra geblieben.

Arten von Mantras

RELIGIÖSE MANTRAS

Es gibt Mantras, die aus religiösen Traditionen wie zum Beispiel dem Hinduismus, Buddhismus oder auch dem Christentum stammen und über Hunderte von Generationen weitervermittelt wurden. Sie haben eine Bedeutung und gelten als kraftspendend und heilend.

BEKANNTE BEISPIELE:

- **Om**
  Das Symbol für die Einheit von Körper, Geist und Seele im Hinduismus & Buddhismus. Es soll helfen, sich mit der höchsten Macht zu verbinden.

- **A-Ham**
  Ein Mantra aus dem Sanskrit. Es erinnert uns an das Bewusstsein und daran, dass wir alle mit derselben universellen Seele verbunden sind.

- **Gegrüßet seist du, Maria**
  Ein Mantra (Gebet) aus dem Christentum, das den Menschen Hoffnung und Trost schenken soll.

MANTRAS OHNE BEDEUTUNG

Es gibt auch Mantras, die keine spezielle Bedeutung haben. Ich bin beispielsweise ausgebildet in der von Dr. Deepak Chopra und Dr. David Simon entwickelten *Primordial Sound Meditation (PSM, Chopra Institute)*. Eine Meditationstechnik, die von jedem ausgeführt werden kann. »Primordial Sound« bedeutet »Ur-Klänge«.

Entstanden ist dieser Name aus der vedischen Tradition *(Ayurveda)*. Zu einer Zeit, als außer von der Natur kommend, weit und breit keine Geräusche zu vernehmen waren. Die Yogis bezeichneten diese Schwingungen als die Ur-Laute des Universums und zeichneten die jeweiligen Töne zu verschiedenen Zeiten auf. Sie verbanden damit den Glauben, dass zu jedem Zeitpunkt, wenn ein Mensch geboren wurde, eine bestimmte Schwingung im Universum vorherrschte. Demnach bekommt jeder, der die Primordial-Sound-Meditation praktizieren möchte, sein persönliches Mantra. Also die Aufzeichnung der Schwingung, die zum Zeitpunkt herrschte, an dem du geboren wurdest.

Du kannst dein Primordial-Sound-Mantra errechnen, wenn du deine Geburtszeit und den Ort kennst. Im Netz gibt es dazu einige Anleitungen. Persönlicher ist es mit einem PSM-Teacher, der diese Aufgabe für dich erledigt und mit dir gemeinsam die erste Session zelebriert.

Das Mantra hat überhaupt keine Bedeutung. Dein Verstand muss sich nicht mit irgendeinem Gedanken dazu beschäftigen. Es ist wie eine Tonfolge, die still im Inneren gesprochen wird. So hilft es, deinen Geist zu fokussieren und ganz im Moment zu bleiben. Während die berühmten Gedanken-Affen *(Mind-Monkeys)* in deinem Kopf vielleicht eine wilde Party feiern wollen, gibst du ihnen mit dem Mantra eine andere Aufgabe, die sie beschäftigt. Dein Gehirn be-

herrscht nämlich Multitasking mit allem Möglichen: aber nicht mit Gedanken. Diesem Irrglauben unterliegen wir immer wieder und wundern uns dann, warum wir so gestresst sind. In Wirklichkeit kann unser Gehirn nur einen Gedanken nach dem anderen denken. Das Mantra ist der eine Gedanke, der alle anderen erst mal still sitzen lässt, um den Geist zu beruhigen. Danach sind die Kanäle wieder frei und die Aufmerksamkeit und Konzentration kehrt zurück.

Du kannst die Wirkung einfach ausprobieren, indem du für den Anfang ein allgemeingültiges Mantra nimmst. **A-HAM** eignet sich dafür prima. Die Bedeutung ist nicht so maßgeblich, als dass du lange darüber nachdenken müsstest.

Finde hierzu einen Ort, an dem du einige Minuten ungestört sein kannst. Nimm eine für dich angenehme Haltung ein, in der du einige Minuten bequem verweilen kannst, und schließe die Augen.

Wenn du magst, kannst du das Mantra beim ersten Mal einige Male laut aussprechen. A Ham – A Ham – A Ham. Lass es auf dich wirken. In deiner Geschwindigkeit. Dann kannst du immer leiser werden, bis du es nur noch im Inneren sprichst.

Ohne es zu kontrollieren, lasse es ganz natürlich in deinem Rhythmus weiterlaufen. Wenn dein Geist sich immer tiefer damit verbindet, ist es ganz normal, dass du vielleicht schneller oder langsamer wirst oder bestenfalls sogar Lücken entstehen. Wenn du abschweifst, kehre einfach wieder zu deinem Mantra zurück. Verweile für ca. fünf bis zehn Minuten. Später kannst du deine Sessions nach Belieben verlängern.

PERSÖNLICHE MANTRAS

Je nach Lebenssituation und Kreativität kannst du dir auch deine eigenen Mantras zusammenstellen. Um dich damit auf Ziele zu fokussieren oder Gedanken zu wiederholen, an die du dich erinnern möchtest. Diese Mantras werden auch Affirmation (innere Bestätigung) genannt. Sie stärken Gedanken, die du wichtig nehmen möchtest. Bildlich gesprochen festigst du damit die Spuren deiner »Gedankenautobahn« an Stellen, die du in guter Qualität ausgebaut sehen möchtest.

Du kannst diese persönlichen Mantras immer und überall im Alltag einsetzen. Beispielsweise im Stau. Statt dem alten Mantra: »Diese Idioten können doch alle nicht Autofahren«, könntest du ein neues entwickeln. So was wie: »Immer locker bleiben«, oder: »Probier's mal mit Gemütlichkeit.« Das könntest du sogar singen und grooven und was dir sonst noch dazu einfällt. Vielleicht hast du sogar schon eine Melodie im Ohr?

Ich habe beispielsweise eines, das mir sofort den Stress rausnimmt, wenn ich mal wieder ein Thema mit der Zeit und Pünktlichkeit habe. »Die Zeit ist mein Freund«. Ein wunderbares Mantra meiner ersten Coaching-Lehrerin. Dabei grinse ich nett und dann brabbelt es vor sich hin.

Ob das logisch ist? Oder realistisch? Nein, überhaupt nicht! Muss es auch nicht. Ich sehe das so: Wenn meine Gedanken etwas in meinem System auslösen, dann will ich doch lieber die denken, die wenigstens »Zeug reinquatschen«, das mir gefällt oder das ich irgendwie lustig finde.

Da gab es zum Beispiel mal dieses Lied Anfang der 2000er. Es nannte sich »Körperzellen Rock«. Der Text ging so: »Jede Zelle meines Körpers ist glücklich ...« Kennst du? Falls nicht, du findest

es sofort auf YouTube. Meine Tochter und ich haben uns jedenfalls regelmäßig darüber totgelacht. Sie war damals gerade in der Pubertät. In ihrer Welt waren der Text und auch die Menschen in dem Video (siehs dir an!) total gaga. Aber für uns wurde ein Mantra daraus, wenn die Aussicht auf den anstehenden Tag mal wieder nicht so motivierend war! Wir können darüber heute noch lachen. Wenn ich sehe, dass sich das Gesicht meiner Tochter verfinstert und mein kleiner sizilianischer Vulkan (so nenne ich sie liebevoll) droht zu explodieren, dann brauche ich nur anfangen zu summen: »Jede Zelle ...« Entweder sie frisst mich oder wir haben was zu lachen! Es hat uns schon durch manch herausfordernde Stunden begleitet.

Genau dafür sind deine persönlichen Mantras da. Sie unterstützen dich in deinem Alltag. Du kannst sie singen, tanzen, in dein Büchlein schreiben oder malen oder was dir sonst noch einfällt. Klappt auch wunderbar in Gemeinschaften! Setzt euch zusammen und überlegt, von welchen Gedanken ihr mehr wollt, woran ihr euch erinnern wollt, was euch wichtig ist. Schreibt diese Gedanken auf, klebt sie an die Wand, was auch immer für euch passt. Probiers aus!

Gluecklichsein.ebrandhofer.de

Liebende-Güte-Meditation

Die »Loving-Kindness-Meditation« ist auch bekannt als Metta-Meditation und stammt aus der buddhistischen Meditationspraxis. Ihre Praxis zielt darauf ab, sowohl für sich selbst als auch für andere liebevolle und mitfühlende Gefühle zu kultivieren. Ihre Wirkung wurde von Barbara Fredrickson in einer Vielzahl von Studien in Bezug auf positive Emotionen untersucht. Nach mehrwöchiger Praxis erlebten die Studienteilnehmer eine deutliche Verbesserung in den Bereichen Selbstfürsorge, soziale Beziehungen und Lebensqualität. Zusätzlich berichteten sie von einer geringeren Belastung durch Stress und einer erhöhten Widerstandsfähigkeit gegenüber Herausforderungen.

Die Loving-Kindness-Meditation kann verschiedene Formen haben. Typischerweise beginnt man die Meditation, indem man sich selbst liebevolle Wünsche ausspricht und diese dann auf andere Menschen ausdehnt.

Hier die Schritte dieser Meditation. Du findest sie auch auf dem Download-Portal. Dort habe ich sie als Bonus für dich eingesprochen.

1. **Finde einen Ort, an dem du ungestört bist.**

2. **Du kannst dich hinsetzen oder auch hinlegen,** hör einfach rein, was dein Körper gern mag.

3. **Schließe jetzt die Augen und atme einmal tief ein und wieder aus.** Wenn du magst, kannst du hierfür auch die Herz-Bauchatmung nutzen, die du schon aus dem Stresskapitel kennst.

4. **Konzentriere dich jetzt auf deinen Atem.** Atme dabei ganz normal weiter, ohne etwas zu kontrollieren. Beobachte, wie der Atem durch dich durchfließt und wie er wieder geht.

5. **Wenn du abschweifst, kehre wieder zu deinem Atem zurück.**

6. **Sprich nun folgende Sätze laut oder in dir:**

    - *Möge ich glücklich sein.*
    - *Möge ich gesund sein.*
    - *Möge ich mich sicher fühlen.*
    - *Möge ich in Frieden leben.*
    - *Möge ich frei leben.*
    - *Möge ich mit einem lebendigen Herzen leben.*

7. **Sprich die Sätze achtsam,** in einem moderaten Tempo und lasse die Worte in dir wirken.

8. **Du kannst die Worte nun für dich selbst einige Male wiederholen** und/oder für andere Menschen sprechen. Zum Beispiel für deine Liebsten, Kollegen oder auch Fremde oder welche Lebewesen auch immer dir am Herzen liegen.

9. **Beende die Meditation, indem du nochmals tief ein- und ausatmest** und öffne dann die Augen.

Du kannst diese Meditation jeden Tag praktizieren. Wichtig ist, dass du dir Zeit nimmst. Sie entfaltet ihre volle Wirkung, wenn du die Worte achtsam sprichst und ihre Bedeutung fühlst. Zehn bis fünfzehn Minuten darfst du dafür einplanen. Sie eignet sich gut morgens oder auch abends, zum Beispiel kurz vor dem Einschlafen.

ERKENNTNIS 14:

Egal welche Meditationstechnik du wählst, sie ermöglicht, deinen Geist zu beruhigen und den Fokus bewusst zu lenken. Der Schlüssel zur Meditationspraxis ist die Regelmäßigkeit. So kann sie ihre volle Wirkung für die körperliche und geistige Gesundheit entfalten. Bereits fünf bis zehn Minuten pro Tag können überaus wirksam sein.

Gluecklichsein.ebrandhofer.de

KAPITEL 9

Engagement

Wann hast du das letzte Mal das Gefühl gehabt, so richtig in einer Aufgabe aufzugehen? Beziehungsweise wann warst du das letzte Mal so vertieft in einer Aufgabe, dass du ganz und gar die Zeit vergessen hast? Heute in deinem Projekt in der Arbeit? Gestern Abend beim Klavierspielen? Am Wochenende in der Kletterhalle bei einem Kurs, den du gegeben hast? Gerade eben, als du das Baumhaus gebaut hast? Letzte Woche beim Schachspiel im Seniorenheim?

Was auch immer es ist, das dich Zeit und Raum vergessen lässt, das ist es, womit wir uns in diesem Kapitel beschäftigen. Denn für unsere Lebensfreude reisen wir jetzt weiter zum nächsten wesentlichen Bestandteil der PERMA-Theorie: Engagement. Dabei geht es darum, sich so oft wie möglich in hoch konzentrierten Zuständen zu erleben und motiviert und erfüllt zu sein. Die Momente, in denen du vollständig in einer Tätigkeit aufgehst. Sie sorgen nicht nur für Freude und Erfüllung, sondern auch dafür, dass wir aus unserer Persönlichkeit heraus unsere Stärken einsetzen und unser Potenzial leben können.

Das kann in unterschiedlichen Bereichen des Lebens geschehen. Beispielsweise mit einem Hobby oder bei der Arbeit oder beim Spiel mit deinen Kindern. Je mehr wir unsere Stärken in unserem Lebensalltag einsetzen können, desto näher sind wir unserem Glück. Stärken sind unsere natürliche innere Schubkraft. Sie schenken uns Motivation und Energie. Indem wir unsere Stärken stärken, können wir uns weiterentwickeln. Wir lassen uns von ihnen fordern. Zeitgleich fördern sie unser Wachstum, unsere Zufriedenheit und auch unsere geistige und körperliche Gesundheit.

Eine wichtige Rolle spielen dabei auch unsere Werte. Also das, was dir im Leben wirklich wichtig und wertvoll ist. Dein ganz persönlicher Kompass für deine Ausrichtung. Genau dieses persönliche Wertesystem wird durch den Einsatz deiner Charakterstärken ganz automatisch gestärkt, weil es aus deiner Persönlichkeit erwächst. Das sorgt dafür, dass du dein Schaffen als sinnvoll erlebst. Was dabei herauskommt, bist du in deiner schönsten und glücklichsten Version.

Soweit zur Theorie. Hier eine Geschichte aus meiner Praxis, wie Stärken eine Wendung zur Lebensfreude unterstützen können: Als meine Klientin Felicia zu mir kam, war sie Mitte vierzig. Sie hatte einen Job als Buchhalterin, war verheiratet, zwei Söhne. Ihr Leben schien ihr langweilig und sinnlos. Bisher hatte sie sich darauf konzentriert, die Söhne großzuziehen. Der Job war mehr ein Goodie zur Haushaltskasse. Wenn es nach ihrem Mann gegangen wäre, hätte sie überhaupt nicht arbeiten müssen. Die Söhne waren mittlerweile 15 und 17, also jeden Tag unabhängiger und brauchten Mama jeden Tag ein bisschen weniger. Die Beziehung zu ihrem Mann plätscherte so dahin. Sie funktionierten gut als Team, aber echte Intimität gab es kaum mehr. Ihre innere Stimme, von der ich dir eingangs erzählt hatte, trommelte mit beiden Fäusten ganz laut und trotzig an ihre innere Tür! Nichts passte mehr, ihr war todlangweilig. Sie fühlte sich innerlich dumpf und wollte endlich wieder etwas Sinnvolles tun. Etwas tun, was ihre Fähigkeiten fordert. Begeisterung spüren, ein positives Lebensgefühl haben. Da saß eine Frau vor mir, die nach bestem Wissen und Gewissen die letzten knapp zwanzig Jahre alles »richtig« gemacht hatte und sich dabei blass und farblos fühlte, als ob sie seit Jahren unter gedimmtem Licht gelebt hätte.

Nach den ersten Sitzungen machten wir uns an den Charakterstärkentest *(VIA=Values in Action)*[25]. Sie war neugierig und hatte schon an der Aufgabe, den Test zu machen, ihre Freude. Als wir uns die Resultate gemeinsam ansahen, leuchteten ihre Augen ziemlich schnell wieder. Da stand schwarz auf weiß, warum sie sich zu Tode langweilte. Ihre obersten Stärken waren: Humor, Liebe zum Lernen, Neugier, soziale Intelligenz. Bähm!

Wenn ich die Ergebnisse mit meinen Klienten durchgehe, gibt es meist zwei Arten von Reaktionen. Die einen, die kaum glauben können, dass das ihre Stärken sein sollen. (Da ruht der natürliche Antrieb meist schon sehr lange in Frieden.) Und die zweite Gruppe: Diese Menschen sind richtig erleichtert. Sie empfinden die Ergebnisse so, als ob sie endlich jemand erkannt hätte und damit der Beweis erbracht ist, dass sie nicht »durchgeknallt« oder undankbar sind, nur weil sich ihr Leben irgendwie daneben anfühlt. Sondern, dass das, was ihnen fehlt, jetzt schwarz auf weiß vor ihnen liegt und sich endlich Lösungen auftun.

Felicia gehörte definitiv zur zweiten Gruppe. *Wann hatte sie das letzte Mal so richtig viel zu lachen gehabt?* In ihrem Job als Buchhalterin vielleicht? Oder beim Essen kochen? Während die »Pubertiere« grummeln, dass der eine keine Champignons und der andere kein Fleisch mag und der dritte sowieso viel lieber Nudeln statt Reis hätte? *Wie lange war es her, dass sie etwas Neues gelernt hatte?* Eine ihrer herausragenden Stärken! Indem sie die Ergebnisse vor sich liegen sah, erinnerte sie sich wieder, was sie sich so sehr gewünscht hatte. Plötzlich hatte Felicia ganz neue Möglichkeiten, ihr Leben zu betrachten. All die Begeisterung, nach der sie sich so sehr gesehnt hatte, war schon beim Lesen deutlich zu spüren.

Danach gabs kein Halten mehr. Schon länger hatte sie geliebäugelt, sich als Trainerin in ihrem Sportverein weiterzubilden. Dafür machte sie jetzt die nötigen Zusatzausbildungen. Daraus ergab es sich, dass sie bei einem großen Projekt mitwirken konnte. So arbeitete sie

mit anderen gemeinsam an einem Ziel, das sie für sinnvoll erachtete. Felicia spürte, wann wer was brauchte und konnte auch in Stresszeiten noch gute Laune verbreiten. Zudem hatten die Beteiligten sich einen genialen Team-Spirit aufgebaut und es gab immer etwas zu lachen. Das Projekt war so groß und neu, dass sie während des Verlaufs jede Menge dazulernen musste. Kurzum, sie war mitten in ihrem Element. Ihr Engagement machte Freude. Daraus entstanden neue Ideen. So erreichte das Team gemeinsam gesteckte Ziele und sie konnten vor sich selbst staunen, was sie alles geleistet hatten. Jeder packte mit an!

Du merkst, worauf ich hinauswill? Genau! Die Aufwärtsspirale drehte sich für Felicia immer weiter nach oben. Sie hatte wieder in ihren Tanz gefunden.

Bereits ein Jahr später saß eine völlig neue Frau vor mir. Im Verein hatte sich zufällig auch noch eine feste Stelle aufgetan, die sie angenommen hatte. Jetzt arbeitete sie jeden Tag, statt nur mit Zahlen, mit Menschen. Der Job war herausfordernd. Es gab viel zu lernen. Fortbildungen waren nicht nur gewünscht, sondern auch Voraussetzung. Felicia nutzte ihre sozialen Fähigkeiten, um eine ganz neue Form der Vernetzung und Führung zu fördern. Sie ging in ihrer Aufgabe regelmäßig auf und lernte auf der Reise viele neue Leute kennen. Ihre Neugier war im Einsatz so ausgelastet, dass sie keine Zeit mehr hatte, sich in Frust und Langeweile neue Diskussionspunkte auszudenken. Zu Hause hatten ihre Liebsten nun zwar etwas mehr Verantwortung bekommen. Dafür war das Familienleben um eine glückliche Frau und Mutter reicher.

Das ist nur eine von vielen Geschichten, die ich miterleben darf. In meinen Positive-Psychologie-Ausbildungen, die ich, je nach Ausbildungsgrad, über mindestens drei Monate begleite, bin ich in acht von zehn Fällen immer wieder Zeugin ähnlicher Aufwärtsspiralen. Das ist natürlich kein wissenschaftlich valides Forschungsergebnis. Doch mich erfüllt es mit Demut, wenn ich sehe, wie schnell es uns mit den richtigen Werkzeugen möglich ist, den Schalter der Lebensfreude wieder nach oben zu drehen. Und die Charakterstärken sind einer dieser Drehknöpfe! Umso mehr bin ich dankbar für Menschen, die sich auf den Weg machen, zu forschen, ihre Ergebnisse zu teilen und machtvolle Tools wie den Charakterstärkentest für uns zur Verfügung zu stellen.

Was machen Charakterstärken?

Im VIA-Institute, Ohio, wurden im Laufe der letzten zehn Jahre Erkenntnisse aus über 700 Studien gesammelt. Dort arbeiten Wissenschaftler und Praxisexperten zusammen, um für Therapeuten, Coaches und Lehrer Praxis-Tools zu entwickeln. Das Herzstück dieser gemeinnützigen Arbeit ist der VIA-Charakterstärkentest. Ein wissenschaftlich fundierter, kostenfreier Persönlichkeitstest, der die Charakterstärken *(viacharacter.org)* einer Person misst. Diese kann die Erkenntnisse zum einen dazu nutzen, um die besten Seiten in sich und anderen besser kennenzulernen. Zum anderen, um Herausforderungen zu meistern, auf Ziele hinzuarbeiten und sich ein erfüllteres Leben zu gestalten. Im Gegenzug ist es den Wissenschaftlern mit den gesammelten Daten möglich, weitere Studien voranzutreiben. Wenn du interessiert bist, kannst du sämtliche Artikel auf der Plattform www.viacharacter.org unter dem Tab »Researchers« finden.

»Stärken sind wie der Wind in den Segeln. Sind die Segel gesetzt, nimmt das Schiff an Fahrt auf.«

Robert Biswas-Diener

Robert Biswas-Diener, Psychologe und Professor für Psychologie an der Portland State University, formuliert die Vorteile von genutzten Charakterstärken, wie ich finde, treffend, indem er folgendes Bild dafür findet[26]: »Wenn du feststellst, dass dein Segelschiff ein Leck hat, dann ist es wichtig, dieses zu reparieren. Es nimmt sonst immer wieder Wasser auf, bis es schließlich irgendwann sinkt. Aber ein Schiff ohne Segel wird überhaupt nicht vorwärtskommen.«

Ryan Niemiec, Psychologe und Experte auf dem Gebiet der Charakterstärken, beschreibt, wie unsere Stärken uns anregen, unser Potenzial zu entfalten. »Jüngste Forschungen haben gezeigt, dass Techniken, die Menschen helfen, ihre Stärken zu stärken, erhebliche Vorteile gegenüber solchen Methoden haben, die sich darauf konzentrieren, Defizite auszugleichen. Das heißt nicht, dass man das Negative ignoriert, nur weil man sich auf das Gute konzentriert. Wir brauchen negative Erfahrungen, um zu lernen. Einige davon motivieren uns und sorgen dafür, dass wir bestimmte Fehler in der Zukunft vermeiden. Andere negative Erfahrungen bringen auch einzigartige Kräfte in uns zum Vorschein. Sie erinnern uns daran, was wir alles schaffen können. Die negativen Erfahrungen sollten uns nur nicht definieren.«[27]

Unsere Schubkraft

Du hast vielleicht schon gemerkt, dass ich eher zu den sogenannten »Hundemenschen« gehöre oder sagen wir lieber so, mich mit Hunden besser auskenne als mit Katzen oder anderen Tieren. Deshalb möchte ich dir noch einen anderen Vergleich bringen, der bei meinen Klienten schnell Verständnis schafft. Unser Hund Theo ist knapp drei Jahre alt. Wir haben ihn Anfang des Jahres aus einem spanischen Tierheim adoptiert. Er ist ein Pointer, also ein Jagdhund. Über viele Generationen liegt die Jagd in seinem Blut. Und doch kann er zu Hause eine richtige Couch-Potato sein. Aber sobald wir rausgehen, hat er nur eines im Sinn: laufen, schnüffeln, jagen. Das ist sein Wesen.

Ein Teil davon ist seine DNA. Sein Körper spiegelt alles wider, was er dazu braucht. Schmal gebaut, extrem schnell, sehr lauffreudig, einen ausgeprägten Geruchssinn usw. Ein anderer Teil wurde ihm im Laufe vieler Generationen als sinnvolle Aufgabe mit seinen Menschen mitgegeben. Dazu hat sich sein Charakter passend gebildet. Er ist menschenbezogen, sehr liebevoll mit seiner Familie. Gleichzeitig ist er wahnsinnig schlau und hat Freude daran, etwas zu lernen. Er hört, wenn er muss, trifft aber auch sehr gern seine eigenen Entscheidungen. Mit diesem Set an Werten ist sein Charakter ausgestattet. Eben genau so, wie ein Jäger seinen Begleiter braucht. Dazu kommt seine einzigartige Persönlichkeit und Geschichte. Wir haben hier einen liebevollen, sensiblen und spitzbübischen Clown erwischt.

Jetzt hast du eine Vorstellung davon, wie seine genetischen Anlagen und sein Charakter zusammenspielen. Auch ahnst du vielleicht schon, wozu er besser geeignet ist, was eher weniger seinem Naturell entspricht und was er braucht, damit er glücklich ist. Er ist kein Schoßhund wie meine frühere Mopsdame. Dieser Hund hat Feuer.

Er will laufen, am liebsten viele Stunden am Tag. Meine Mopsi konnte ich ab Tag eins ohne Leine laufen lassen. Sie hat sich immer an mir orientiert. Unsere Küche war das Zentrum ihres Glücks. Der Pointer hingegen nutzt jede Gelegenheit, um sich auf die Pirsch zu begeben. Und dabei ist er schneller als der Wind! Er bekommt seinen Glückscocktail bei der Jagd. (Um nur ein paar Beispiele zu nennen.)

Ähnlich funktionieren unsere Charakterstärken. Der eine Teil liegt in deiner Genetik. Der andere im Wertesystem und in deiner Persönlichkeit. Also dem, was du in deinem Leben als wichtig und wertvoll erachtest. So verfügt jeder Mensch über ein einzigartiges Set an Charakterstärken. Diese haben die Experten in sechs Kategorien eingeordnet: Weisheit und Wissen, Mut, Menschlichkeit, Gerechtigkeit, Tugend und Transzendenz. Darunter bilden sich die einzelnen Charakterstärken. Insgesamt 24. Sie sind unsere natürliche Schubkraft. Freilich hat jeder von uns auch Schwächen. Für manche Aufgaben werden diese zum sprichwörtlichen »Leck im Schiff«. Schwächen können uns zurückhalten, aber auch dafür sorgen, dass wir stärker werden. Wenn wir sie annehmen und Lösungen finden, um sie auszugleichen, gewinnen wir wieder an Stärke.

Anders ausgedrückt: Ich kann einen Jagdhund nicht zum Schoßhund machen. Dafür ist er auf Dauer nicht geeignet und es macht ihn depressiv. Aber ich kann ihn fordern mit Schnüffelarbeit, ihm Freude bereiten mit langen Spaziergängen, ihn loben, wenn er lernt. Je mehr ich ihn in seinen Stärken fördere, desto mehr ergeben sich daraus Lösungen für Anforderungen, bei denen er ursprünglich nicht so stark war. So wird er irgendwann ohne Leine laufen und dabei noch immer ein glücklicher Jagdhund sein.

Die 24 Charakterstärken in Kürze
von Charakterstaerken.org

1. WEISHEIT UND WISSEN:
geistige Stärken, die den Erwerb und den Gebrauch von Wissen beinhalten.

- **Kreativität:** neue Ideen kreieren und effektive Wege finden, Dinge zu tun

- **Neugier:** Ausgeprägtes Interesse an der Umwelt haben, neue Erfahrungen suchen

- **Urteilsvermögen:** Dinge durchdenken und von allen Seiten betrachten. Argumente entwickeln

- **Liebe zum Lernen:** Begeisterung für das Lernen neuer Fertigkeiten und Wissensinhalte

- **Weisheit:** in der Lage sein, guten Rat zu geben, weitsichtig und tiefsinnig

2. MUT:
emotionale Stärken, die mit Willensleistung innere (Gedanken, Gefühle, Verhalten) und externe (Umfeld, Ereignisse) Barrieren zur Erreichung eines Zieles überwinden.

- **Authentizität:** sich selbst und anderen Menschen gegenüber aufrichtig sein, seinen Prinzipien treu bleiben.

- **Tapferkeit:** nach Zielen streben und sich von Hindernissen nicht entmutigen lassen. Auch unbeliebte, aber richtige Meinungen vertreten

- **Ausdauer:** beenden, was begonnen wurde, zielstrebig, großes Durchhaltevermögen

3. MENSCHLICHKEIT:
Zwischenmenschliche Stärken, die liebevolle menschliche Interaktionen ermöglichen.

- **Freundlichkeit:** Großzügig und hilfsbereit sein und andern gerne einen Gefallen tun

- **Bindungsfähigkeit:** menschliche Nähe herstellen können, enge Beziehungen zu Mitmenschen

- **Soziale Intelligenz:** Fähigkeit, die eigenen Gedanken und Gefühle wahrzunehmen, ebenso wie die Stimmungen von anderen

4. GERECHTIGKEIT:
Stärken, die das Gemeinwesen fördern.

- **Fairness:** alle Menschen nach dem Prinzip der Gleichheit und Gerechtigkeit behandeln

- **Führungsvermögen:** Gruppenaktivitäten organisieren und ermöglichen, gute Beziehungen innerhalb der Gruppe fördern

- **Teamwork:** gut als Mitglied eines Teams arbeiten und nach gemeinsamen Zielen streben

5. MÄSSIGUNG:
Stärken, die Exzessen entgegenwirken.

- **Vergebungsbereitschaft:** die Bereitschaft, anderen zu vergeben

- **Bescheidenheit:** das Erreichte für sich sprechen lassen, sich selbst nicht zu wichtig nehmen

- **Vorsicht:** bedächtig und vorausschauend planen, unnötige Risiken vermeiden

- **Selbstregulation:** Fähigkeit, sich selbst und seine Handlungen zu kontrollieren

6. TRANSZENDENZ:
Stärken, die uns einer höheren Macht näherbringen und Sinn stiften.

- **Sinn für das Schöne:** Schönheit in allen Lebensbereichen sehen und schätzen

- **Dankbarkeit:** sich der guten Dinge bewusst sein und sie zu schätzen wissen

- **Hoffnung:** das Beste erwarten und daran arbeiten, es zu erreichen

- **Humor:** Lachen und Humor schätzen; die Leute gern zum Lachen bringen

- **Spiritualität:** stimmige Überzeugungen über einen höheren Sinn des Lebens haben

SHORT FACTS ÜBER CHARAKTERSTÄRKEN:

- Jeder Mensch hat ein einzigartiges Set an Stärken.
- Sie sind trainierbar und veränderbar, wie sich beispielsweise auch Werte mit der Zeit verändern.
- Sie machen uns widerstandsfähiger.
- Stress kann besser bewältigt werden.
- Sie machen unser Leben glücklicher und erfüllter, je mehr wir sie einsetzen.
- Je besser unsere Stärken zur Umgebung passen, desto positiver erleben wir diese (Bsp. Arbeit, Schule).

> **ERKENNTNIS 15:**
>
> Mit dem Fokus auf unsere Charakterstärken können wir Herausforderungen besser meistern und unser Leben glücklicher, erfüllter und gesünder gestalten. Sie geben uns Energie und unterstützen uns, unsere Ziele zu erreichen. Um die Stärken zu aktivieren, können wir sie erkennen, messen und nutzen.

Gluecklichsein.ebrandhofer.de

Boardcheck 9 – Deine Stärken

Natürlich verlassen wir dieses Kapitel nicht, ohne deine eigenen Stärken angesehen zu haben! Hierfür machen wir wieder eine Pause. Du weißt schon, wo der richtige Platz dafür ist. Für den Charakterstärkentest gibt es zwei Links. Beide findest du auch noch mal in unserem Download-Portal. Die Stärken und Erklärungen sind weltweit gleich. Der deutsche Test wird von der Universität Zürich zur Verfügung gestellt. Du findest ihn unter *Charakterstaerken.org*

- **Suche dir einen Ort, an dem du mindestens 30 bis 45 Minuten ungestört bist.**

- **Es werden keine persönlichen Daten gesammelt.** Die Testseite verlangt eine Registrierung mit einigen spartanischen Grunddaten. Dabei sind für die Forscher hauptsächlich dein Alter und das Geschlecht wichtig. So können sie deine Daten für weitere Studien in den passenden Kohorten nutzen. Mit der Registrierung und deinem persönlichen Passwort hast du jederzeit Zugriff auf deine Ergebnisse.

- **Du bekommst deine Testergebnisse und ein paar kurze Erklärungen sofort online.** Wenn du mehr erfahren willst, bietet sich ein Stärkencoaching bei einem zertifizierten Positive Psychology Coach an. *(gehört einem dieser Verbände an oder wurde hier ausgebildet: EUPPA, DACH-PP, DGPP, IPPA[28])*

- **Konzentriere dich auf die ersten vier Stärken.** Wir alle haben das Set von 24 Stärken in uns angelegt. Unsere Charakterstärken werden hauptsächlich von den ersten fünf bis sieben Stärken geprägt.

- **Widerstehe der Versuchung, dich bei der ersten Analyse gleich dafür zu verurteilen, was nicht ganz oben auf der Liste steht.** Wir neigen dazu, uns sofort mit den Schwächen zu beschäftigen, statt mit dem was uns auszeichnet. Wenn du dich in deinen Stärken geübt hast, kannst du dich später in den Qualitäten weiterentwickeln, die auf der Liste weiter unten stehen.

SO KÖNNTE DEIN PROGRAMM FÜR DIE NÄCHSTEN VIER WOCHEN AUSSEHEN:

- **Fokussiere dich jede Woche auf eine der vier Stärken.**
- **Versuche sie in deinen Alltag zu integrieren.** Sei dabei spielerisch und erfinderisch.
- **Nimm wahr, wo du deine Stärke nutzt. Entdecke, wo du sie noch mehr nutzen kannst.**
- **Beobachte, was es mit dir macht, wenn du sie nutzen kannst.** Achte besonders auf die Momente, in welchen du Zeit und Raum vergisst.
- **Achte darauf, was passiert, wenn du etwas übermütig wirst und es mit deiner Stärke übertreibst.** Betrachte, wie du dich fühlst, wenn du sie kaum einsetzt.
- **Finde Wege, deine Stärken einzusetzen, bei Aktivitäten, die du überhaupt nicht magst.** *(Bsp. Neugier: Du hast gerade eine Arbeit, die dich anödet und langweilig ist. Lässt sich dabei etwas Neues erkunden? Eine neue Technik vielleicht, damit du schneller oder effizienter bist?)*
- **Mache dir Notizen: Reflektiere,** lerne und justiere

- **Such dir einen Stärken-Buddy!** Gemeinsam lässt sich diese Reise noch viel spannender gestalten. Ihr könnt euch gegenseitig reflektieren, von euren Erkenntnissen berichten und voneinander lernen. Oder lasse dich von einem zertifizierten Positive Psychology Coach unterstützen.

Stärken und Flow

Ist dir in den vier Wochen aufgefallen, dass es besondere Momente im Einsatz deiner größten Stärken gibt? Hast du erlebt, wie du zu manchen Zeiten völlig in einer Tätigkeit versinkst? Wenn du alles um dich herum und die Zeit vergisst. Kein Hunger, kein Durst. Alles läuft wie von selbst. Ein hammercooles Gefühl, oder? Das ist es, was wir »Flow« nennen. Aber wie hängt er mit unseren Stärken und vor allem mit unserer Lebensfreude zusammen? Und was bewirkt er?

> »Flow heißt, komplett in einer Sache aufzugehen, nur um ihrer selbst willen. Das Ego verschwindet. Die Zeit fliegt. Jede Tätigkeit, jede Bewegung, jeder Gedanke folgt auf den vorhergehenden. Es ist wie Jazz spielen.«[29]

Mihaly Csíkszentmihályi

Mit »Flow« bezeichnet man in der Psychologie einen Gefühlszustand, der eintritt, wenn man ganz und gar in einer Beschäftigung aufgeht. Das sind die Momente, in denen du Zeit und Raum vergisst und völlig vertieft in eine Tätigkeit bist. Voll und ganz konzentriert gehst du in deiner Aufgabe auf und hast dabei das Gefühl, dass alles wie von selbst geht. Dieser Zustand wird als unglaublich beglückend empfunden.

Während wir also gerade absolut vertieft sind, schwebt unser Gehirn auf einer »rosaroten Wolke«. Alles spielt einfach perfekt zusammen. Unsere Welt ist in Ordnung und jedes Instrument im Orchester spielt einen perfekten Ton für eine wunderbare Symphonie des Glücks. Das ist es, was man in der Neurobiologie einen »kohärenten Zustand« nennt. Alles passt. Auch wenn sich das Gehirn in einem hochaktiven Zustand befindet, arbeiten alle Regionen perfekt zusammen, um die Aufgabe zu bewältigen, auf die man sich gerade konzentriert. Das führt dazu, dass wir exzellente Leistungen abrufen können und danach dieses wunderbare Gefühl der Befriedigung erleben.

In einer Studie, die von Forschern der Universität Oxford durchgeführt wurde, untersuchte man beispielsweise die Gehirnaktivität von 15 Musikern[30], während diese spielten. Dabei zeigten sich während des Musizierens erhöhte Aktivitäten in den Gehirnbereichen, die für die Wahrnehmung und Entscheidungsfindung verantwortlich sind. Wohingegen sich eine verringerte Aktivität in den Teilen zeigte, die für Angst und Stressbewältigung zuständig sind. Die Ergebnisse weisen darauf hin, dass das Gehirn zwar sehr aktiv, aber unglaublich effizient ist.

Dabei spielen unsere Charakterstärken mit dem »Flow« zusammen. Beim Einsatz unserer Stärken wandert unser System in seine kraftvollste Performance, was es uns wiederum leichter macht, auf der »Welle« zu reiten. So kann der »Flow« sogar gerade auch dann eintreten, wenn wir beispielsweise einen fixen Termin für ein Projekt halten wollen und schon knapp in der Zeit sind. Plötzlich packt unser System alle Ressourcen auf den Tisch, nimmt Stärken und Herausforderungen an und schwingt sich auf, um die Welle zu reiten.

In den Flow schweben

Gerade dann, wenn sich ein Kanal zwischen Anforderungen und Fähigkeiten auftut, der eine besondere Mischung aus Herausforderung und dem Einsatz unserer Stärken bedeutet, laufen wir zu Höchstformen auf. Wichtig ist, dass wir auf dem schmalen Grat zwischen Unterforderung und Überforderung tanzen.

Fühlen wir uns überfordert, kann sich der *Flow* nicht entwickeln, weil wir in negativen Stress geraten, die Orientierung verlieren, in Konflikte verfallen und vieles mehr. Haben wir das Gefühl, unterfordert zu sein, treibt uns die Langeweile in den Frust, quält uns die Müdigkeit oder wir lenken uns mit allem Möglichen ab. Wieder negativer Stress.

Finden wir allerdings den Moment, in dem wir unsere Stärken einsetzen können und in dem die Aufgabe einen kleinen Tick mehr von uns fordert, als wir ohnehin schon können, dann werden wir hocheffizient und intensiv konzentriert. Oh, yes! Und genau dann stehen die Zeichen gut, dass wir die nächste Welle erwischen!

Was sich danach zeigt, ist das Gefühl von Glück, Befriedigung und glücklicher Erschöpfung, die der Entspannung Platz macht. Der Selbstwert klettert nach oben. Wir sind betankt durch die Hingabe in der Tätigkeit und bereit für die nächsten großen Aufgaben! Das ist der Moment, in welchem sich die Lebensfreude mit der Performance auf ganz hohem Niveau paart!

FLOW-ZUSTÄNDE FÖRDERN:

- Setze dir realistische Ziele. Finde den Kanal, in dem du gefordert, aber nicht unter- oder überfordert bist.

- Sorge dafür, dass du ungestört bist und dich voll und ganz auf deine Aufgabe konzentrieren kannst. *Gegebenenfalls in einem Büro Kopfhörer aufsetzen und Sounds anhören, die die Konzentration erhöhen (Bsp. Alpha Sounds, Binaural Beats, Musik ohne Text, White Noise, Naturgeräusche).*

- Organisiere deine Erreichbarkeit. Schalte für Konzentrationsphasen alle Nebengeräusche aus! (Handy, WhatsApp, E-Mail-Ton, Telefon etc.).

- Mache Pausen, um dich zu entspannen und zu erholen.

- Bewege dich zwischendurch an der frischen Luft.

- Sorge für eine gute Ernährung und halte immer ausreichend Flüssigkeit (am besten Wasser oder Tee) bereit.

- Belohne dich für deine Erfolge.

> **ERKENNTNIS 16:**
> Flow-Erlebnisse lassen uns komplett im Moment aufgehen. Die volle Konzentration und Hingabe für eine Aufgabe bringt unser Gehirn in Höchstleistung und entspannt es gleichzeitig. Dabei schöpfen wir auf hohem Niveau unser Potenzial aus und empfinden danach eine hohe Befriedigung.

Sicher ist dir nicht entgangen, dass sich bereits jetzt die Punkte aus verschiedenen Kapiteln auf unserer Reise verbinden. Positive Emotionen treffen auf Entspannung, die den Geist klar macht, und verbinden sich wiederum mit Charakterstärken, die unser Potenzial nutzen und den *Flow* fördern. Das bringt uns zu einem weiteren wichtigen Routenpunkt: Verbindungen.

KAPITEL 10

Positive Beziehungen

Was wäre ein Leben ohne unsere Mitmenschen? Eine deutliche Antwort auf diese Frage fanden Forscher, während sie über einen Zeitraum von über 75 Jahren eine der längsten Studien mit einer Sammlung von Lebensgeschichten begleiteten. Das Langzeitprojekt wurde an der Harvard Medical School[31] mit über 700 Männern ins Leben gerufen. Dabei wollten die Forscher herausfinden, wie psychische Gesundheit und soziales Umfeld die Entwicklung von Menschen beeinflussen. 75 Jahre folgten sie den Männern und sammelten Daten über ihre Gesundheit, ihre Beziehungen, ihre Karriere und ihre Lebenszufriedenheit.

Die erste Gruppe befand sich im zweiten Jahr ihres Harvard-Studiums. Die zweite bestand aus Jungen, die aus armen Verhältnissen mit schwierigen und benachteiligten Familien stammten. Aus den Jugendlichen wurden Erwachsene, die alle verschiedene Lebenswege beschritten. Unter ihnen Ärzte, Fabrikarbeiter, Maurer, Anwälte genauso wie Alkoholiker und sogar ein Präsident der Vereinigten Staaten, wie Robert Waldinger, der heutige Leiter der Studie, in einem TED-Talk berichtete. Einige waren die soziale Leiter von ganz unten nach ganz oben aufgestiegen. Andere genau in die Gegenrichtung.

Die Studie, die mittlerweile in der zweiten Generation mit den Nachkommen der ersten Teilnehmer weiterläuft, gilt bis heute als eine der umfassendsten Untersuchungen zur menschlichen Entwicklung. Aus einer Fülle von Daten hat sie gezeigt, dass die Gesundheit und das Glück eines Menschen nicht nur von seinen Genen, sondern auch von seinen Lebensumständen und seinem Verhalten beeinflusst werden. Ihre wichtigste Botschaft lautet: **Gute Beziehungen machen uns glücklicher und gesünder.**

»Other people matter.«

Christopher Peterson

»Das Einzige, was zählt, sind andere Menschen. Punkt.« Dieser Satz gilt als eine der bekanntesten Aussagen von Christopher Peterson, ehemaliger Professor an der University of Michigan und Mitbegründer der Positiven Psychologie. Mit Leidenschaft betonte er in jedem seiner Vorträge, was aus seiner Sicht den Kern der Positiven Psychologie darstellt: »Es ist die Gesellschaft anderer, in der wir oft Freude erleben und diese auskosten. Durch Charakterstärken, die uns mit anderen verbinden – wie auch Dankbarkeit – finden viele von uns Zufriedenheit und Sinn im Leben. Mit anderen Menschen arbeiten, lieben und spielen wir. Alles, was Beziehungen zwischen Menschen bildet und fördert, macht uns glücklich.«[32]

Beziehungen für Gesundheit & Wohlbefinden

Die Positive Psychologie wertet den Faktor Beziehungen für ein »gelingendes« Leben sehr hoch. Während Christopher Peterson betonte, dass unsere Beziehungen zu anderen Menschen das Einzige sind, was zählt, integriert Martin Seligman diese als einen der Schlüsselfaktoren zu einem »gelingenden Leben« in das PERMA-Modell. Dort spielt jedes der einzelnen Elemente eine wichtige Rolle in einem Leben, in dem wir uns geistig wie körperlich wohlfühlen wollen. Zeitgleich liefern unzählige Studien den Beweis, dass unsere Beziehungen zu anderen Lebewesen mit den wichtigsten Beitrag zu unserem Wohlbefinden leisten. Was wenig Verwunderung auslösen dürfte, wo wir schließlich als soziale Wesen gelten. Hier einige der wichtigsten Erkenntnisse aus der Gehirnforschung, die die Bedeutung des Faktors Beziehung für unser Wohlbefinden aufzeigen:

- **Beziehungen können unser Gehirn und unseren Aktionsradius erweitern.** Wenn wir uns mit jemandem verbinden, teilen wir unsere Gedanken, Gefühle und Erfahrungen. Daraus kann sich ein Gemeinschafts-Ich entwickeln, das gemeinsame Stärken nutzen und voneinander lernen kann. Zugleich kann uns diese Gemeinschaft Kraft geben, um schwierige Zeiten zu überwinden und Ziele zu erreichen. Es gilt das Motto: Die Summe ist größer als das einzelne Teilchen. *Bsp. ein Paar: Der eine entwickelt mit seiner Stärke »Vorsicht« bedachte und vorausschauende Lösungen. Der andere bringt die »Kreativität« ein. Beides zusammen erweitert den Radius. Oder Communitys, die sich im Austausch zusammentun und damit die Welt verändern können: Bsp. Wikipedia*

- **Menschen, die starke Beziehungen zu anderen haben, sind gesünder als Menschen, die diese nicht haben.** Beziehungen bieten uns Unterstützung, Liebe und Zugehörigkeit. Sie können uns auch helfen, mit Stress und Herausforderungen fertig zu werden.[33]

- **Beziehungen können uns helfen, andere Perspektiven zu verstehen.** Wenn wir mit Menschen aus verschiedenen Kulturen oder Lebensumständen interagieren, können wir lernen, ihre Sichtweise auf die Welt zu verstehen. Das kann zu mehr Toleranz und Verständnis führen.

- **Die anderen Menschen brauchen uns auch.** Wir können im Leben anderer Menschen einen Unterschied machen, indem wir ihnen Unterstützung, Liebe und Verständnis entgegenbringen. Zugleich fühlen wir uns selbst besser, wenn wir anderen helfen.

Der scheinbare Widerspruch

Soweit die Theorie, die uns in der Praxis manchmal vor Herausforderungen stellt. Dabei ist es sinnvoll, sich an dieser Stelle unsere menschlichen Bedürfnisse näher anzusehen. Lass uns diese von der psychischen Seite *(nach Klaus Grawe)* betrachten. Der körperlichen widmen wir uns später in unserem Vitality-Kapitel.

- **Liebe und Zugehörigkeit:** Wir brauchen Beziehungen zu anderen Menschen, um uns geliebt, geschätzt und zugehörig zu fühlen.

- **Sicherheit und Orientierung:** Wir brauchen das Gefühl von Sicherheit, um entspannt zu bleiben und zu wissen, was uns erwartet.

- **Selbstachtung:** Wir brauchen das Gefühl, wertvoll und wichtig zu sein. Für uns selbst und in Gemeinschaft.

- **Selbstverwirklichung & Freude:** Wir brauchen die Möglichkeit, unser Potenzial zu entfalten und unser Leben in Freude zu leben.

Die Erfüllung dieser Bedürfnisse, die in uns **allen** angelegt sind, gilt als Faktor für unsere Gesundheit und unser Wohlbefinden. Genauso wie im Gegenzug die Nicht-Erfüllung für negativen Stress sorgen kann. Daher treiben sie uns an, bestimmte Verhaltensweisen an den Tag zu legen, um sie zu befriedigen. Gekürzt lassen sich unsere psychischen Grundbedürfnisse auf zwei reduzieren, die scheinbar im Widerspruch miteinander stehen und alle anderen in sich vereinen:

Autonomie: das Bedürfnis, selbstbestimmt zu sein und sein Leben zu gestalten.
Verbundenheit: das Bedürfnis nach Zugehörigkeit und die Verbindung zu anderen Menschen.

Dr. Gerald Hüther, Neurobiologe und Autor, argumentiert[34], dass die beiden zwar auf den ersten Blick gegensätzlich erscheinen, sich jedoch in Wahrheit gegenseitig bedingen. Beide seien für ein glückliches und erfülltes Leben unerlässlich. Die Autonomie sorge dafür, dass wir unsere eigenen Entscheidungen treffen und unsere eigenen Wege gehen können. Die Verbundenheit lässt uns mit anderen Menschen verbinden und Liebe und Geborgenheit erfahren. Sind beide erfüllt, fühlen wir uns wohl und sind zufrieden. Wenn sie nicht erfüllt sind, fühlen wir uns unglücklich und unzufrieden.

> »Autonomie und Verbundenheit sind die beiden Flügel, mit denen wir fliegen können. Nur wenn wir beide Flügel haben, können wir ein glückliches und erfülltes Leben führen.«
>
> Dr. Gerald Hüther

Dieses Hintergrundwissen bildet eine wichtige Grundlage für unsere Beziehungen und auch dafür, wie sie unser Verhalten beeinflussen. Vor allem aber bildet es die Basis dafür, was es braucht, um positive Beziehungen mitzugestalten, damit sie ihren Beitrag zu unserem Wohlbefinden leisten können.

> **ERKENNTNIS 17:**
>
> Unsere Beziehungen gelten als einer der wichtigsten Faktoren für unser körperliches und geistiges Wohlbefinden. Um einen positiven Beitrag zu leisten, müssen sie unsere wichtigsten angeborenen Bedürfnisse nach Unabhängigkeit und Verbundenheit erfüllen.

Wege zu gelingenden Beziehungen

Auf unserer Mission interessiert uns jetzt natürlich wieder die Frage: Wie können wir dieses Hintergrundwissen für unsere Praxis nutzen? Die nächsten vier Punkte spielen dabei eine große Rolle.

1. GOOD VIBES ONLY

Einen der für mich wichtigsten Impulse gibt uns Kim Cameron, Professor für Management & Organisationen an der University of Michigan, wenn er von Energienetzwerken spricht. In meiner Sprache ist es der Spirit, der die Gemeinschaft treibt, so wie der richtige Sprit das Auto vorwärtsbringt.

Kennst du die Situation? Du machst irgendwo die Tür auf und kommst in ein Meeting. Du bist etwas später als alle anderen, erscheinst also mitten im Geschehen. Die Türklinke noch immer in der Hand, betrittst du den Raum. Und bereits jetzt spürst du: »Puh, die Luft ist ja zum Schneiden!« Langsam setzt du dich dazu und hörst erst mal, was gesprochen wird. Jede Menge kritische Töne: »Das klappt doch sowieso nicht!« »Ja, aber ...« »Nein, das siehst du falsch.« »Hätte die Abteilung xy nicht immer wieder den Fehler abc gemacht ...« »Du machst ständig ...« Um nur einige der Killerphrasen zu zitieren.

Ganz ehrlich: Wie viel Lust hast du, in dieser Gesellschaft etwas auf die Beine zu stellen? Eher weniger, stimmts? Ziemlich spaßbefreit.

Zur gleichen Erkenntnis kam John Gottman in den Studien, die er mit seinen Ehepaaren durchführte. Du kennst diese Forschung aus dem Kapitel positive Emotionen. Es braucht die richtige Energie in Beziehungen. Den richtigen Vibe! Hierzu kann uns die Drei-zu-eins-, besser noch Fünf-zu-eins-Formel sehr hilfreich sein. Wir alle blühen in einem Umfeld auf, das mehr Freude als Kritik verbreitet. Hast du schon mal Sonnenblumen beobachtet und wohin sie ihre Blüte ausrichten? Ganz genau, nach dem Licht! Ich kenne niemanden, der sich in Beziehungen wohlfühlt, die das dunkle und muffige Klima eines kilometerlangen Autobahntunnels versprühen.

Einer der maßgeblichen Energie-Faktoren ist unsere Kommunikation. Schon das Bemühen, uns in unserer Kommunikation weiterzuentwickeln, kann einen bedeutenden Beitrag zum Klimawandel in Beziehungen leisten! Dabei ist Kritik, wenn angebracht, durchaus erlaubt und wichtig. Es gilt jedoch erstens wieder: Die Dosis macht das Gift. Maximal eine Quote von drei zu eins positiv zu negativ. Zweitens: Der Ton macht die Musik: also die Art und Weise, wie Kritik geübt wird. Das gilt für alle Arten von Beziehungen. Beruflich genauso wie privat.

> »Ich habe herausgefunden, dass in 94 Prozent der Fälle Paare, die die Geschichte ihrer Ehe positiv sehen, auch eine glückliche Zukunft haben werden. Wenn die glücklichen Erinnerungen verdrängt sind, dann ist das ein Zeichen dafür, dass die Ehe Hilfe braucht.«

John Gottman

SHORT CUTS FÜR POSITIVE ENERGIE IN BEZIEHUNGEN:

Teile positive Momente: Erzähle, was heute Positives in deinem Tag passiert ist. Beginne dein Meeting mit den Erfolgsnachrichten. Eine Quote von drei zu eins wäre ein guter Richtwert.

Schaffe ein Klima positiver Kommunikation: Fördere eine Kommunikation, die deinem Gegenüber aktiv Aufmerksamkeit schenkt.

Hier ein Beispiel: Deine Frau hat intensiv an einer Präsentation gearbeitet, mit der sie den Vorstand zur Zustimmung für ein wichtiges Projekt bewegen möchte. Heute war ihr Tag! Sie kommt nach Hause und erzählt dir, dass sie das Go bekommen hat und nun mit ihrem Team in ihr Projekt startet! Folgende Reaktionsmöglichkeiten:

Aktiv konstruktiv: »Das hört sich ja toll an! Komm, wir machen einen Prosecco auf! Das muss gefeiert werden. Und dann will ich unbedingt alles im Detail erfahren! Wie ist es dir dabei ergangen? Was haben die anderen gesagt? Wie geht es jetzt weiter?«
Haltung: Zugewandt, aufmerksam interessiert, positiv offen, positive Gefühlswelt einbringen und dem anderen Raum geben, seine Welt darzustellen. *Ups, der Prosecco muss wohl ein Detail aus meiner Welt sein. Den musst du natürlich nicht zwingend dabeihaben!*

Passiv konstruktiv: »Wunderbar, ich freue mich für dich. Das hast du dir verdient!« **Haltung:** Positiv passiv. Wenig bis kein Ausdruck von Gefühlen.

Aktiv destruktiv: »Okay, vermute du arbeitest jetzt noch mehr und wir sehen uns noch weniger.« **Haltung:** Negativ, eher suspekt.

Passiv destruktiv: Du schaust noch in dein Handy und sagst nebenbei: »Aha. Okay. Und was essen wir heute?« **Haltung:** Abgewandt, wenig bis kein Interesse, wenig bis kein Augenkontakt.

2. POSITIVE EMOTIONEN

Bei positiven Emotionen geht es, wie du bereits weißt, um weitaus mehr, als auf der vermeintlichen rosa Wolke zu sitzen und dem Klang der Harfen zu lauschen. Es geht darum, ein positives Klima zu schaffen, eine Aufwärtsspirale zu unterstützen, Sicherheit zu fühlen, unsere Kreativität zu steigern und schlechte Zeiten besser zu überstehen. Positive Emotionen sind wie Dünger für unser System. Gute Nahrung für das Beet, in welchem unsere Lebensfreude wachsen soll! Angenommen, du hast mit deinem Team einen Pitch verloren. Ihr bekommt den Zuschlag nicht. Dann ist die Traurigkeit über den flöten gegangenen Auftrag die erste logische Konsequenz. Die Hoffnung auf eine bessere Zukunft oder das Vergnügen des Galgenhumors, um nur einige Beispiele zu nennen, schaffen gute Voraussetzungen, um sich bald schon wieder neuen Zielen zu widmen.

SHORT CUTS FÜR POSITIVE EMOTIONEN IN BEZIEHUNGEN:

Findet Momente der Freude, in denen ihr euer Interesse und die Neugier füreinander auffrischt, fördert und regelmäßig erweitert. Gottman macht daraus in seinem Buch »Die 7 Geheimnisse einer glücklichen Ehe« ein Spiel, das er »Love Maps« nennt. Du kannst es beliebig in Partnerschaften, Freundschaften, unter Kollegen, zum Team-Event, aber auch beim Meeting mit deinen Kunden einsetzen. Spiel ruhig ein bisschen damit.

Love Maps:
Hier eine Mini-Beschreibung. Auf dem Download-Portal findest du den Link zur offiziellen Seite von John Gottman.

Schnappt euch jeder einen Zettel und einen Stift. Notiert euch zehn Fragen, die ihr euch gegenseitig stellen und beantworten müsst. Für die richtigen Antworten könnt ihr auch Punkte vergeben.

HIER EINIGE BEISPIELFRAGEN:

- Nenne meine besten beiden Freunde (2 Punkte)
- Was hatte ich an bei unserem ersten Date? (1)
- Nenne eines meiner Hobbys (1)
- Was sind zwei meiner Lieblingsgerichte? (2)
- Um welche Tageszeit habe ich am liebsten Sex? (1)
  Tipp! Lass die Frage beim Kunden weg ;-)
- Was ist mein liebstes Urlaubsziel? (1)

Dieses Spiel ist natürlich nur eine der vielen Möglichkeiten für positive Emotionen.

Teilt positive Emotionen:
Hierzu noch ein Beispiel aus meiner Welt: Während ich gerade dieses Buch schreibe, habe ich mich sehr zurückgezogen, um ganz in meiner kreativen und konzentrierten Welt aufzugehen. Das Handy ist 90 Prozent des Tages aus und ich habe einen für mich optimalen Tagesrhythmus, um mein Ziel zu erreichen. Abends, wenn ich fertig bin, meist gegen 23 Uhr, sitze ich dann gern noch mit einem Glas Wein auf der Terrasse und erfreue mich an dem, was ich heute geschafft habe. Ab und an gehe ich durch meine Instagram-Timeline und bekomme dort neuerdings *(der Algorithmus lässt grüßen)* in regelmäßigen Abständen kurze Videos zum Thema »beste Freundinnen«. An manchen Abenden liege ich dabei vor Lachen unter dem Tisch! Klar, dass ich die Videos mit meinen Besties teile! Die Reaktionen machen

uns allen Spaß! Oft haben wir Tage später noch am Telefon etwas zu lachen, weil uns die ein oder andere Situation einfällt, die genau so war oder sein könnte wie in den Videos.

Halte die positiven Emotionen absichtlich hoch! Ein Team-Event, das Momente des Staunens hervorruft oder die Verbundenheit fördert. Kreative Aktionen, die gemeinsames Interesse fördern. Besprechungen, die so organisiert werden, dass sie Verbundenheit (Resonanz) fördern und ein Klima der Sicherheit schaffen. Kleine Aufmerksamkeiten, die die Gemeinschaft stärken. Erinnerungen, die einen gemeinsam lachen lassen. Die Liste für die positiven Emotionen könnte ich endlos fortsetzen, so wie das Thema Beziehungen hier nur ein Ausschnitt sein kann und nicht umsonst Millionen von Büchern füllt.

Werde nicht müde, absichtlich nach dem Guten Ausschau zu halten und immer wieder neue und kreative Möglichkeiten zu schaffen, euer Beet mit positiven Emotionen zu düngen! Gute Nahrung! Gute Nahrung! Gute Nahrung! Dann verdirbt der Magen nicht gleich bei einmal Junkfood.

Gluecklichsein.ebrandhofer.de

3. MOMENTE GENIESSEN

Die schönen Erlebnisse sind oftmals noch gar nicht vorbei, da betrachten wir sie schon wieder als selbstverständlich und haben sie bereits abgehakt. Häufig sind wir dann schon wieder auf der Reise zum nächsten Happening auf unserer To-do-Liste. Dabei sind es gerade diese Momente, die unsere Tanks noch während der Reise wieder füllen. Es ist das Gefühl von Dankbarkeit, das sich noch im Moment auftun kann, wenn wir ihm Aufmerksamkeit schenken. Dabei können wir unsere Sinne einbeziehen.

Ein Meister auf diesem Gebiet war meines Erachtens der Maler und Fernsehmoderator Bob Ross, den ich übrigens erst vor Kurzem bei einer meiner Love-Map-Reisen mit meinem Mann entdeckt habe. Seine Fernsehserie, »The Joy of Painting«, lief in den 1980ern. Dabei zeichnete er während der TV-Aufzeichnung Bilder und zeigte den Zuschauern Schritt für Schritt, wie man Landschaften malt. Ross war für seine ruhige, freundliche und humorvolle Art bekannt. Er malte regelmäßig »happy little trees« *(glückliche kleine Bäume),* Fehler galten nicht als Fehler, sondern er nannte sie »just happy little accidents« *(nur kleine glückliche Unfälle),* aus denen er wieder etwas Neues zauberte.

Während der ganzen Sendung malte er und erfreute sich während der Tätigkeit an seiner eigenen Kreation in all ihren Einzelteilen. Zeitgleich teilte er die Freude mit seinen Zuschauern. Ein Ballett! Er konnte achtsam jeden einzelnen Schritt beobachten, während er noch mittendrin war. Für die Zuschauer war seine Sendung zuweilen so entspannend, dass sie sie auch gut und gern als friedliche Einschlafhilfe nach einem feurigen Partyabend oder als kreativen Exkurs in die Meditation nutzten.

Der Genuss lässt uns die Momente in der Zeit erleben und doch zeitlos miteinander verknüpfen. Es sind die Momente der Dankbarkeit, die wir während des Moments wahrnehmen. Damit meine ich nicht die Dankbarkeit im Sinne von »bitte und danke«, wie wir es unseren Kindern so oft predigen. Sondern die positiven Erlebnisse, die wir jetzt wahrnehmen, mit denen aus der Vergangenheit verknüpfen und daraus positive Gedanken für die Zukunft generieren. Dabei sind der Kreativität keine Grenzen gesetzt, um den Genuss in Gemeinschaft auszukosten. Und auch hier gilt: **Achte auf die kleinen Momente!**

Beispiele für geteilte Genussmomente:

- Spaziergänge in der Natur, bei denen man das gemeinsame Erlebnis genießt. Dabei ist es nicht vorrangig wichtig, jede Blume zu kommentieren. Wir Frauen glauben das ja manchmal, weil wir ja so viel mehr zu bequatschen haben. Oft genügt auch einfach die Stille, die einen umgibt. Je nachdem, mit wem du gehst. Angenommen, du gehst mit deiner besten Freundin, dann kann es gut sein, dass ihr euer Gespräch genießt, das mit dem Laufen wunderbar im Takt fließt. (Das geht mit Tier und Mensch gleichermaßen.)

- Eine meiner lieben Kolleginnen aus Salzburg hat die wundervolle Angewohnheit, bei ihrer täglichen Joggingrunde mit ihrem Handy Schnappschüsse einzufangen. Hauptsächlich schießt sie Bilder in der Natur, bei denen sie die Blumen- und Bergwunder in den verschiedenen Jahres- und Wetterzeiten mit den passenden Lichtspielen der Morgenstimmung einfängt und danach auf Facebook postet. Während sie läuft, genießt sie den Anblick. Den hält sie fest.

Kostet ihn noch mal aus, wenn sie ihn nach dem Lauf postet und ich darf ihn genießen, wenn ich den Post entdecke. So versüßt dieser Moment uns allen mehrfach den Tag! Was für eine tolle Idee!

- Oder wenn du mit deinen Kindern einen Kuchen backst. Sei aufmerksam, wie sie sich freuen, wenn der Löffel mit dem frischen Teig abgeschleckt werden darf. Danach beobachte, wie die Schokomünder ganz glücklich sind, wenn ihr großes Werk in den Ofen wandert. Während ich nun schon Oma bin, fällt mir umso mehr auf, wie gerade diese Szene sich wunderbar eignet, um den gemeinsamen Moment zu genießen. Heute, wenn ich mit meinem Enkel backe, kann ich in der Vergangenheit meine Tochter sehen, mich sehen und irgendwie sogar noch viele andere Kinder mit ihren Eltern und Großeltern. Gleichzeitig kann ich bis Weihnachten vorspulen, wenn mein Enkel seine Plätzchen backt.

- Ein letztes Beispiel aus der Kategorie Genuss: Vielleicht geht ihr gern ins Konzert oder macht selbst Musik? Freunde von uns waren kürzlich auf dem Pink-Konzert hier im Olympiastadion in München. Als sie uns davon erzählten, waren sie immer noch Feuer und Flamme. Was muss das für ein Spektakel gewesen sein! Ihre Augen leuchteten noch Tage später beim Erzählen und die Stimme hatte diesen freudigen Klang. Offensichtlich ein Ereignis für alle Sinne. Die Musik war toll. Die Sängerin versprühte einen umwerfenden Vibe. Die Kostüme waren ein kreatives Statement. Ihre Bühnenshow fantastisch. Ich hatte ein sehr intensives Bild von ihrer Vorstellung. Der Funke war während des Erzählens zu mir rüber gehüpft! Auch wenn ich das Konzert nicht gesehen habe. Die beiden haben ihre Zeit genossen und ihre Freude im Nachgang mit uns geteilt. So konnten wir das Erlebnis gemeinsam auskosten.

4. STÄRKEN ANDERER SEHEN UND SCHÄTZEN

Unsere Charakterstärken sind Teil unserer Persönlichkeit. Genau dafür lieben wir unser Umfeld und sie lieben uns für unsere. Okay, zugegeben, manchmal können wir uns damit auch ganz schön auf den Geist gehen, wenn wir es unbewusst damit übertreiben. Da wären beispielsweise die Stärke »Vorsicht«, die zur Erbsenzählerei wird, oder »Kreativität«, die sich im Chaos verliert, oder »Freundlichkeit«, die zum absoluten »Harmony-Schlumpf« mutiert. Um nur einige Übertreibungsformen aus den 24 Charakterstärken zu nennen. Ehrlich, wie oft hast du dich mit deinen Liebsten schon über deine Macken kaputtgelacht und festgestellt, dass dies aber auch gleichzeitig deine Stärken sind, wenn sie in der richtigen Bahn laufen?

Genau darin liegt eben auch der Schlüssel! Je mehr wir uns mit unseren Stärken beschäftigen, desto mehr können wir sie auch nutzen, um sie konstruktiv in unsere Beziehungen einzubringen. Dann passiert, was uns in Gemeinschaften im Laufe der Evolution so groß gemacht hat. Wir ergänzen uns und laufen als Team zur Höchstform auf! Und wenn wir uns dann noch gegenseitig für unsere Stärken, die wir im anderen sehen, schätzen können, dann wird dieses Gemeinschaftsband doppelt stark.

Eine schnelle Stärkendusche

Eine Übung, mit der du anfangen kannst. Schreib eine kurze Textnachricht an fünf deiner Liebsten mit folgendem Inhalt (wähle natürlich deine Worte, die für dich passen): *»Hey, ich bin da gerade auf einer Entdeckungsreise mit und zu mir selbst. Dazu bräuchte ich für eine Übung deine Unterstützung! Ich würde mich wahnsinnig freuen, wenn du mir in deiner Nachricht zwei bis drei Stärken nennst, die mich in deinen Augen auszeichnen? Wenn du magst, mache ich dasselbe auch für dich!«*

Diese Übung klingt so banal. Erfahrungsgemäß öffnet sie Herzen und Tore in uns. Sie beflügelt uns wie eine warme Dusche. Probiere es aus.

Später kannst du dich darin üben, mehr von den Stärken deines Umfelds im Laufe des ganz normalen Alltags wahrzunehmen, wertzuschätzen und bei Gelegenheit auch immer mal wieder laut auszusprechen. Wir alle haben es gern, wenn uns andere Menschen sehen! Erinnere dich an die Grundbedürfnisse. Am Anfang wirkt das Nennen der Stärke für viele von uns noch etwas holprig. Je mehr Übung du darin hast, wirklich dankbar zu sein, für das, was dich ergänzt, desto besser kannst du es auch im anderen erkennen und ausdrücken. Mir geht es zum Beispiel so, wenn ich Menschen in meinem Team habe, die die Struktur sofort überblicken. Das bedeutet für mich, dass ich mich ganz auf meine Kreativität oder die Beziehungen konzentrieren kann. Das Timing, die Struktur, die Organisation erledigen beispielsweise die wunderbaren Menschen aus der Fraktion Vorsicht und Führung.

> **ERKENNTNIS 18:**
>
> Die Konzentration auf unsere gute Energie, positive Emotionen und das genussvolle und achtsame Erleben unserer Aktivitäten betankt die Aufwärtsspirale. Die Beschäftigung mit unseren eigenen Stärken und die Wertschätzung der jeweiligen Stärken der anderen stärken die Kraft der Gemeinschaft in guten wie in schlechten Zeiten!

Boardcheck 10 – Dein Team

Jetzt ist wieder ein guter Zeitpunkt für eine Pause. Vor allem interessiert uns/dich vermutlich, wie dir das eben erworbene Wissen in der Praxis bei deinem Projekt weiterhelfen kann. Lass uns wieder die Zeit nehmen, durchzuschnaufen und deine *Mission: Glücklich sein* in die nächste Stufe zu begleiten!

Lass dich hierzu gern wieder an deinem »Glücksplatz« nieder und nimm dir einige Minuten Zeit für dich. Wenn du magst, kannst du vor der Übung erneut ein paar tiefe Atemzüge nehmen. Das macht den Kopf wieder frei und dein Körper bekommt die Chance sich zu entspannen. Alternativ sorgt auch ein kleiner Spaziergang an der frischen Luft für neuen Sauerstoff im System. Höre einfach in dich hinein, was es braucht. Und wenn du so weit bist, dann schnapp dir wieder dein Projekt und deine Notizen, denn dort geht es jetzt weiter. **Halte diesmal wieder unsere Eingangsfragen im Hinterkopf: Wer bin ich? Wer will ich sein? Wie will ich leben?**

Wer bin ich gerade, wenn ich meine Stärken nutze?
Was zeichnet mich jetzt gerade aus? Was kann ich gut? Was mache ich gern? Wobei erlebe ich Flow-Momente? Was hilft mir dabei von meinen Stärken?

Welches Umfeld habe ich aktuell?
Mit welchen Menschen verbringe ich die meiste Zeit? Was sind ihre Stärken? Was zeichnet sie aus?

Wer will ich sein, wenn ich meine Stärken noch mehr nutzen kann?
Wie nutze ich meine Stärken, wenn mein Projekt gelungen ist? Gibt es welche, die ich vertieft habe? Sind Stärken oder Fähigkeiten dazugekommen?

Wie lebe ich, wenn mein Projekt gelingt?
Mit welchen Menschen (ihre Qualitäten) bin ich zusammen? Was zeichnet unsere Beziehung aus? Wobei unterstützen mich Menschen? Welche ihrer Stärken nutzen sie dazu? Was kann ich von ihnen lernen?

Die Beziehungen zu anderen Menschen sind sehr viel machtvoller, als wir uns dessen manchmal bewusst sind. Auch wenn die Wissenschaft bestätigt, dass nur etwa zehn Prozent deines Glücks von deinen Lebensumständen, also auch deinem Umfeld, abhängen. So kommt sie im gleichen Zug zu der Erkenntnis, dass vierzig Prozent von deinen Entscheidungen abhängt. Here we go! Das ist der springende Punkt.

> »Du bist der Durchschnitt der fünf Menschen, mit denen du am meisten Zeit verbringst.«
>
> Anthony Robbins

Du bist nicht nur du als Individuum. Du bist auch das Gemeinschafts-Ich aus dem Inner-Circle von Menschen, mit denen du dich umgibst. Ihr beeinflusst euch gegenseitig. Wenn du also mit Menschen zusammen bist, die dich inspirieren, bei denen du dich geborgen fühlst, die in dir gute Gefühle auslösen, dann unterstützt das deine Mission. Das ist wie Licht, unter dem du und dein Team, deine Familie, dein Business usw. und alle Projekte, die ihr vorhabt, gut gedeihen können. Wenn ihr euch in euren Stärken seht und fördert, ist genau das die Schubkraft, die euch zu Erfolg verhilft.

Mich erinnert daran immer der Film »But Beautiful« von Erwin Wagenhofer. Eine wunderbare Doku, die zeigt, wie sich Menschen überall auf der Welt für eine nachhaltigere Zukunft einsetzen. In einer Szene erzählt ein österreichischer Förster, wie die Natur im Wald zusammenarbeitet. Als ich diese Doku das erste Mal gesehen habe, hat genau diese Erzählung bei mir wie ein Blitz eingeschlagen! Sie hat mir eine neue Sicht auf unsere Beziehungen gebracht und wie sehr wir uns an der Natur orientieren können. Du merkst es schon, hier kommt wieder ein Spiri-Teil, der bei mir Begeisterungsschübe ausgelöst hat. Deshalb möchte ich die Geschichte mit dir teilen. Vielleicht kannst du damit etwas anfangen.

Der Wald ist ein komplexes Ökosystem, in dem verschiedene Pflanzen und Tiere miteinander in Verbindung stehen. Aber wusstest du, dass sich Bäume im Wald auch gegenseitig unterstützen? Wenn beispielsweise ein Baum knapp an Wasser ist, können ihm die anderen Wasser rüberleiten. Dafür nehmen sie selbst kurzfristig weniger in Anspruch und geben es dem Nachbarn. Sie kommunizieren miteinander! Wenn ein Sturm aufzieht, können sie ihre Wurzeln miteinander verflechten und sich so gegenseitig schützen. Seitdem gehe ich sehr viel wacher durch den Wald und sehe, wie viele Verbindungen die Bäume in Wahrheit miteinander haben. Es ist unglaublich, wie oft tatsächlich ein Baum den anderen stützt!

Dann gibt es da noch die Pilze! Sie führen eine richtige Geschäftsbeziehung mit den Bäumen. Sie liefern den Bäumen Nährstoffe und Wasser, im Gegenzug erhalten sie eine regelmäßige Zuckerlieferung. In guten Zeiten nährt sich dieses System in gegenseitiger Unterstützung mit ihren Stärken. In schlechten helfen sie einander mit ihren jeweiligen Stärken. Wie ich finde, ein System, von dem wir uns einiges abschauen können.

> »Der Wald ist wie eine riesige Firma, die 24 Stunden am Tag, sieben Tage die Woche arbeitet und dabei keinen Schaden anrichtet. Er produziert Sauerstoff, er filtert das Wasser, er reinigt die Luft und er macht die Erde fruchtbar.«
>
> Erwin Thoma

Dieser Satz ist zu meinem Bild für Beziehungen geworden. Privat wie beruflich. So lautet mein Mantra: »Wenn wir gemeinsam unterwegs sind, um richtig coolen Sauerstoff zu produzieren, dann wächst jeder von uns und auch unser Wald.« Und ich weiß nicht, wie es dir geht, aber mich verzaubern kraftvolle Wälder. Sie haben auf mich eine magische Anziehungskraft.

Short Cuts für trostlose Beziehungen

Machen wir uns nichts vor. Es gibt auch jede Menge Beziehungen, die gerade oder schon länger keinen coolen Sauerstoff produzieren. An diesem Punkt stellt sich in der Praxis unweigerlich die Frage: »Was mache ich, wenn die Beziehung zu jemandem so gar keine Good Vibes und Genuss-Momente versprüht und mich überhaupt nicht (mehr) nährt? Von gutem Sauerstoff ganz zu schweigen. Wir sind eher eine Klimakatastrophe!«

Erinnere dich an die Aufwärtsspirale und dein Energiesparsystem. Blättere gern ein paar Seiten zurück. Du kannst dir aber auch vorher die Tipps durchlesen und dann dein Wissen noch einmal auffrischen.

1. **Der Baum hat nichts abzugeben, wenn er selbst nichts hat.** Demnach geht die erste gute Nahrung in die Beziehung zu dir und in deine Kräfte. Das ist nicht unangebracht egoistisch, sondern eine wichtige Voraussetzung für das Gelingen deiner Mission und Entspannung in deinem System. Bist du genährt, hast du was abzugeben. Bist du entspannt, kannst du dich klar ausrichten.

2. **Das »Beziehungsbeet« entwickelt ein wunderbares Wachstumsklima mit einem Quotienten von drei zu eins** oder noch besser fünf zu eins. Das lässt eure Pflanzen gedeihen und aufblühen. Dasselbe gilt für dich als Individuum! Du brauchst mehr gute Nahrung als negative. Sorge dafür, dass dein Haushalt in der Beziehung zu dir selbst mindestens die gleiche Quote erfüllt, die du für andere zum Maßstab nimmst.

3. **Was ist deine gute Nahrung? Der Invest in deine positiven Emotionen,** das Stärken deiner Stärken, der Blick auf deine Pro-

jekte, deine nährenden Beziehungen. Die Fütterung der Kräfte, die dich antreiben. Wir lernen gleich noch ein paar kennen. Davon packst du rein, was du für dich und deine Quote brauchst! Du. Für dich. Ich halte mich dabei an einen uralten Satz von unserem Opa, den ich hier mit einem Augenzwinkern mit dir teile: »Viel hilft viel.« Er hat immer gern ein bisschen mehr von allem gehabt. Passt nicht immer, aber hier sehr gut! Lass dich verzaubern von den Dingen, die dich interessieren, die dich neugierig machen, die dich staunen lassen, die dich mit anderen verbunden fühlen lassen, die dir das Herz öffnen und bei denen die Kompassnadel Richtung Freude ausschlägt! Nur nicht sparsam mit der guten Nahrung! Hier können wir auch gut sieben zu eins vertragen.

4. Vielleicht sagst du jetzt: »Ja und was mache ich mit unseren Problemen? Ich tue und mache und nichts ändert sich! Das macht einfach keinen Spaß. Wie viel soll ich denn da noch reinschütten?« Dann richte dir schon mal einen kleinen Schraubenschlüssel her, mit dem du das passende Rädchen im Gehirn manuell weiterdrehen kannst. Damit es wieder »klick« macht und wir wieder in die Richtung schauen, in der das Außergewöhnliche wohnt! An diesem Punkt verlaufen wir uns nämlich immer wieder mal! Ready? **Egal ob im Beruf oder privat: Du kannst den Pilz, den Borkenkäfer, das kranke Reh und auch den anderen Baum im Wald nicht verändern. Jeder weitere Versuch liefert gute Energie in die negative Quote. Investiere die Kraft in die positive Quote! Vor allem deine.** Denn die verändert dich und damit das System! Denn du bist ja schließlich Teil davon. Deswegen ist die Frage »Wie will ich leben?« so wichtig! Damit du weißt, worauf du deinen Kompass

ausrichten willst. Und darauf richtest du deine Konzentration. Das alte Lied läuft derweil parallel weiter. Wie bei den DJs in der Disco! Ein Lied geht auf einem Plattenteller zu Ende, da mixt der DJ auf dem zweiten schon den nächsten Song ein. Manchmal passt der Übergang besser, ein anderes Mal hakt er eben ein bisschen.

5. **Was passiert stattdessen mit deiner Energie, wenn du den Fokus ständig auf die andere Person lenkst,** die du nicht »umbauen« kannst? Eben. Das frustriert, macht müde. Und so, wie du dich dann fühlst, so sieht man meistens auch irgendwann aus. Das folgende Zitat trifft es auf den Punkt.

> »Du schluckst Gift und erwartest, dass der andere davon stirbt.«

Paulo Coelho (aus »Der Alchimist«)

6. Wenn du allerdings klar darüber bist, wie du leben möchtest, dann weißt du auch, wo du welche Nahrung hinschicken musst. Das ist deine Aufgabe! Die gute Nahrung sorgt dafür, dass das System Vitamine bekommt. Die Aufwärtsspirale läuft. Und sehr viel öfter als vermutet (!!!) bedeutet das für den anderen Teil in der Beziehung auch neue Nahrung und plötzlich dreht sich was im Ökosystem. Manchmal kommen neue Gespräche auf, die Standpunkte verändern sich oder jemand öffnet sich. Ich habe es schon oft erlebt.

7. Wenn nicht, dreht sich auch was! Die Teile, die keine Nahrung mehr finden, verschwinden eines Tages aus dem Wald und integrieren sich in ein anderes System, das besser passt. Das kannst du sein oder der andere Teil. Aber darauf musst du erst mal keine Energie verwenden. Das geht zur rechten Zeit von ganz allein.
8. Investiere deine gute Energie in deine guten Kräfte. Den Rest erledigt die Aufwärtsspirale von ganz allein! So oder so. Entweder es dreht sich. Oder es dreht sich.

> **ERKENNTNIS 19:**
>
> Je mehr du dich darin übst, dein eigenes gutes Klima zu nähren, desto mehr strahlst du es auch aus. Früher oder später umgeben dich automatisch Beziehungen, bei denen ihr gemeinsam ein gutes Klima gestalten wollt. Für die Durststrecken zwischendurch, die sich, zugegeben, manchmal etwas einsam anfühlen können, gilt der Leitspruch: »Gute Nahrung. Gute Nahrung. Gute Nahrung.« Der Invest geht in deine Lebensfreude und wandert damit direkt in deine Beziehungen. Denn diese Tatsache wurde bereits von vielen Studien belegt: Glückliche Menschen haben bessere Beziehungen.[35]

KAPITEL 11

Sinn

Bei den meisten Menschen geht die Mission zur Lebensfreude unmittelbar mit der Frage nach dem »Sinn« (Meaning) einher. Einer der bekanntesten Vertreter der Wissenschaft, der sich mit der Thematik um den Sinn befasste, war der österreichische Psychiater Viktor Frankl, der Begründer der Logotherapie *(eine Form der Psychotherapie mit dem Fokus Sinn)*. Frankl selbst war viele Jahre in deutschen Konzentrationslagern gefangen. Doch trotz all des Leids an diesen schrecklichen Orten konnte er beobachten, dass es selbst dort möglich war, einen Sinn zu finden.[36] So gab es auch unter diesen schweren Umständen Freundschaften. Ja, es wurde auch gelacht und geliebt! Während ich diese Zeilen schreibe, fällt mir wieder Petersons Zitat ein: »Other people matter.« In diesem Moment kommt es mir noch so viel kraftvoller vor.

Viktor Frankl sieht unseren Lebenssinn eben gerade in der Suche nach dem Sinn.[37] Wir wollen ihn in unserem Dasein finden, um in ihm aufzugehen und ihn nach unseren Werten zu erfüllen. In seinem Buch »Trotzdem Ja zum Leben sagen«, in dem Frankl seine Erinnerungen an die schweren Jahre in den Konzentrationslagern festhielt, kommt er zu dem Schluss, dass es gerade die Suche nach dem Sinn ist, die selbst in schwierigsten Situationen helfen kann zu überleben. Dass uns dieser allerdings nicht gegeben werden kann, sondern wir ihn finden müssen. Frankl betrachtet den Sinn als unsere stärkste Motivationskraft.

Auch Martin Seligman und die Positive Psychologie betrachten den Sinn als eine tragende Säule für das menschliche Wohlbefinden. Er löst ein Gefühl der Verbundenheit mit etwas Größerem als sich selbst aus.

Sinn ...

    ... kann nicht gegeben, sondern muss gefunden werden.

    ... ist immer individuell.

    ... treibt uns an, sich etwas (jemandem, einer Idee/Sache), das größer ist, als wir selbst, hinzugeben.

> »Der Mensch kommt nicht zu sich selbst, wenn er beständig um sich kreist, sich selbst beobachtet. Der Mensch kommt nur zu sich selbst, wenn er sich abwendet, von sich weg sieht, sich einer Person, Idee oder Sache zuwendet.«
>
> Viktor Frankl

Genau in diesem Zitat liegt meines Erachtens eine sehr spannende Erkenntnis für unsere Mission! Vor allem aber auch eine wichtige Message für die Persönlichkeitsberatungsszene und jeden, der sich gern weiterentwickelt. Ein Teil unserer Reise ist der, zu reflektieren, wer wir sind und wer wir sein wollen und wie wir leben wollen. Doch der beträchtliche Teil liegt darin, dich und deine einzigartigen Gaben in die Welt zu tragen! All unsere Entwicklung ist nichts wert, wenn wir sie nicht wieder zurück in die Welt tragen. Wenn wir uns nicht einer Angelegenheit verschreiben, die größer ist als wir selbst.

Dabei geht es primär noch nicht mal darum, dass den anderen etwas abgehen würde. Obwohl ich persönlich ganz sicher bin, dass ein beträchtlicher Teil in dieser Welt fehlt, wenn du dich auf deiner Couch versteckst! Doch was ich ganz sicher weiß, ist, dass dir deine Lebensfreude fehlt, wenn du den Sinn deines Daseins nicht in die Welt tragen kannst.

Arten von Sinn nach Frankl

1. SCHÖPFERISCHE WERTE
Du schaffst etwas zum Nutzen oder zur Freude der Gesellschaft. Du gehst in einer Aufgabe oder in einem Werk auf, das deine Hingabe erfordert oder das du schaffst.
Beispiel: eine Idee/ ein Projekt umsetzen

2. ERLEBNISWERTE
Sie entstehen in der Liebe zu einer Person, Freude an Beziehungen, der Natur, Musik, Kunst und der Schönheit der Welt. Es geht um das Erleben in seiner Einmaligkeit und Einzigartigkeit.
Beispiel: einen Job lieben aufgrund der Kollegen

3. EINSTELLUNGSWERTE
Dabei geht es um die Einstellung zu einem unabänderlichen Schicksal oder einer persönlichen Tragödie, in der wir das Leid in Leistung verwandeln. Selbst wenn alles andere versagt, haben wir noch immer die Wahl, durch unsere Haltung und unser Verhalten »eine Tragödie in einen Triumph zu verwandeln«.
Beispiel: Frankls Inhaftierung und sein Buch, das Millionen von Menschen berührt hat.

Dein WARUM

Was ist es, was dich morgens aus dem Bett springen lässt? Was dir die Energie gibt, aufzustehen und das zu tun, was du tust? Was steht hinter alldem, was du den ganzen Tag tust?

Wenn du Ärztin bist, bist du Ärztin. Doch allein deine Arztausbildung lässt dich doch mitten in der Nacht nicht in ein Notfallfahrzeug steigen oder schwerkranke Menschen bei einer Krebstherapie begleiten? Was treibt dich an? Die Menschen, die dich inspirieren, die dir Vorbilder sind, was hat sie für dich dazu gemacht? Die Tatsache, dass sie ein bestimmtes Zertifikat oder einen Titel besitzen? In den meisten Fällen wohl eher nicht. Oder ist es vielmehr die Geschichte, die hinter diesen Menschen steht, die wir so inspirierend finden?

Mit diesem Thema setzt sich ein Mann, den ich wahnsinnig inspirierend finde, seit einigen Jahren auseinander. Simon Sinek, bekannter Autor und Unternehmer, stellt in seinem Buch »Finde dein Warum« die These auf, dass es unser »WHY«/unser »WARUM«[38] ist, das uns leitet. Und dass, nebenbei bemerkt, genau dieses *Warum* beispielsweise die erfolgreichen Unternehmen von den weniger erfolgreichen unterscheidet.

Das *Warum* ist der Sinn, der hinter alldem steckt. Der uns antreibt und den wir in anderen bewundern. Weil wir ihn spüren, weil er eine emotionale Verbindung zu uns aufbaut. Genau dort finden wir die Verknüpfung zu den anderen Komponenten des PERMA-Modells. Der Sinn trägt alles gemeinsam in die Stufe, die mehr ist als wir selbst und die uns über uns hinauswachsen lässt. Dort ist das Werteglück zu Hause. Wir empfinden Erfüllung, weil wir tun können, was wir für wertvoll erachten. Ein Leben, das uns Wohlbefinden in der Tiefe schenkt. Wir können wachsen und uns weiterentwickeln *(siehe Kapitel 5, 3. Das erfüllte Leben)*.

ERKENNTNIS 20:

Sinn lässt sich dort finden, wo wir uns glücklich fühlen und den Moment der Erfüllung erleben (positive Emotionen). Wir können unsere Werte und Persönlichkeit einbringen und in einer Aufgabe aufgehen *(Engagement, Flow, Charakterstärken)*. Wir engagieren uns für etwas, das größer ist als wir selbst *(Ziele, Beziehungen)* und bauen starke Beziehungen *(Engagement)* auf.

Boardcheck 11 – Deine Werte

Neben deinen Charakterstärken aus Kapitel 12 habe ich hier eine Übung für dich, die dich deinem Sinn noch ein Stückchen näher bringt. Immer wieder darf ich beobachten, wie der Werte-Check bei meinen Klienten zu wunderbaren Aha-Momenten führt. Das ist kein Test oder irgendetwas, das wissenschaftlicher Validität oder einem Anspruch auf Vollständigkeit genügen würde. Es geht hierbei lediglich darum, ein Gefühl dafür zu bekommen, was dir in deinem Leben wirklich wichtig und wertvoll ist.

Deine Werte haben sich entwickelt aus deinen persönlichen Erfahrungen, über Einflüsse von Familie und Freunden, durch Kultur und Gesellschaft, Religion und Spiritualität und deine eigene Weiterentwicklung. Auch wenn sie sich im Laufe der Jahre immer mal wieder ein wenig verändern, so bleibt ein Grundset deiner Persönlichkeit doch relativ gleich.

So führen dich deine Werte wie ein Kompass auf deiner Reise. Sie geben dir Orientierung und helfen dir, Entscheidungen zu treffen, die dich glücklich machen und die für dich sinnvoll sind. Jeder von uns hat etwa ein Set an zehn Werten, die ihm im Alltag als Orientierung dienen.

Drei davon sind unverhandelbar. Das bedeutet, sie sind deine unverhandelbare Richtschnur. Wann du merkst, dass dir ein unverhandelbarer Wert angekratzt wurde? Der Schmerz ist groß! Körperliche Beschwerden, Unzufriedenheit und Misserfolg, um an dieser Stelle nur einige zu nennen. Allein daran kannst du schon erkennen, was für dich auf deiner Prioritätenliste ganz oben steht. Genau nach diesen drei Unverhandelbaren halten wir jetzt Ausschau!

Dann lass uns loslegen! Du kennst das ja mittlerweile. Dein Glücksplatz ist bestimmt ein guter Ort. Du brauchst etwas zu schreiben und solltest ein paar Minuten Ruhe haben. Du findest die Übung auch auf dem Download-Portal.

1. **Ich stelle gleich jeweils zwei Werte nebeneinander. Bitte entscheide dich möglichst aus dem Bauch für einen der beiden** (der dir wichtiger erscheint). Schreibe diesen auf dein Blatt. Der andere wird weggestrichen. Dann gehst du zum nächsten Wertepaar und machst das Gleiche. Ohne lange zu analysieren. Es gibt kein Richtig und Falsch. Den ausgewählten Wert schreibst du jetzt unter den anderen. Und immer so weiter, bis du eine Liste von acht Werten untereinanderstehen hast.

Ehrlichkeit	Respekt
Mitgefühl	Gerechtigkeit
Freiheit	Verantwortung
Lernen	Wachstum
Erfolg	Gesundheit
Familie	Zusammenhalt
Stärke	Selbstvertrauen
Optimismus	Zielstrebigkeit

2. **Jetzt sollten auf deinem Zettel acht Werte untereinanderstehen. Nimm bitte den ersten und den letzten auf deiner Liste,** vergleiche die beiden und streiche den weg, der für dich nicht so wichtig ist. Es bleibt nur der Wert stehen, der dir wichtiger erscheint! Auch hier gilt wieder: nicht großartig analysieren. Machen.

3. **Dann gehst du weiter zum zweiten und vergleichst ihn mit dem vorletzten** und machst dasselbe Spiel wieder. Anschließend zum dritten usw.

4. **So lange, bis auf deiner Liste nur noch vier Werte untereinanderstehen,** die nicht durchgestrichen sind. Du bist den unverhandelbaren schon gefährlich nahe!

5. **Streiche jetzt noch den letzten weg**, den du verkraften kannst.

6. **Voilà, da stehen deine drei unverhandelbaren Werte,** die einen guten Kompass für deine Entscheidungen bilden!

7. **Nimm jetzt deinen Zettel und schreibe ein bis zwei Sätze zu jedem Wert,** was er für dich bedeutet. Bsp. Freiheit bedeutet für mich, dass ich ...

   Damit hast du deine persönliche Orientierungsmöglichkeit geschaffen. Denn Wertenamen gibt es viele gleiche. Was du und ich beispielsweise unter dem Begriff Freiheit verstehen, kann ganz verschieden sein. Du erinnerst dich? Die Brille, durch die wir die Welt sehen. Deine kann ganz anders aussehen als meine. Mit den beiden Sätzen weißt du ganz genau, was für dich wichtig ist. Deshalb sind ganze Sätze sehr viel besser als nur kurze Stichworte.

Wofür du deine Werte nutzen kannst? Angenommen, du bist in einem Vorstellungsgespräch und willst noch ein besseres Gefühl dafür bekommen, wie die Firma und die Stelle zu dir passen. Dann könntest du am Schluss den Personalleiter noch fragen: »*Wenn ich Sie fragen würde, was für Sie die drei Punkte/ Werte sind, die Ihnen bei unserer Zusammenarbeit unverhandelbar wichtig sind, welche wären das?*« Meist nennen sie ihre und fragen dich dann auch. Das ist wunderbar! So könnt ihr beide schnell erkennen, ob der Kompass für alle in die richtige Richtung zeigt. Es geht ja nicht darum, genau die gleiche Wortwahl zu benutzen. Sondern nur darum, eine Richtung zu erkennen.

Mit den Erklärungssätzen, in denen du dir vorher schon klar geworden bist, was dein Wert für dich bedeutet, hast du jetzt eine schöne Möglichkeit, deinem Gegenüber deine Perspektive zu erklären. Du kannst zum Beispiel sagen: »*Freiheit ist mir unglaublich wichtig! Das heißt nicht, dass ich nur tun und lassen will, was mir Spaß macht. Aber es ist mir beispielsweise sehr wichtig, meine Arbeitszeit so frei wie möglich selbst einteilen zu können.*« Jetzt habt ihr eine Grundlage für ein offenes Gespräch und beide eine Wahl.

Genauso kannst du dieses Gespräch mit Kunden führen oder bei einem Date. Du erzählst etwas über deine Welt und erfährst etwas über die des anderen. Zeitgleich kannst du besser erkennen, ob das Projekt – oder was auch immer – für dich Sinn machen kann und in deine Welt passt.

Wenn du jetzt noch deine Stärken dazu nimmst, bist du sogar noch ein Stückchen näher dran. Und sollte dein System beim Hineinfühlen in dich melden: »Das Ambiente hat sich sicher angefühlt. Das

Projekt hat mein Interesse geweckt!«, oder: »Wir hatten viel zu lachen, das Gespräch war offen und hatte einen guten Vibe«, vielleicht auch: »Die Geschichten der Gruppe haben mich total berührt, ich war dankbar, dass ich dort sein durfte ...«, dann ist es gut.

Was auch immer deine innere Meldung ist, wenn sie in die Richtung geht: »Ich hab Lust auf mehr ...« Dann bist du richtig! Auf einer Reise, die größer ist als du allein und die deinen Sinn erfüllt.

Und einfach so ... bist du schon wieder einen Schritt näher an dem, was deine Lebensfreude ausmacht.

Gluecklichsein.ebrandhofer.de

KAPITEL 12

Ziele & Erfolg

Unsere Mission bewegt sich auf die letzten Seemeilen zu. Eines Morgens werden wir die Augen öffnen und feststellen, dass die angestrebte Insel unseres Glücksprojekts nicht mehr nur noch ein Traum ist, sondern dass wir bereits an Land im weißen Sand liegen und von dort auf das Wasser blicken. Wie gefällt dir diese Vorstellung? Ich finde sie gigantisch! Vielleicht hast du noch ein paar Fragezeichen, wie dein Projekt nun schließlich gelingen soll. In dem Fall findest du hier im Kapitel *Erfolg (Accomplishment)* jede Menge Antworten.

Lange habe ich überlegt, wie ich das Kapitel beginne. Heute Morgen nach meiner Meditation kam mir schließlich die zündende Idee. Sie lag näher, als ich dachte! Ich erzähle dir von einem meiner großen Ziele, das du gerade jetzt verwirklicht in den Händen hältst. Es ist dieses Buch. In der Positiven Psychologie nennen wir so etwas ein »Mount-Everest-Ziel«. Aber dazu später mehr.

Vor gut sieben Jahren saß ich im warmen Sand an einem italienischen Strand. Direkt vorn am Wasser, mit den Füßen im Meer, hatte ich mir meinen gemütlichen Leseplatz gerichtet und gerade das »Café am Rande der Welt« von John Strelecky[39] zu Ende gelesen. Ein kleines Büchlein mit einer kurzen Geschichte über einen Mann auf der Suche nach dem Sinn in seinem Leben. Ich war berührt. Zu dieser Zeit lag meine Verlagskarriere schon einige Jahre zurück. Mein Coaching- und Trainingsbusiness war längst erfolgreich. Ich hatte jede Menge Aufträge und konnte gut leben. Doch in dem Moment, als ich in diesem kleinen Büchlein das Wort *ENDE* las, begann in mir eine Seite für ein neues Kapitel in meinem Leben zu schwingen. Erinnerst du dich? Da war sie wieder: »Klopf, klopf ... hörst du mich?« Meine Stimme meldete sich sanft.

Ich klappte das Buch zu und gab gerade einen sehnsuchtsvollen, aber irgendwie auch entschlossenen Seufzer von mir. Als neben mir der elfjährige Sohn eines Freundes auftauchte und fragte: »Und wie wars?« »Einfach wundervoll«, sagte ich. »Und weißt du was? Ich hätte richtig Lust, ein Buch zu schreiben!« Weißt du, wie er darauf wie selbstverständlich antwortete? »Na dann mach doch!« Worauf ich entgegnete: »Du hast gut reden, so einfach ist das nicht.« Und heute hältst du, einige Jahre später, das fertige Produkt in den Händen.

Der Weg ist das Ziel

Diese buddhistische Weisheit habe ich viele Jahre als seltsame Floskel betrachtet. Ich konnte damit nichts anfangen. Heute steckt für mich genau darin die Weisheit des Lebens und vor allem das Rezept für Erfolg. Denn auf dem Weg zu unseren Zielen geht es nicht darum, immer wieder nachzusehen, ob wir es schon erreicht haben oder wann der Paketdienst des Universums den erfüllten Wunsch endlich liefert. Sondern es geht darum, sich auf den Weg zu konzentrieren, sich gut zu nähren und das erreichte Ziel bereits zu sein, während man noch auf dem Weg ist. Stopp, stopp, stopp … Wie jetzt? War dir das ein bisschen zu schnell? Soll ich den letzten Satz wiederholen?

Gern: **Du bist dein Ziel.**

Okay. Noch mal langsam. Bevor die ersten rationalen Denker mir gleich vom Stuhl kippen, weil sie glauben, hier folgt jetzt die »Wünsch dir was beim Universum«-Geschichte. Die finde ich süß, wenn es darum geht, mir in der City beim Parking Angel meinen Parkplatz zu bestellen. Doch mittlerweile sollte klar sein, dass dieses Konzept unvollständig war und es noch ein paar Zutaten mehr braucht, damit das Universum die Lieferung auch wirklich zustellen kann. Und weil ich auf Erfolgsgeschichten stehe, die jedem von uns noch in diesem Leben zugestellt werden, brauchen wir was Praktikables.

> »Der erfolgreiche Mensch sitzt im Zug des Lebens und steht nicht zeit seines Lebens an der Haltestelle.«
>
> Vera F. Birkenbihl

Da war also diese fixe Idee meines Buchs. Du magst dich jetzt fragen: »Was in aller Welt hat so lange gedauert? Wieso halte ich es erst viele Jahre nach deinem Entschluss in den Händen«? Willst du die ehrliche Antwort? Weil ich null Ahnung hatte, wie ich dieses Ziel erreichen sollte! Meine feste Überzeugung war: »Das ist nicht so einfach.« Ich hatte überhaupt keine Referenzen, wie man ein Buch schreibt. Zeit meines Lebens war ich zwar von Büchern umgeben und hatte viele Stunden mit Lesen verbracht. Das war übrigens der Hauptgrund, warum ich schnellstmöglich zur Schule gehen wollte: Lesen konnte ich zu meiner Einschulung längst. Aber ich hatte mir ausgemalt, dass mir die Schule einen unendlichen Fundus an Geschichten liefern würde. Diesen Wunsch hat sie mir leider nicht erfüllt, dafür habe ich heute einen Beruf, in dem mir jeden Tag wundervolle Menschen ihre Lebensgeschichten anvertrauen.

Seit jeher liebte ich Geschichten. Nicht schnellen Klatsch. Sondern solche, bei denen Menschen gemeinsam mit anderen etwas Cooles auf die Beine stellten oder Underdogs nie geglaubte Erfolge erzielten. Ich war immer fasziniert von den Biografien der Menschen, die etwas Außergewöhnliches erreicht hatten. Egal ob im Sport, in der Politik, im Business oder in einem sozialen Projekt. Dabei ging es mir nicht so sehr darum, den Sieger mit einem Pokal zu sehen. Sondern ich wollte mehr über den Menschen dahinter erfahren. Vor allem die Laufbahn, die zu seinem Erfolg geführt hatte. Ob das ein Politiker, eine Filmfigur oder jemand aus meinem nächsten Umfeld war, machte für mich keinen Unterschied. Mahatma Gandhi, J. K. Rowling, Paulo Coelho, Nelson Mandela, Oprah Winfrey, Rocky Balboa, um an dieser Stelle nur einige zu nennen. Sie alle waren für mich Inspiration, was Menschen aus ihrer eigenen Kraft heraus imstande sind zu leisten. Egal, aus welchen Verhältnissen sie stammten. Sie alle zeigten mir immer wieder, dass Erfolg nicht von den äußeren Umständen abhängen konnte. Ich wusste das längst aus all den Studien, mit denen ich mich beschäftigt hatte. Aber die Geschichte dieser Menschen brachte mir das passende Gefühl dazu. Das ist es, womit ich mich identifizieren kann. Manche von ihnen bauten aus ärmlichsten Verhältnissen ein Imperium oder bewegten die Welt.

An diesem Interesse hat sich bis heute nichts geändert. Sobald sich mir ein Mensch hinter seiner ersten Fassade offenbart, bin ich aufgeschlossen, mehr darüber zu erfahren, was ihn zu dem gemacht hat, der er heute ist. Im besten Fall, wie er zu seinen Siegen kam und wie ich diese Geschichte für andere verpacken kann, um ihnen auf ihrem Weg Mut zu machen, ihr eigenes Potenzial auf die Straße zu bringen.

> **Merke:** Hier steckt das WARUM hinter meinem Ziel.

Nun bist du auf unserer Mission schon ein wenig geübt und kannst vielleicht ein paar meiner Stärken aus dieser Geschichte erkennen. Ich bin total wissbegierig und mit einer natürlichen Lust am Lernen gesegnet. Gepaart mit einer Portion Enthusiasmus, die auf ein ausgeprägtes Maß an Kreativität und Spiritualität trifft. So ungefähr sehen die obersten Ergebnisse meines Charakterstärkentests aus.

> **Merke:** Meine Charakterstärken unterstützen mich, ihr Einsatz versprüht in mir das Glück.

Würde ein Klient vor mir sitzen, würde ich sagen: »Herzlichen Glückwunsch! Das sind beste Voraussetzungen, um an dein Ziel zu gelangen!« Doch der Satz, den ich mir sagte, lautete weiterhin:

»Es ist nicht so einfach.« In meiner Familie oder meinem Umfeld gab es niemanden, der Bücher geschrieben hatte. Ich hatte mir also auch nicht irgendwo etwas abschauen können.

> **Merke:** Ein Glaubenssatz aus meinem Aufwachsen. In meiner Familie war »Handwerk« einfach. Bücher schreiben hingegen »schwer«.

Dabei muss ich noch heute an meine Gedichtinterpretation aus der zehnten Klasse denken. Ich hatte eine glatte Note sechs kassiert. Der Deutschlehrer bewertete meine Arbeit als Themaverfehlung. Leider ließ er sich auch nicht umstimmen, nachdem ich ihm erläuterte, dass das Wort Interpretation für mich verschiedene Perspektiven zu einer Thematik zulassen würde. In seiner Welt gab es eine richtige und eine falsche Art zu interpretieren. Und meine war falsch. Punkt. Daraufhin fasste ich stillschweigend den Beschluss, meine Schreibkarriere einzustellen und unter dem Ordner »Note 6«, was so viel bedeutet wie »ich kann es nicht«, abzulegen. Da lag das Potenzial jahrzehntelang und schlummerte vor sich hin.

> **Merke:** Eine Erfahrung aus meinem Archiv, die mich vor weiteren beschämenden Misserfolgen dieser Art schützen wollte.

Obwohl ich das theoretische Wissen für alle Bausteine in Einzelteilen besaß und seit Jahren lehrte, fehlte mir jegliche Vorstellung, wie sich dieser Wunsch in meinem Leben manifestieren sollte. Für die Nicht-Spiris übersetzt: wie ich dieses Ziel erreichen sollte.

Die »Bestellungen beim Universum« hatte ich für unzureichend befunden, weil mir schnell klar geworden war, dass der Erfolg auch mein Zutun forderte. Außerdem stell dir einmal vor, ich würde als

Businesscoach in ein Unternehmen gehen und einer ganzen Mannschaft von Führungskräften sagen: »Jetzt mach dich mal locker und schick dein Ziel ans Universum! Die liefern dann schon.« Ich kann die Gesichter deutlich vor meinen Augen sehen! Obwohl ich dieses Bild gerade unglaublich lustig finde! Spaß beiseite: Ich bin also mangels Alternativen auf das einzige Muster zurückgefallen, das ich bis dato kannte: Ziel setzen und »ackern«, bis es erreicht war. So meldete ich mich immer in Autorenkursen und Facebook-Gruppen an, las Bücher wie »So schreibe ich ein Buch«. Aber alles fühlte sich ungefähr so an wie die Diät mit dem Reiskeks oder das Verkaufszahlen-Meeting im Verlag. Total spaßbefreit. Nach einer gewissen Zeit war mein Projekt regelmäßig wieder beendet. Meist waren ohnehin »zu viele Aufträge« da. Du kennst das ja: »der ewige Stress«. Ich hatte doch »gar keine Zeit«, ein Buch zu schreiben. An Ausreden mangelte es mir nicht. So ging das noch eine Weile. Der Gedanke ließ mich jedoch nicht los.

Merke: Der Sinn stiftet die Motivation, die weiter antreibt. Gründe, es gar nicht erst zu tun, um ein Scheitern vorab auszuschließen, gibt es jeden Tag Tausende.

Mit dem heutigen Wissen wäre mir unter Umständen aufgefallen, dass ich bereits jede Menge Referenzen auf anderen Gebieten besaß. Ich hatte mir zum Beispiel mit Anfang dreißig mitten in München ein Haus gekauft, obwohl ich keine Erfahrungen in meinem Archiv dazu hatte. In unserer Familie wohnten alle zur Miete. Ganz im Gegenteil: Etwa 15 Jahre zuvor war ich noch von Sozialhilfe abhängig gewesen, als ich mit 17 Jahren Mutter wurde und kein Einkommen hatte. Später besuchte ich genau die Schule, die ich unbedingt wollte,

obwohl ich anfangs nicht wusste, woher ich das Geld dafür nehmen sollte. Wenige Jahre danach verhandelte ich immer sehr gute Gehälter, so wie ich es mir vorgestellt hatte. Als ich aus dem Job in den Medien ausstieg, gab ich mich nicht zufrieden mit irgendeinem Job. Ich ging dem nach, was in mir rief, und gründete mein Business. Es waren daher jede Menge Vergleichsbeispiele für große Ziele vorhanden, die ich bereits mit Qualitäten erreicht hatte, die ich jetzt auch wieder nutzen konnte. Aus anderen Bereichen zwar, aber es waren Referenzen aus meinem eigenen Leben, bei denen ich mir etwas hätte abschauen können.

Merke: Du hast immer Referenzen aus deinem eigenen Leben. Manchmal bist du nur ein Pferd mit Scheuklappen, das den Wald vor lauter Bäumen nicht mehr sieht.

Der erste große Wendepunkt kam, als ich mir für eine Visualisierungsmeditation vorstellen sollte, ich hätte mein Ziel bereits erreicht. Da war plötzlich aus der Vision ein erreichtes Ziel geworden. In einem Moment konnte ich Bücher in Verkaufsregalen sehen, auf denen mein Name stand. Zeitgleich empfand ich ein Gefühl von Stolz und Freude, als ich das gedruckte Buch zum ersten Mal in den Händen hielt. Und so vieles mehr. In meinem Körper, in meinem Geist sammelten sich all die Erfahrungen, die das Ziel bereits als erfüllt ansahen.

Merke: Ich stellte mir das Ziel in der Gegenwart vor. Im entspannten Zustand in der Meditation konnte ich alle Gefühle wahrnehmen, als wären sie bereits Realität. In Wahrheit sind sie Realität, der Körper macht keinen Unterschied in der Zeit. So wie ein Traum für dich auch JETZT echt ist.

Bähm! Da war das Feuer angezündet! Ich begann alles, was ich über Ziele wusste, noch mal auf den Kopf zu stellen und zu studieren und formulierte als Erstes das Ziel auf Papier in meinem Journal. Ich blickte voraus und überlegte mir Antworten zu folgenden Fragen:

- Wer bin ich, wenn ich mein Ziel erreicht habe?
- Wie lebe ich?
- Wer ist mit mir?
- Was sehe ich?
- Wie fühlt sich das Buch in meinen Händen an? *(In deinem Fall dein erreichtes Ziel)*
- Wie riechen die Seiten?
- Wie sieht der Mensch aus, der mein Buch liest?
- Wie konnte ich dieser Person helfen?
- Beliebig fortführbar. Im Laufe der Zeit ergaben sich automatisch noch weitere Fragen und Antworten.

Meine Fragen und Antworten notierte ich alle in meinem Journal. Immer in der Gegenwart. Das führte dazu, dass in mir ein Bild entstand, wer ich bin und wie ich lebe, wenn ich Autorin bin. Dabei habe ich ganz normal meinen Job weitergemacht und immer wieder in Gedanken das Szenario durchgespielt zu schreiben.

Ganz nebenbei entdeckte ich bei meiner morgendlichen Journal-Gewohnheit, dass ich mittlerweile weit über mein tägliches Dankbarkeitsritual hinausgegangen war. Dort standen Ideen für mein Buch. Ich malte Symbole, Zeichen, notierte Zitate. Immer wieder, wenn sich mir ein wichtiger Gedankengang zeigte, den ich weitergeben wollte, wurde er dort notiert. Dieses Journal war zu meinem Notizbuch für mein Buch geworden. Nebenbei bemerkt, steht dort übrigens so viel, dass du noch ein paar weitere erwarten darfst. Täglich wuchs die Lust, das Ding wirklich zu schreiben. Im Geiste war es längst erledigt. Ich hatte immer und immer wieder Erfahrungen gesammelt.

Merke: Für deine Innenwelt ist es erledigt. Spiele den Endzustand immer wieder durch, als ob es jetzt wäre.

Langsam fing ich an, den ersten Menschen in meinem Umfeld von meiner Idee zu erzählen. Ich wählte mit Bedacht erst mal nur die, von denen ich wusste, sie würden mir nicht gleich ihre Zweifel übertragen. Also waren es wirklich nur eine Handvoll. Mein Partner und meine zwei engsten Freundinnen. So nahm mein Projekt langsam seinen Lauf. Ich konnte nicht mehr nur mir erzählen, »ich habe ja keine Zeit«. Sondern manchmal fragte mich jemand: »Wie läufts eigentlich mit deinem Buch?« Da ist es nicht mehr ganz so einfach mit den Ausreden. Zu meinem nächsten Geburtstag bekam ich von einer Freundin einen wundervollen alten Füller mit einem Tintenglas geschenkt, mit dem ich die erste Seite schreiben sollte. Darauf freue ich mich übrigens schon seit dem ersten Buchstaben, den ich hier getippt habe. Die erste Seite des Manuskripts wird mit diesem Füller geschrieben. Dieses Bild gilt mir als Metapher. Ich habe es seitdem nicht mehr aus den Augen verloren, weil der Füller einen Ehrenplatz in meinem Büro hat.

> **Merke:** Teile deine Idee, dein Ziel mit deinem Umfeld. Wähle Menschen, die dich unterstützen und dir Mut zusprechen. Die Zweifler kriechen noch früh genug aus den Ecken. Die kannst du dir erst mal sparen.

Mein Geist war ausgerichtet. Regelmäßig machte ich Meditationen, in denen ich mein Bild fütterte und meine Gefühlswelt wieder Erfahrungen sammeln konnte, wie es ist, wenn es mir gelingt.

Synchronizitäten – Zufällige Ereignisse

So befand ich mich im Laufe der Zeit quasi im hier viel zitierten »Roten VW-Bus-Modus«. Mein Geist zog förmlich alles an, was mit meinem Thema zu tun hatte. Ich hatte ja ein Ziel, das wirklich zu mir passte. Wie zufällig kamen Gelegenheiten, Bücher, Vorträge, Zitate, Geschichten, Weiterbildungen, Menschen und Lehrer zu mir. Ich musste nicht großartig danach suchen. Das nennt man in der Psychologie **Synchronizität**. Nach C. G. Jung ein zufälliges oder unerwartetes Ereignis, das für uns persönlich bedeutsam ist, weil es mit etwas anderem Bedeutsamen in unserem Leben gerade zusammenpasst. Du kennst das sicher: Gerade denkst du an eine Person. Da klingelt das Telefon und genau diese Person ist dran.

Meine Aufgabe bestand lediglich darin, wach zu bleiben und zu erkennen, wenn mir etwas begegnete, das zu meinem Thema passte. Wovon ich etwas lernen konnte oder was mich motivierte, weiter zu gehen. Und schon gab es wieder Nahrung für meinen »Positive-Emotionen-Tank«! Diese Momente fanden natürlich jeden Morgen

ihren Platz in meinem Journal unter den Dankbarkeitsmomenten. Da stand dann in meiner Spiri-Sprache: »Universe is texting me!« *(Deutsch: »Das Universum hat mir wieder eine Nachricht geschickt!«)* Das produziert selbst jetzt, während ich diese Worte hier schreibe, einen wundervollen Glücksschub!

Dabei entwickelte ich mich, genauso wie meine Idee für mein Buch, immer weiter. Meine Intuition als liebevolle Begleiterin an meiner Seite. Ich hatte eine gute Zeit, obwohl offiziell noch nichts Greifbares da war. Kein Vertrag, kein Buch. Nur eine Vision. Die betankte ich jeden Tag. Und sie war in meiner Vorstellungskraft schon erfolgreich umgesetzt. Wir nennen das in der Positiven Psychologie: **Prospektion.** Die einzigartige Fähigkeit, die uns allen Menschen zu eigen ist, über die Zukunft nachzudenken, sich Zukunftsszenarien vorzustellen und sich dann von ihnen »anziehen« zu lassen. Wenn wir diese Gabe bewusst nutzen, ermöglicht sie uns fast automatisch, auf dem Weg zu lernen, zu wachsen und aufzublühen[40].

So tauchten auf meinem Weg unerwartet Mutmacher in vielen Verkleidungen auf. Wie zum Beispiel der TED-Talk der Wissenschaftlerin Brené Brown, in dem sie in ihrer unvergleichlichen Art ihre Erkenntnisse über Mut, Verletzlichkeit und Scham in die Sprache der Praxis übersetzte und dabei eines ihrer persönlichen Mutmacherzitate teilte[41.] Diese Rede zahlte direkt auf mein Konto der verpatzten Deutsch-Schulaufgabe aus der zehnten Klasse ein!

»Es ist nicht der Kritiker, der zählt, nicht derjenige, der darauf hinweist, wie der starke Mann gestrauchelt ist oder wie er die Dinge hätte besser machen können. Die Ehre gebührt dem, der tatsächlich in der Arena steht; dessen Gesicht von Staub und Blut und Schweiß verschmiert ist; der tapfer strebt, der irrt und immer wieder scheitert, weil es kein Weiterkommen ohne Fehler und Rückschläge gibt; der für die eine Sache, die es wert ist, alles gibt; der im besten Fall schließlich den Triumph einer großen Leistung kennenlernt und im schlimmsten Fall scheitert, weil er Großes gewagt hat, so dass sein Platz niemals bei den kalten, armen Seelen ist, die weder Sieg noch Niederlage kennen.«

Theodore Roosevelt (Der Mann in der Arena)

Oder die bekannte Harry-Potter-Autorin J.K. Rowling[42], die als alleinerziehende Mutter während ihres ersten Buches von Sozialhilfe lebte, weil sie ihren Job verloren hatte. In ihrer bekannten Rede an die Harvard-Absolventen teilte sie ihre Erkenntnisse und berichtete vom Nutzen des Scheiterns und der Kraft der Fantasie.

> »Wir brauchen keine Magie, um unsere Welt zu verwandeln, wir tragen bereits alle Kraft in uns.«
>
> J. K. Rowling

Wie »zufällig« stolperte ich immer wieder über ermutigende Reden und Biografien von Menschen, die ich bisher überhaupt nicht auf dem Schirm hatte, weil sie von meinen Interessensgebieten eigentlich meilenweit entfernt lagen. Wie auch eine Motivationsrede von Arnold Schwarzenegger, in der er fünf Schlüsselfaktoren für seinen Erfolg teilt[43].

KEY-FACTS SCHWARZENEGGERS
Fünf Regeln zum Erfolg
1. Hab eine Vision und sieh sie erfüllt.
2. Höre nicht auf die Zweifler.
3. Reiß dir den A ... auf und setz dich ein.
4. Think big.
5. Gib etwas zurück an die Gesellschaft.

Merke: Halte die Augen auf, wer oder was dir als Inspiration dient. Lass dich von der Zukunft anziehen.

Gute Nahrung für dein Ziel

Jeden Tag bekam meine Idee mehr Futter. Ich wurde nicht müde, dranzubleiben und mich und meine Reise zu meinem Ziel mit guter Nahrung zu betanken. Wann auch immer mir wieder eine Inspiration begegnete, schrieb ich sie in mein Notizbuch. Bis zu dem Moment, als im April 2023 schließlich der Vertrag mit dem Verlag zur Unterschrift in meinem Mail-Postfach lag. Meine Vorstellungskraft, Intuition, Handlungen, Rituale, mein Durchhaltevermögen, meine Lust und meine Energie hatten mich bis zu diesem Punkt als Motor vorangetrieben. Mein Ziel war längst nicht mehr ein frommer Wunsch ans Universum. Alles in mir glaubte daran.

Ich war das Ziel geworden. Ich war von jemandem, der den Wunsch hatte, ein Buch zu schreiben, mit all meinen Gefühlen, Gedanken und Handlungen zu jemandem geworden, der genau das einfach tat. Ganz genau. EINFACH. Einfach ein Buch schreiben. Der Glaubenssatz hatte sich verändert und aus der Vision war ein klares Ziel mit einem Datum geworden! So ein Ziel, wie für mich dieses Buch, nennen wir in der Positiven Psychologie ein **Everest-Ziel.**

Everest-Ziel

Ein Everest-Ziel ist bildlich gesprochen mit der Besteigung des Mount Everest zu vergleichen. Wenn du annähernd eine Chance haben willst, den Gipfel zu erreichen, musst du dich selbst übertreffen. Du brauchst einen Plan, Vorbereitung und Durchhaltevermögen. Das Ziel ist nicht von heute auf morgen zu erreichen und es gibt Zwischencamps. Notwendig ist ein gewisses Maß an Ehrgeiz und eine unglaubliche Begeisterung, die dich während der Reise immer wieder betanken.

Die Tour ist extrem herausfordernd. Aber wenn du sie meisterst, ist der Triumph auf deiner Seite. Ein Erlebnis, das nur wenige Menschen mit dir teilen können. Ein absolutes Glücksgefühl.

SHORT FACTS ÜBER DAS EVEREST-ZIEL

- Es bringt nicht nur einfach eine Alltagslösung, sondern weicht positiv davon ab. Weit über der Norm. Dort wartet das Außergewöhnliche!

- Es bietet aus sich heraus großes Wachstumspotenzial für die individuelle Persönlichkeit.

- Es erfordert mentale Stärke, Durchhaltevermögen und Ausdauer.

- Die eigenen Stärken können eingesetzt werden. Du kannst es aus dir heraus schaffen *(gilt natürlich auch für Teams)*. Dein Potenzial wird freigesetzt.

- Es leistet einen Beitrag zu etwas Größerem. Die Motivation entsteht aus dem Sinn.

- Im Laufe der Reise bestärkt sich der Kreislauf durch die anhaltende Begeisterung selbst und stellt durchgehend Energie zur Verfügung.

Und während ich, geleitet von meinem Everest-Ziel, vorwärts marschierte, folgten nun wieder die klassischen Methoden. Natürlich brauchte ich jetzt die berühmten SMART-Ziele *(Spezifisch, Messbar, Attraktiv, Realistisch, Terminiert)*. Dazu gibt es unendlich viel Literatur und Google liefert Millionen von Ergebnissen. Die genaue

Erklärung spare ich mir deshalb an dieser Stelle. Ich hatte einen Abgabetermin und wollte erfolgreich sein. Daher brauchte ich ein ordentliches Timing, eine gute Struktur, Guides, Insider-Tipps und eine passende Tagesroutine für mein Buch, meinen Geist und meinen Körper. Denn was nützen mir die Buchstaben, wenn meine Lebenskraft unterwegs ausgeht? Dazu gleich noch mehr.

Schließlich und ganz entscheidend war auch die passende Gesellschaft während dieser Zeit. Ein Buch schreiben ist ein Job, der viel Zeit mit mir allein und volle Konzentration verlangt. Doch wie immer wäre dieser Job niemals gelungen ohne meine Beziehungen. Irgendwann durfte das Projekt nach draußen getragen werden zu meinen Liebsten aus Familie und Freunden, die immer wieder motivierende Worte fanden. Dann waren da als Unterstützer das Team aus dem Verlag, du und die Community, mein Inner-Circle und natürlich unser Hund Theo, der während dieser Zeit definitiv zu meinem Personal Assistant mutierte.

All diese Faktoren haben dazu beigetragen, dass, während ich hier noch die letzten Seiten schreibe, dieses Everest-Ziel gelingt.

Eine Sache jedoch will ich dir kurz vor Ende dieses Kapitels nicht verschweigen. Du kannst es dir sicher denken: Eine Reise zum Mount Everest verläuft nicht geradlinig. Es gab so viele Momente, in denen ich das Bild eine Zeit lang aus den Augen verloren hatte. Augenblicke, in denen die kleinen inneren Gremlins laut riefen: »Lass es! Du kannst es nicht.« Tage, an denen die Buchstaben einfach nicht über die Tastatur fließen wollten. Zweifel, Rückschläge und natürlich auch das normale Leben, das während all dieser Monate nicht immer nur schöne Nachrichten ins Haus schickte. Das ganze Programm.

Doch wenn dich die Begeisterung zieht, stehst du jeden Morgen wieder auf und richtest dich aus. Du lässt dich tragen von deinen

positiven Gewohnheiten, bist liebevoll mit dir und legst wieder los. Das ist eine Entscheidung. Eine Wahl, die jeden Morgen, wenn du die Augen öffnest, wieder bei dir liegt. Wenn du zwischendurch doch mal einen Bridget-Jones-Schlabberlook-Tag eingelegt hast, einen Schrei in den Wald geschickt oder einen Extrem-Shopping-Tag eingelegt hast, statt den To-dos auf deinem Timing zu folgen? So what! Dann hat die Disziplin eben mal einen Tag Pause, um sich selbst leid zu tun, und morgen geht es wieder weiter. An dieser Stelle sind die fünf Menschen, die dich umgeben, besonders wichtig! Jetzt zählt, dass du die an deiner Seite hast, die unterstützen, wer du jetzt bist. MIT deinem Ziel. Das ist dein Clan, der dich, oft auch in Gedanken, trägt auf der Welle. Und dann kommt der Tag, da ist es getan! Congratulations!

TOP FACTS: ZIELE UND ERFOLG

- **Kreiere Ziele, die für dich flexibel, authentisch und harmonisch sind.** Ziele, die zu dir und deinen großen Stärken passen (ein bis zwei neue entwickelst du auf dem Weg automatisch), die dich ziehen.

- **Formuliere deine Ziele positiv und in der Gegenwart:** »Ich sehe mein neues Buch im Bestseller-Regal bei xy stehen.«

- **Wenn du magst, finde ein Bild oder ein Motto** oder irgendwelche Symbole dazu, mit denen du dich umgeben kannst.

- **Mache dir deine Ziele zu eigen.** Das ist es, was wir *Embodiment* nennen. Sorge dafür, dass du dein Ziel bist. Dass dein Körper das Gefühl verinnerlicht hat, wie es ist, ein Autofahrer, ein Pianist, der unvergleichbare Pitch, ein Autor ... zu sein.

- **Halte eine passende Szene vor deinem geistigen Auge: »Alles ist geschafft!«** Sieh es. Fühl es. Sei es. Dauert nur etwa zehn Sekunden. Am besten morgens gleich nach dem Aufwachen, noch im Bett und abends kurz bevor du in den Schlaf sinkst. Da nimmt das Gehirn diese Übung besonders gut auf. Du findest hierzu auch eine gesprochene Meditation auf dem Download-Portal.

- **Suche dir Vorbilder.** Welche Stärken hast du auch? Wo kannst du dir was abschauen? Denke dabei an das Gemeinschafts-Ich aus dem Kapitel *Beziehungen*. Alle Stärken, die dein Vorbild hat, kannst du dir ausleihen, kannst davon lernen, in dir entdecken. Dafür eignen sich auch Bücher, Filme, Musik (mit den passenden Texten), Communities und vieles mehr.

- **Ignoriere die Zweifler.** Behalte deine Vision ganz am Anfang erst mal für dich. Wenn sie sich zu einem Ziel verdichtet, kannst du ein/zwei Vertraute, die dir guttun, einweihen. Der Rest folgt später, wenn du sicher bist, dass du losgehen willst. Dann kann ein klein wenig Druck durch Weitererzählen durchaus hilfreich sein. (siehe Kapitel *Stress*)

- **Feiere dich und auch die kleinen Erfolge regelmäßig!** Eine der wichtigsten Regeln! Denk dran, zwischendurch auch selbst stolz auf dich zu sein. Dich zu loben. Dich zu lieben! Vor dir selbst zu staunen! Die Beziehung zu dir ist wichtig (Denk dran: drei zu eins, fünf zu eins! Siehe Kapitel *Beziehungen*)! Wie willst du sonst völlig ausgemergelt auf den Mount Everest kommen? Wir brauchen die Aufwärtsspirale, die befeuert die Maschine. Also rein mit der guten Nahrung!

- **Sorge für tägliche positive Rituale, die dich nähren und deinem Ziel näherbringen.** Here we go! Gute Nahrung. Gute Nahrung. Gute Nahrung! Bsp. Journal, Meditation, Tagesabsichten, positive Beziehungen, Sport, frische Luft, Musik, Inspiration, eben was für dich passt.

Boardcheck 12 - Dein Ziel

Jetzt sind wir dem Erfolg unserer Mission aber gefährlich nahe! Und ich würde so gern Mäuschen spielen, um mehr über dein Projekt zu erfahren! Spätestens jetzt hast du einen konkreten Leitfaden, um daraus das zu machen, was du dir wünschst! Checken wir noch mal gemeinsam, wo du stehst. **Lass dich hierzu gern wieder an deinem »Glücksplatz« nieder** und nimm dir einige Minuten Zeit für dich.

- **Gehe jetzt die Top-Facts für Ziele aus dem letzten Abschnitt dieses Kapitels durch** und vergleiche sie mit deinen bisherigen Projektnotizen.

- **Hast du ein Ziel, was wirklich zu dir passt? Fühlt es sich harmonisch an?** Macht es was mit dir? Löst es Begeisterung, Freude aus? Fühlt es sich stimmig an? Rührt sich da was? Zieht was? Ist das wirklich dein Ziel oder eines, von dem du glaubst, dass es gut wäre?

- **Hast du ein Bild? Ein Motto?** Vielleicht ein Zitat oder ein umgearbeiteter Film- oder Songtitel. Oder ein Symbol.

- **Schaffe dir deine Zehn-Sekunden-Sequenz! Es ist erledigt! Du hast es erreicht!** Finde eine kurze Sequenz vor deinem geistigen Auge. Das kann ein Spruch, eine Bewegung, ein Song sein, etwas, das du zu jemandem sagst. Finde, was zu dir passt. *Für meinen ersten Fallschirmsprung habe ich beispielsweise die Sequenz vom Moment der Landung gehabt, in dem meine Faust in die Höhe schnellt und »Yes!!!« schreit. Die konnte ich auch wunderbar beim Joggen im Wald üben. Regelmäßig hab ich meinen*

Arm wieder in die Luft schnellen lassen und innerlich »Yes!!!« gerufen. Die Leute, die mir ab und an entgegenkamen, werden sich ihren Teil gedacht haben, was mich nur zusätzlich freudig stimmte. Das ist die Sequenz, die du ab jetzt so oft du kannst fütterst. Das geht auch beim Kochen oder Spazierengehen. Am besten allerdings morgens im Bett und abends!

- **Finde Vorbilder** Wer inspiriert dich? Welche Geschichte? Welche Figur?

- **Wen kannst du einweihen?** Wer kann dich unterstützen, auch moralisch? Und wer challengt dich auch immer wieder mal?

- **Wie weit bist du mit deinen täglichen Ritualen?** Gibt es noch etwas, das du brauchst?

- **Und jetzt mach es dingfest. Schreib einen Termin hinter dein Glücksprojekt.** Mach es konkret und teile es mit deinen Unterstützern!

Du findest alle Boardchecks und dein Bonusmaterial zu diesem Buch auf Gluecklichsein.ebrandhofer.de

Gluecklichsein.ebrandhofer.de

KAPITEL 13

Lebenskraft

Dieses vorletzte Kapitel möchte ich mit ein paar Fragen an dich starten. Ich brauche darauf nicht sofort eine Antwort. Lass dir Zeit. Du kannst sie einfach sacken lassen und sehen, was sie mit dir anstellen. Am Ende des Kapitels entscheidest du selbst, welche Antworten sich für dich zeigen.

Wie ist das mit der Energie, die wir fühlen? Was bedeutet Ausstrahlung? Wieso sprechen wir manchmal davon, dass unser Licht leuchtet? Ist das nur ein Spiri-Konzept oder ist da wirklich etwas dran? Was bedeutet es, wenn du sagst: »Puh, ich hab heute irgendwie überhaupt keine Energie ...«? Hängt unsere Lebensfreude wirklich nur an den Gedanken und Gefühlen oder gibt es auch noch was anderes? Wenn wir über Vitalität sprechen, reden wir dann von einer Art Lifestyle, die uns zur nächsten Faltencreme greifen lässt *(dich natürlich nicht!)*? Ich könnte noch Stunden so weitermachen. Nur eine letzte Frage noch: Wo wohnt dein Geist?

Die beantworte ich dir. In deinem Körper. Das ist das Geschoss, das dich durch die Rennen deines Lebens fährt! Ich benutze diesen Vergleich gern. Erstens weil ich etwas für schnelle Fahrzeuge übrighabe. Zweitens, weil mein Mann aus dem Motorsport kommt und wir uns manchmal besser verstehen, wenn ich meine Welt in seine Sprache übersetzen kann. Auch wenn du dich überhaupt nicht für Autos interessieren solltest, bleiben wir jetzt mal bei dem Bild, denn in meinen Augen taugt es sehr gut für unsere Zwecke. Ich werde es ganz einfach halten.

Angenommen, wir sehen uns ein Rennen in der Formel 1 an. Wir wissen, da gibt es jede Menge Autos und verschiedene Teams. Diese arbeiten jeweils im Fahrerlager in ihrer Box mit unzähligen

Mechanikern am Auto, damit es für das Rennen die bestmögliche Performance auf die Straße bringt. Dann ist da noch der Fahrer, der hoffentlich dafür sorgt, mit diesem Geschoss auch wirklich die besten Rundenzeiten rauszuholen. Fahrer und Auto bilden eine Einheit! Der Pilot tut alles, was ihm möglich ist, um das Rennfahrzeug in seine besten Zeiten zu lenken. Das Auto unter seinem Gesäß enthält die beste Technik, die es gibt, um gemeinsam Außergewöhnliches zu leisten! Dafür wird es regelmäßig von den besten Mechanikern gewartet, hält im Rennen, um eine kurze Pause zu machen. Dabei bekommt es frische Tankfüllungen, neue Reifen, Ersatzteile, Upgrades in der Technik, und so weiter und so fort.

Hier kommen die Preisfragen: Würde jemals einer aus dem Team auf die Idee kommen, statt hochwertigem Benzin billigen Schrott in den Tank zu schütten? Würde je ein Fahrer auf den Gedanken kommen, den Boxenstopp auszulassen, weil er gerade keine Zeit dafür hat? Würde ein Team auch nur ein einziges Mal das Auto am nächsten Tag wieder auf die Strecke schicken, ohne reingesehen zu haben, wie der Status quo für das heutige Rennen ist? Never! So ein Team könnte nicht mal beim Seifenkistenrennen einen der ersten Plätze gewinnen.

Was hat dieser Vergleich mit unserer Lebenskraft zu tun? Alles. Denn dieses Geschoss, von dem ich spreche, ist vergleichbar mit unserem Körper. Der Fahrer bist du! In deinem Rennauto ist die genialste Technik verbaut, die man sich nur vorstellen kann. Sogar verschiedene Upgrades zieht sich dein Körper in seiner genialen Anpassungsfähigkeit an die Umwelt regelmäßig selbst. Davon können beispielsweise Autohersteller oder auch die Computerindustrie nur träumen und sich einfach nur weiter bemühen, sich immer wieder Mechanismen von der Natur abzuschauen. Und bis heute ist noch nicht mal alles davon erforscht!

Dennoch vergessen wir ganz oft, dass es genau dieses unglaubliche Geschoss ist, in dem unser Geist wohnt und dass genau dieses Gefährt uns durchschnittlich 644.736 Stunden durch unser Leben fährt. Meiner Meinung nach Grund genug, so viel wie möglich gute Nahrung reinzuschütten und unseren Körper in all seiner Lebenskraft zu nähren.

Vitalität im PERMA-V

All die Einzelteile aus Vitality bezeichnet unser Gefühl von Lebendigkeit. Die Energie, die unseren Körper durchzieht und die wir ausstrahlen. Gern werden im Zusammenhang mit der Lebensfreude (wie anfangs im PERMA) die körperlichen Aspekte vernachlässigt. Für uns sollte spätestens jetzt völlig klar sein, dass Geist, Körper und Gehirn ein Team bilden. Wir tragen die ganze Einheit in uns, in unsere Beziehungen, in unsere Projekte und in unsere Umwelt. Zeitgleich ist dieses Zusammenspiel ein Teil unserer Welt. Alles ist mit allem verbunden und beeinflusst sich gegenseitig. Die Vitalität ist die Kraft, die unsere Lebensfreude entscheidend beeinflusst. Deshalb sehe ich sie als wichtigen Bestandteil des ganzen Konzepts. Aus meiner Sicht kann keines der anderen Elemente, über die wir gesprochen haben, ohne sie. Sie beeinflusst den Zustand unseres Körpers, also das Gefühl, gesund, leistungsfähig und energiegeladen zu sein.

Nach Seligman und Peterson[44] ist eine vitale Person jemand, dessen Lebendigkeit sich nicht nur in Aktivität und Produktivität ausdrückt. Oft wirken diese energiegeladenen Menschen ansteckend auf alle, mit denen sie in Kontakt kommen. Dabei sind sich viele von uns gar nicht darüber im Klaren, dass ihre Lebendigkeit nicht einfach geschenkt ist und auf ewig im sonnigen Status quo bleibt.

Stattdessen betanken wir sie regelmäßig oder fahren im Umkehrschluss den Tank total leer. Wir speisen uns den ganzen Tag aus ihrer Kraft und vernachlässigen sie leider viel zu oft sträflich. Ohne sie ist alles nichts.

Unsere Vitalität ist wie ein Haus, in dem unser körperliches Wohlbefinden wohnt. Wir können lernen, wie wir unsere Zimmer sauber halten, sodass der Stress sich nicht türmt und wir uns wohlfühlen in unserem Zuhause.

Dabei bewegt sich unsere Lebenskraft, wie alle Prozesse in unserem Körper, auf einem Kontinuum. Das heißt, sie ist nicht gut oder schlecht, da oder weg. Fix an irgendeinem Punkt. Sondern es geht bei der Aufmerksamkeit, die wir ihr schenken, vielmehr darum, in welche Richtung wir uns orientieren. Richtung Wohlbefinden oder Richtung Krankheit. Du kennst das Prinzip aus dem Start unserer Reise (Kapitel 2, *Abbildung Blickrichtung*). So kannst du dir deinen Körper im wahrsten Sinne wie eine Energiemaschine vorstellen. Er produziert Energie, verbraucht sie und leitet sie nach innen und außen weiter.

Im Kapitel Beziehungen habe ich dir schon vom heliotropischen Effekt erzählt. Jedes lebende System neigt dazu, sich weg von der Dunkelheit nach dem Licht auszurichten. Beziehungsweise nach dem, was Leben spendend ist, und weg von dem, was das Leben gefährdet. Heißt, es kann sich durch das betanken, was dem System Licht spendet und Nahrung zuführt. Du weißt selbst am besten, was das für dich bedeutet und wann dein System nicht mehr genug Licht, beziehungsweise gute Nahrung, bekommt und die »Pflanze sich krümmt«. Du fühlst es *(müde, langsam, platt ...)*. Du sprichst es aus *(»ich kann nicht mehr, ich bin platt ...«).* Genauso weißt du auch, wann du für ein anstehendes Rennen mehr guten Sprit brauchst.

Wenn wir uns also die Energiekreisläufe in unserem System ansehen, dann wird schnell klar, ohne überhaupt nur die geringste Ahnung von Medizin oder den Einzelheiten unseres Körpers haben zu müssen: Wir dürfen regelmäßig wahrnehmen, wo unsere Energie gerade steht. Wenn wir den Tank nutzen, weil unser Auto gerade ein Rennen fährt, dann müssen wir auch dafür sorgen, dass wieder Energie nachgefüllt wird. Wenn wir schon wissen, dass heute PS gefragt sind, dann braucht es unter Umständen etwas mehr Aufmerksamkeit: vorher, währenddessen und im Anschluss an das Rennen.

> **ERKENNTNIS 21:**
> Energietanks werden von dem gefüllt, was Energie spendet. Das ist immer hoch individuell und die Tanknadel schwankt den ganzen Tag über.

Short Cuts für Vitalität

Viele von den Punkten, die gleich folgen, sind dir sicher bekannt. Ich finde, es schadet trotzdem nicht, sich regelmäßig vor Augen zu führen, was wir täglich im ausreichenden Maß brauchen, um unsere Lebenskraft zu betanken, damit unser System weiterhin einen guten Job für uns erledigen kann. Wir vergessen allzu gern, dass der Geist allein uns nicht durch diese Welt spazieren fahren kann. Das gilt auch, wenn wir, vor allem in Unternehmen, immer wieder gern von »High-Performance« sprechen. Ich erinnere gern erneut an den Spruch meiner ersten Coaching-Trainerin: »Wir sind keine Kopffüßler!«

Die Punkte, die ich dir nenne, sind die absoluten Basics. Dafür gibt es natürlich wissenschaftliche Forschung, die uns auch mit Zahlen füttert, was, wovon, wie viel, wann sinnvoll und notwendig ist. Das würde hier zu weit führen. Mir geht es mit den folgenden Stichpunkten lediglich darum, die absoluten Basics genannt zu haben und dich an sie zu erinnern.

- Ausreichend Schlaf

- Regelmäßige körperliche Aktivität

- Ausgleichsphasen Anspannung & Entspannung *Dabei helfen Mind-Body-Techniken, wie beispielsweise die Meditation*

- Atmen
  Ich meine es ernst. Wir atmen im Stress flach. Der Körper wird nicht gut mit Sauerstoff versorgt. Dabei helfen Atemtechniken, Spaziergänge, alles, was den Atem wieder in die Tiefe bringt.

- Sonnenlicht

- Natur

- Ergonomische Anpassung
  Beispiel: Bürostuhl, Schreibtisch verstellbar

- Ernährung und Aufnahme der Nahrung
  Qualität, sich darauf konzentrieren, Zeit nehmen

- Berührung, Sexualität und Sinnlichkeit

Der National-Geographic-Journalist Dan Buettner teilt in seinem Buch »Blue Zones of Happiness«[45] die wertvollen Erkenntnisse aus Studien mit 263 über Hundertjährigen. Auf seinen Forschungsreisen hat er sich intensiv damit auseinandergesetzt, in welchen Regionen der Welt die Menschen besonders alt und glücklich werden und was ihr Rezept dafür ist. Unter all den bereits genannten Faktoren, die Menschen tun können, um ihre Lebenskraft zu steigern, war in seinen Ergebnissen einer herausragend: **Die effektivste und am längsten anhaltende Kraft ist die »richtige Gesellschaft«. Sich in einer Gemeinschaft zu bewegen, die Wohlbefinden und Lebensfreude unterstützt und fördert.**

Vielleicht hat dir dieses Kapitel noch einmal eine andere Perspektive eröffnet, warum die Achtsamkeit für unsere Lebenskraft auf unserer Mission zum Glücklichsein so wichtig ist. Besonders möchte ich dich anstiften, ganz individuell für dich aufmerksam zu werden, was DU brauchst und dann deine täglichen Entscheidungen zu treffen, welche von den Millionen Möglichkeiten, die sich für jeden Punkt bieten, für dich gut passt. Probiere dich aus und schaffe dir deine eigenen Gewohnheiten für deine regelmäßige »Wartung«. Und dann hau rein! Auf ein außergewöhnliches Race in bester Gesellschaft!

KAPITEL 14

Morgen ist ein neuer Tag!

Mit einem lachenden und einem weinenden Auge schreibe ich nun dieses letzte Kapitel. So geht unsere *Mission: Glücklich sein* an dieser Stelle zu Ende. Es war mir eine riesige Freude, mit dir gemeinsam auf dieser Reise zu sein! Ich hoffe, dass sie dich näher an deine Lebensfreude herangeführt und dir wieder neue Ideen gebracht hat, wo sie überall zu finden ist! Vor allem aber, wie du sie jeden Tag in der Praxis mit voller Absicht in dein Leben einladen kannst.

HIER NOCH MAL DIE WICHTIGSTEN PUNKTE ZUSAMMENGEFASST.

1. Stell dir regelmäßig diese Fragen:
   Wer bin ich? Wer will ich sein? Wie will ich leben?

2. Nähre deine Aufwärtsspirale und deine Kräfte.

3. Entwickle positive Gewohnheiten und baue drei Mal fünf bis fünfzehn Minuten Me-Time in deinen Tag ein.

4. Umgib dich mit der passenden Gesellschaft.

5. Gib deinen Stärken und dem *Flow* Raum.

6. Verfolge große Ziele und lasse dich von ihnen auf den Mount Everest ziehen.

7. Entscheide dich jeden Tag für Lebensfreude.

Für mich hat sich diese Mission auch erfüllt! Auch ich bin meinem Glück wieder ganz nah gekommen. Das Gespräch mit dir und deine Begleitung auf diesem Weg haben mich oft in Staunen versetzt, was wir gemeinsam alles schaffen können, obwohl du nicht offiziell neben mir sitzt. Während der Reise hast du mir so viel Kraft gegeben und ich konnte mir immer wieder einige deiner Stärken ausleihen. Dafür danke ich dir von Herzen! Es war eine unglaubliche Welle!

Morgen ist ein neuer Tag! Tag eins deiner neuen Mission. Dieser Tag ist jeden Tag. Jeden Tag entscheidest du, in welche Richtung du blicken möchtest. Richtung Lebensfreude oder Richtung Stress? Manche Tage sind kraftvoller und an anderen Tagen gewinnen auch mal die Ereignisse, die dich überholen. So what! Das ist das Klima, in dem wir uns bewegen, in dem wir aber auch reifen.

In diesem Buch habe ich dir nicht nur versucht, das Wissen mitzugeben, das mir zur Verfügung steht, sondern ich hoffe, dass du dort für deine weitere Reise auch immer wieder mal Inspiration bekommst, wenn du gerade für irgendeine Situation in deinem Leben den Lichtschalter nicht finden kannst. Daher lade ich dich ein, die Kapitel nicht nur einmal durchzuarbeiten. Wenn du magst, schlage es immer wieder mal irgendwo zwischendrin auf, lies ein paar Sätze und reflektiere kurz, ob du davon für heute eine Idee mitnehmen kannst.

Ich wünsche mir, dass dieses Buch dich regelmäßig daran erinnert, dass es nicht nur ein Spiri-Konzept ist, mehr vom Guten sehen zu wollen, sondern, dass es tatsächlich dir und deinem Umfeld dient, deine ganz persönliche Aufwärtsspirale mit guter Nahrung zu versorgen.

Schon klar, du bist nicht allein in der Welt. Gut so! Denn was wären wir ohne unsere Beziehungen? Nichts. Wir sind mit allem in dieser Welt verbunden. Das ist Fakt. Wie wir damit umgehen wollen, das bleibt uns überlassen. Dass unsere Beziehungen zu anderen Menschen, ja nicht mal zu uns selbst nicht jeden Tag auf der rosa Wolke tanzen, wissen wir beide. Doch wie wäre es, wenn wir rein spaßeshalber, quasi zu Forschungszwecken, uns dafür entscheiden könnten, den anderen Menschen pauschal mehr gute als negative Motive zu unterstellen? Könnte das einen Wald zaubern, in dem wir gemeinsam alle Qualitäten zusammenpacken, um richtig guten Sauerstoff in die Welt zu pusten? Und in den Stürmen des Lebens könnten wir uns dann gegenseitig halten. Ich liebe diese Vorstellung! Ja, ja, ich weiß, es gibt nicht nur wundervoll duftende Pflanzen und Tiere in unserem System und doch haben alle ihre Aufgabe. Du bezweifelst das? Stimmt. Wenn ich länger darüber nachdenke, dann hab ich mich immer gefragt, für was beispielsweise die Nacktschnecke in unserem Beziehungskreislauf gut sein soll. Schleimig. Ekelig. Kann doch sicher nur eine Fehlkonstruktion sein. Mangels Zeit sind wir dieser Frage in all meinen Trainings bisher nicht weiter nachgegangen. Diesmal hatte ich mehr Muße und habe extra die künstliche Intelligenz für uns befragt: »*Nacktschnecken helfen bei der Zersetzung organischer Materialien. Außerdem sind sie eine wichtige Nahrungsquelle für viele Tiere, wie Vögel, Igel und Kröten. Sie tragen zur Artenvielfalt bei.*«

Na bitte! Ich muss sie nicht mögen, in mein Haus einladen oder gar sexy finden. Sie sind da und haben ihre Aufgabe und – *das amüsiert mich besonders* – sie tragen zur Artenvielfalt bei! Wenn mir also die Welt der anderen mal wieder total unverständlich erscheint, dann denke ich an die Nacktschnecke. Muss ich nicht mögen. Muss ich nicht verstehen. Muss ich nicht einladen. Trägt zur Vielfalt bei. Punkt. Manchmal eröffnet mir das eine völlig neue Perspektive und die Nacktschnecke erscheint in einem anderen Licht.

Dieses Buch dient nicht dazu, ein weiterer Ratgeber zu werden, was du Punkt für Punkt beachten musst, damit du alles richtig machst. Auch ist es kein Woo-Woo-Glücksversprechen, das dich dazu einlädt, einfach das rosa Tutu anzuziehen und zu warten, bis deine Bestellung geliefert wird. Last but not least, bin ich weit davon entfernt, Moralapostel spielen zu wollen. Meine persönliche Lebenskraft wird beispielsweise auch getankt durch ein wunderbares Glas Wein (auch mal zwei), einen Grillabend mit Freunden, einen riesigen Teller Pasta, zwischendurch eine Tüte Chips und dazu einen Serienmarathon mit »Sex and the City«. Und am nächsten Tag? Stehe ich auf und mache meinen Job. Als Erstes geht es in meine Meditation. Das Geschoss braucht Wartung und mein System und meine Träume bekommen wieder gute Nahrung. Und dann sehen wir, was es als Nächstes braucht. Das passt für mich alles zusammen. In meiner Welt kannst du deine Stilettos lieben und meditieren, Investmentexperte sein und dich für den Wald interessieren, die Batikhose tragen und eine Hamer E-Gitarre spielen, auf Motorsport stehen und Yoga machen, Prosecco trinken und den Rosenkranz beten. Was auch immer. Die Lebensfreude macht in alldem keinen Unterschied. Wir sind diejenigen, die alles Mögliche für unsere seltsame Ordnung in Schubladen verpacken und uns danach fragen, wo die Freude geblieben ist.

Wir haben alle Möglichkeiten, unsere Lebensfreude zu nähren, und die Wissenschaft entdeckt immer mehr aus unserem wunderbaren Schatz, den wir für uns einsetzen können. Just do it!

Ich bin eine lebensverrückte Realistin mit einem hoffnungsvollen Optimismus! *(Achtung: nicht hoffnungslos. Darauf lege ich Wert!)* Die Einladung, die ich dir in meiner Sprache weitergeben möchte, lautet: Nutze die Hacks, suche dir die richtige Gesellschaft, mache deine Arbeit und habe fett Spaß! Und wenn dich das Leben ruft, dann packe all deine PS auf die Straße!

Wenn du dann mal wieder erfolgreich und glücklich durchs Ziel fährst und unter den jubelnden Zuschauern eine Frau mit einem Tränchen im Auge siehst; das bin ich. Ich stehe da in Ehrfurcht, aber auch stolz; auf dich und auch auf mich. Denn jetzt wissen wir es beide: **Glück ist eine tägliche Entscheidung. Kein Schicksal.**

With Love, Eveline

SCHLUSS-INFORMATIONEN

Wenn du an Informationen zu meinen Coachings, Trainings einer meiner Positive Psychology Ausbildungen interessiert bist, dann besuche gern meine Homepage unter https://ebrandhofer.de oder schreibe mir eine Mail an info@ebrandhofer.de

Gluecklichsein.ebrandhofer.de

Damit das Tun auch in den nächsten Wochen leichter fällt, möchte ich dir zum Abschluss noch ein Geschenk machen. Hierzu findest du als Bonus auf dem Download-Portal einen Online-Kurs, der dich die nächsten 21 Tage dabei begleitet, positive Gewohnheiten zu etablieren. Ich wünsche dir viel Freude damit! Nutze hierfür den Code **LEBENSFREUDE**

DANKE

Ich habe es vorher schon einmal angedeutet. Diese Reise wäre nicht zustande gekommen ohne die Gesellschaft von wundervollen Menschen, die mein Leben begleiten. Dafür möchte ich von Herzen Danke sagen!

Erst mal danke liebe Melanie, dass du dieses Projekt im Verlag so verlässlich gemanagt hast und im Hintergrund für alle Belange eine ganz wundervolle Übersetzerin für die verschiedenen Perspektiven warst. Deine Struktur und Ruhe haben mir den Rücken freigehalten.

Dann geht mein Dank vor allem an meinen Partner, der mir immer all die Freiheit lässt, mich in dem zu entfalten, was gerade für mich wichtig ist. Auch wenn das bedeutet, dass ich von jetzt auf gleich in mein Auto steige und für einige Wochen an den Gardasee verschwinde, um dort mit meinem Buch zu beginnen. Dafür bin ich in unserer Beziehung unglaublich dankbar. Außerdem möchte ich unseren Kindern danken, dafür, dass sie mein Leben mit ihren wundervollen Glücksschüben, ihrer unaufhörlichen Neugier und einer Riesenportion an Lebensfreude und Energie bereichern! Es erfüllt mich mit Stolz und Freude, euch beim Wachsen zu begleiten. Auch wenn es, zugegeben, meine Entwicklung manchmal ganz schön herausfordert.

Ein außerordentlicher Dank geht an meine Eltern. In diesem speziellen Fall dafür, dass ich in unserer Familie sehr gut gelernt habe, dass es immer einen Grund gibt, gemeinsam zu feiern. Und wenn es keinen gibt, dann finden wir einen. Für mich war diese Tatsache immer selbstverständlich. Erst kürzlich habe ich herausgefunden, dass ich großes Glück hatte! Danke auch dafür, dass ihr, egal bei welchen Herausforderungen, bis heute immer wieder ein Lichtlein von irgendwo herzaubert, selbst wenn weit und breit am Horizont noch gar keines zu sehen ist.

Ein besonderer Dank geht auch an meine Lieblingstante, die mich schon früh mit wundervollen Büchern und ihrem optimistischen Weltbild unterstützt hat. Bei Dale Carnegies Klassiker »Sorge dich nicht - lebe« begann die Reise und meine Neugier auf Wissen zur menschlichen Entwicklung ist bis heute ungebremst.

Von Herzen Danke sagen möchte ich auch meinem Inner-Circle. Ich habe das ganz große Glück, dass ich meine liebsten Freunde viele Jahre, manche seit meiner Schulzeit, an meiner Seite weiß. Gemeinsam sind wir schon durch so viele Entwicklungsphasen gegangen. Wir haben unsere Kinder gemeinsam aufwachsen sehen, Scheidungen, Hochzeiten, Lebenskrisen, Freuden und Verluste geteilt. Und auch auf dieser Mission hat ein ganzer Tribe hinter mir gestanden. Danke für unsere Freundschaft. Und wenn es sein soll, dann freue ich mich, wenn wir auch als Hundertjährige noch immer einen Tribe bilden!

Ein Herzensdank geht an Dr. Philip Streit, der mir auf seine unvergleichliche steirische Art meinen Grundstock für die Positive Psychologie vermittelt hat. Mit einer Leidenschaft, die mich bis heute ansteckt, einem unfassbaren Fundus an Wissen, den er, wann immer es möglich ist, mit der Welt teilt, und einer Umsetzungskraft für große Projekte, die mich sehr inspiriert.

In meinem Leben gibt es so viele wertvolle Menschen, die mir als Freunde, Vertraute, Partner und Community ans Herz gewachsen sind. Und immer wieder darf ich neue Menschen kennenlernen, mit denen sich ein ganz wunderbarer Wald gestalten lässt. Auch wenn dein Name hier nicht explizit steht: Danke, dass es dich gibt!

ÜBER DIE AUTORIN

Eveline Brandhofer wurde 1976 in München geboren. Die deutsch-maltesische Münchnerin war über ein Jahrzehnt als Marketingleiterin und HR-Marketing-Expertin in der Medienwelt tätig, bis sie sich nach einer Serie von Ereignissen dazu entschloss, dieser den Rücken zu kehren und direkt mit den Menschen zu arbeiten, für die sie bisher ausschließlich Werbekonzepte entwickelt hatte. Nach diversen Zusatzqualifizierungen, u. a. in den Bereichen Coaching, Meditation, Hypnose, gründete sie 2013 ihr eigenes Coaching- und Trainings-Business.

Mit der Positiven Psychologie fand sie ihren Fachbereich und spezialisierte sich mit der Zertifizierung zum Master of Positive Psychology. Seither ist sie Mitglied der »International Positive Psychology Association« und arbeitet international als Positive Psychology Coach und Leadership Trainerin. Dabei begleitet sie Menschen und Unternehmen, die sich in Veränderungsprozessen befinden und auf der Suche nach Rezepten für mehr Lebensfreude, Energie und Erfolg in ihrem Alltag sind.

Mit all ihrer Leidenschaft, einer großen Portion Humor und möglichst viel positiver Energie unterstützt sie sie dabei, mitten in den Ups and Downs des Alltags in ihre individuelle Kraft zu kommen und diese für ihre Ziele zu nutzen. Ein Wesensmerkmal ihrer Arbeit ist die besondere Kombination von gesammeltem Wissen und Methoden aus insgesamt 25 Jahren Erfahrung in den Bereichen Management, Psychologie sowie moderner Spiritualität, die es ihr möglich macht, das Wissen und die Tools wirklich aus der Praxis in die Praxis zu vermitteln.

Seit einigen Jahren bietet sie zu ihren Coachings und Trainings auch Ausbildungen in der Positiven Psychologie an.

QUELLENVERZEICHNIS

1 aus dem Film E.T. der Außerirdische, https://www.youtube.com/shorts/fiPlCGvpPxY?feature=share

2 Die kleine Seele, Neale Donald Walsch, 1999, Nietsch Verlag, Roßdorf

3 World Happiness Report, Gallup https://worldhappiness.report

4 Glücksatlas, https://www.skl-gluecksatlas.de

5 Anleitung zum Unglücklichsein, Paul Watzlawick, 1985 Piper & Co. Verlag, München/ Zürich

6 TED2004, Martin Seligman, »The new era of Positive Psychology« https://www.ted.com/talks/martin_seligman_the_new_era_of_positive_psychology

7 Positive Psychology: An introduction, Seligman, Martin & Csíkszentmihályi, M. (2000), American Psychologist, 55(1), 5–14

8 Der Glücks-Faktor: Warum Optimisten länger leben, Martin Seligman, 2005 Lübbe, Köln

9 Das Gehirn eines Buddha: Die angewandte Neurowissenschaft von Glück, Liebe, Weisheit / Rick Hanson, 2017, Arbor Verlag, Freiburg

10 Think and Grow Rich, Napoleon Hill, Original 1937, deutsche Ausgabe FBV, München

11 Mindsight: Die neue Wissenschaft der persönlichen Transformation, Daniel J. Siegel, 2012, Goldmann Verlag, München

Mission: Glücklich sein

12 Das Buch der Geheimnisse, Deepak Chopra, 2004,
Goldmann Verlag, München

13 Der Selbstheilungscode, Prof. Dr. Tobias Esch, 2017, Beltz Verlag, Weinheim

14 Entspann dich, Deutschland, TK-Stressstudie 2021,
https://www.tk.de/techniker/unternehmensseiten/unternehmen/
broschueren-und-mehr/stressstudie-2021-2026692

15 Wie wir aufblühen, Martin Seligman, 2015, Goldmann Verlag, München

16 Die Macht der guten Gefühle, Barbara Fredrickson, 2011,
Campus Verlag, Frankfurt a. Main

17 Fredrickson, B. L. (2001). The role of positive emotions in positive psychology:
The broaden-and-build theory of positive emotions. American Psychologist,
56(3), 218–226.

18 Die 7 Geheimnisse der glücklichen Ehe, John Gottman, 2014,
Ullstein Verlag, Berlin

19 Glücklich sein, Sonja Lyubomirsky, 2008, Campus Verlag, Frankfurt am Main

20 »Die Macht der Verletzlichkeit«, Brené Brown, 2010, TED-Vortrag

21 Fredrickson, B. L., Mancuso, R. A., Branigan, C. & Tugade, M. M. (2000).
The undoing effect of positive emotions. Motivation and Emotion,
24(4), 237-258.

22 Meditation, Eknath Easwaran, dt. Erstausg. 2009, Arkana, München

23 Total Meditation, Deepak Chopra, 2020, Penguin Randomhouse, New York

24 Positive Emotion Correlates of Meditation Practice: A Comparison of Mindfulness Meditation and Loving-kindness Meditation, Barbara L. Fredrickson, Aaron J. Boulton, Ann M. Firestine, Patty Van Cappellen, Sar B. Algoe, Mary M. Brantley, Sumi Loundon Kim, Jeffrey Brantley, Sharon Salzberg, 2017 Dec;8(6):1623-1633. doi: 10.1007/s12671-017-0735-9. Epub 2017 May 29.

25 VIA Values in Action – https://Charakterstaerken.org/ deutschsprachige Version der Uni Zürich, https://viacharacter.org englische Version

26 The Upside of Your Dark Side, Todd B. Kashdan, Robert Biswas-Diener, 2014, Random House, NY

27 The Power of Character Strengths, Ryan M. Niemiec, Robert E. McGrath, 2019

28 EUPPA-European Positive Psychology Academy: euppa.at / DACH-PP e.V. Deutschsprachiger Verband für Positive Psychologie e.V. (dach-pp.eu), DGPP – Deutsche Gesellschaft für Positive Psychologie UG (dgpp-online.de), IPPA – International Positive Psychology Association (ippanetwork.org)

29 Flow, das Geheimnis des Glücks, Mihály Csíkszentmihályi, 1990, Klett-Cotta, Stuttgart

30 Flow in Music Performance, 2013, University Oxford

31 The Harvard Study of Adult Development, adultdevelopmentstudy.org

32 Pursuing the Good Life, Christopher Peterson, 2013, Oxford University Press, New York

33 Social Connectedness Project Chicago

34 Etwas mehr Hirn bitte, Dr. Gerald Hüther, 2015, Vandenhoeck + Ruprecht, 2015, Göttingen

35 Lyubomirsky, Sonja und Sin, Nancy. »Positive Affectivity and Interpersonal Relationships«. In: Handbook of Positive Psychology, Herausg. Shane J. Lopez und C. R. Snyder, 197-210. Oxford University Press, 2009

36 Trotzdem Ja zum Leben sagen, Viktor Frankl, 1977, Kösel Verlag, München

37 Der Wille zum Sinn, Viktor Frankl, 1991, Piper Verlag, München

38 Finde dein Warum, Simon Sinek, 2018, Redline, München

39 Das Café am Rande der Welt, John Strelecky, 2007, dtv, München

40 Seligman, M. E., Railton, P., Baumeister, R. F. & Sripada, C. (2016). Homo prospectus. Oxford University Press

41 Brené Brown, TED2012, https://www.ted.com/talks/brene_brown_listening_to_shame

42 Was wichtig ist, J.K. Rowling, dt. 2017, Carlsen Verlag, Hamburg

43 SuccessGrid TV, Motivational Speech Arnold Schwarzenegger, 5 Rules to Success, https://youtu.be/pRQTAnfSD5s

44 Peterson und Seligman, 2004, Character Strengths & Virtues S. 273

45 Das Geheimnis der 100-Jährigen, Dan Buettner, dt. Fassung 2023, National Geographic, München

Entdecke
weitere Bücher in unserem
Online-Shop

www.remote-verlag.de